Otto Brahm
Das deutsche Ritterdrama des achtzehnten Jahrhundert
Studien über Joseph August von Törring,
seine Vorgänger und Nachfolger

Brahm, Otto: Das deutsche Ritterdrama des achtzehnten Jahrhunderts. Studien über Joseph August von Törring
Hamburg, SEVERUS Verlag 2010.
Nachdruck der Originalausgabe von 1880.

ISBN: 978-3-942382-93-9
Druck: SEVERUS Verlag, Hamburg, 2010

Der SEVERUS Verlag ist ein Imprint der Diplomica Verlag GmbH.

Bibliografische Information der Deutschen Nationalbibliothek:
Die Deutsche Nationalbibliothek verzeichnet diese Publikation in der Deutschen Nationalbibliografie; detaillierte bibliografische Daten sind im Internet über http://dnb.d-nb.de abrufbar.

© **SEVERUS Verlag**
http://www.severus-verlag.de, Hamburg 2010
Printed in Germany
Alle Rechte vorbehalten.

Der SEVERUS Verlag übernimmt keine juristische Verantwortung oder irgendeine Haftung für evtl. fehlerhafte Angaben und deren Folgen.

MEINEN THEUERN ELTERN

IN LIEBE UND DANKBARKEIT

ZUGEEIGNET.

INHALT.

Seite.

I. DAS RITTERDRAMA 1
  Chronologie der ersten Ritterdramen 1. — Törring und
  das Ritterdrama 1. — Urtheile über das Ritterdrama 2. —
  Dichter: Angebliche Aeusserung Lessings 2. — Goethe,
  Schiller, Wieland 3. — Tieck 4. — Litterarhistoriker:
  Devrient, Vilmar 4. — Gervinus, Hettner, Julian Schmidt 5.

II. TÖRRINGS LEBEN 6
  Abstammung 6. — Bildungsgang 7. — Amt 7. — Rücktritt 7. — Heirath, Kinder 7. — Wiedereintritt ins Amt 8. — Tod 8. — Verhältniss zu Zeitgenossen 8. — Mitglied der Akademie 8. — Oefele 8. — Westenrieder 9. — Kunst und Wissenschaft um 1760 in Baiern neu erweckt 9. — Bekanntschaft mit Nicolai 9. — Verhältniss zu W. H. v. Dalberg 10. — Brief Törrings an Dalberg 10. — Ein zweiter Brief Törrings 11. — Aesthetische Bildung 12. — Werthschätzung seiner Dramen 13. — Aehnlichkeit mit Aristokraten des 17. Jahrhunderts 13. — Mit Dramatikern der Zeit 13. — Leisewitz, Hahn 13. — Biographische Elemente seiner Dichtung 13. — Politische Elemente 14. — Uebereinstimmung mit Westenrieder 14. — Particularismus Törrings 15. — Aristokratische Anschauungen 16. — Briefwechsel mit Karl Theod v. Dalberg 16. — Törrings religiöse Anschauungen 16. — Freimaurer 17. — Prosaschriften 17. — Rede von der Ehrsucht 17. — Resultate 19.

III. TÖRRINGS DICHTEN 21
  1. Gedichte. 21. — Verlorene Documente 21. — Compositionen 21. — Texte von Bürger, Fritz und Christian Stolberg 21. — Wiegenlied, Trinklied, Nach einer Trennung 22. — 2. Kaspar der Thorringer. Drucke 23. — Chronologie 23. — Fabel 23. — Verhältniss zum Götz 29. — Einheiten 30. — Technik 30. — Thema 31. — Charaktere 31 — Motive des Götz 33. — Motive Shakespeare

VIII

Seite.

36. — Wirkung 36 — 3. Agnes Bernauerinn. Bearbeiter des Stoffes 37. — Hoffmannswaldau 38. — Drucke 38. — Quelle, Fabel. 38. — Beurtheilung 41. — Technik 41. — Aeusserliche Effecte 41. — Turnierscene 42. — Intrigue 42. — Tendenzen. 43. — Uebereinstimmung mit Goethe und den Stürmern 43. — Menschenrechte 43. — Geringschätzung der Ehre 44. — Omnipotenz des Herzens 44. — Berufung auf die Gottheit 44. — Polemik gegen Fürst und Hof 45. — Verspottung der Gelehrsamkeit 45. — Gegensatz zu den Tendenzen des Sturmes und Dranges 45. — Erklärungsversuch des Widerspruches 46. — Charaktere. 49. — Motive 55. — Götz 56. — Klingers Otto 56. — Konradin 57. — Stil. 58. — Bearbeitung der Agnes 59. — Erfolg 60. — Aufführungen 60. — Gedichte 63. — Kritiken der Zeitgenossen 64. — Wolfgang Menzel 66. — Hebbel, Otto Ludwig 67. — Schluss 67.

IV. DIE ERSTEN WIRKUNGEN DES GÖTZ 69
Drei Perioden des Ritterdramas 69. — Grenzen der Betrachtung 70. — Uebersicht der zu besprechenden Werke 72. — Klingers Otto 73. — Drei Handlungen 73. — Fabel 73. — Gruppirung der Scenen 82. — Motive Shakespeares 3. — Motive des Götz 88. — Maiers Sturm von Boxberg 93. — Vaterländischer Stoff 94. — Gelehrtes Beiwerk 94. — Technik 94. — Fabel 95. — Motive des Götz 96. — Iahns Robert von Hohenecken 99. — Uebereinstimmung mit Maiers Sturm 99. — 2. Bearbeitung des Sturm 100. — Anachronismen des Robert 101. — Motive des Götz 102. — Meissners Johann von Schwaben 103. — Ramonds Hugo der Siebente 106.

V. BAIERISCHE PATRIOTEN 103
Lengenfelders Ludwig der Bajer 108. — Babos Otto von Wittelsbach 109. — Fabel 109. — Verherrlichung von Verbrechen 111. — Törrings Einfluss auf Babo 112. — Ludwig der Strenge 114. — Fabel 114. — Motive Törrings 115. — Nachbildungen Ludwig des Strengen: Zieglers Weiberehre, Hagemanns Ludwig der Springer 117. — Nagels Bürgeraufruhr 118. — Blaimhofers Schweden in Baiern 120. — Einzings Brauttag 121. — Hübners Camma 121. — Hübners Hainz Stain 122.

VI. RITTERDRAMEN NACH TÖRRING 123
Sodens Ignez de Castro 123. — Hagemanns Otto der Schütz 126. — Maiers Fust von Stromberg 127. — Zieglers Rache für Weiberraub 129. — Nissl Kunigunde von Rabenswalde 130. — Büsenbergs Ritterschwur und Rittertreue 131. —

Sennefelders Mathilde von Altenstein 132. — Guttenbergs Jakobine von Baiern 132. — Müllers Golo und Genovefa 133. — Hübners Hainz Stain 133. — Spiess' Klara von Hoheneichen 134. — Zieglers Mathilde von Giessbach 136. — Zieglers Pilger 136. — Elise Bürgers Adelheit von Teck 137. — Kotzebues Johanna von Montfaucon 138. — Brühls Harfner 138. — Blumauers Erwine von Steinheim 139. — Kotzebues Adelheid von Wulfingen 139. — Hubers Heimliches Gericht 139. — Komarecks Ida 141. — Tiecks Karl von Berneck 141. — Klingemanns Vehmgericht 142. — Kleists Käthchen von Heilbronn 143. — Schillers Jungfrau und Tell 143.

VII. MOTIVE 145

Vehme 145. — Kerker 147. — Schwur 148. — Belagerung 151. — Beobachtung von Vorgängen hinter der Scene 151. — Herberge 153. — Kinder 153. — Unwetter 154. — Einsiedler 154. — Liebe zwischen den Kindern feindlicher Geschlechter 155. — Streit zweier Männer um eine Frau 156. — Gefährdung eines geliebten Lebens 156. — Falscher Freund 156. — Erdichtete Todesbotschaft 157. — Weiberraub 157. — Köhler 157. — Unterirdischer Gang 158. — Geist 159. — Abschied 160. — Entehrung 161. — Gottesgericht 161. — Pilger 163. — Erzwungene Ehe 164. — Namen 164. — Rückblick 166.

BEILAGEN.

I. TENDENZEN DER GENIEPERIODE 169

Mensch. 168. — Mensch und Stand 168. — Mensch und Glaube 169. — Menschheit gleichbedeutend mit Natur 169. — Menschsein 170. — Beleidigung der Menschheit 170. — Würde der Menschheit 170. — Ehre. 171. — Das Herz. 172. — Allmacht des Herzens 172. — Fülle und Ganzheit 174. — Grösse 175. — Neue Ephiteta für das Herz 176. — 'Mein Herz', ohne Beiwort 176. — Herz und Stand 177. — Herz und Sinne, Herz und Verstand 177. — Eigenes Herz 179. — Verschiedenheit zwischen dem Sprachgebrauch der Stürmer und dem unserer Tage 179. — Menschenherz 179. — Gott. 179. — Fürst. 181. — Sentimentale Polemik 181. — Fürstenglück geringgeschätzt gegenüber der Liebe, gegenüber der Weisheit 181. — Der Fürst darf nicht Vater sein, nicht Freund, nicht Mensch 183. — Politische Polemik 183. — Vorbereitung durch die Prosaschriftsteller 185. — Gelehrsamkeit. 187. — Analphabeten 188. — Identificirung von Gelehrsamkeit und Unthätigkeit 190. — Verspottung

Seite.

der Poeten 193. - Schulmeister, Aerzte 196. — Rechtsgelehrte 197. — Greis. 198. — Heiligkeit des Greises 198. — Entheiligung 199. — Identificirung von Alter und Ehrwürdigkeit 199. — Greis als Anrede 199. — Gefühl des eigenen Alters 200. — Geburtstag 202. — Einfluss von Klopstock, Lessing, Shakespeare 202.

II. STILISTISCHE BEOBACHTUNGEN 204
Wiederholung, Refrain 204. — Eintheilungsgrund 204. — Wiederholung nach Zwischensätzen 204. — Erweiternde, verschärfende, überbietende und einschränkende Wiederholung 205. — Correspondiren der Satztheile 205. — Nachspotten und Auffangen 207. — Retardirendes Wiederholen 207. — Haften an einem Worte 208. — Refrain 209. — Refrain in mehreren Scenen 211. — Bei mehreren Personen 212. — Corrigiren. 218. — Eintheilung 218. — Der Wiederholung verwandt 218. — Einschränkendes, verschärfendes oder überbietendes Corrigiren 218. — Verbesserung folgt nach einer fragenden Wiederholung 220. — Anknüpfung mit nicht oder nein 223 — Schwanken von ja zu nein, Stimmungswechsel 225. — Corrigiren und Oxymoron 225. — Einschränken und Erweitern von Begriffen, Abwägen und Gleichsetzen verwandter 228.

ERSTES KAPITEL.

DAS RITTERDRAMA.

Das deutsche Ritterdrama des 18. Jahrhunderts, ist wie allbekannt, unter dem unmittelbaren Einfluss des 'Götz von Berlichingen' in's Leben getreten.

Der erste, der sich nach Goethe im Ritterstück versuchte, war Klinger, dessen 'Otto' 1775 erschien; ihm folgten 1778 Jakob Maiers 'Sturm von Boxberg' und Ludwig Philipp Hahns 'Robert von Hohenecken'. In demselben Jahre, oder im folgenden, dichtete Joseph August von Törring sein erstes Drama, 'Kaspar der Thorringer', welches jedoch erst 1785 erschien; sein zweites — und letztes — 'Agnes Bernauerinn', geschrieben 1779 oder 80, erschien in München 1780.

Während die drei älteren Stücke entweder garnicht, oder ohne sonderlichen Erfolg auf die Bühne gekommen waren, erregte 'Agnes Bernauerinn' das allergrösste Aufsehen, und jetzt erst entsteht eine ganze Reihe von Nachahmungen sowohl des 'Götz', als der 'Agnes'. Zumal in München selbst; es erschienen dort in den Jahren 1780—84 nicht weniger als acht Dramen, welche, dem Beispiel Törrings folgend, Stoffe aus der 'vaterländischen'. d. h. bairischen Geschichte behandeln; schon aus dieser einen Thatsache ergiebt sich, wie sehr die 'Agnes' Nachahmung weckte.

Nimmt somit Törring, wenn es sich um eine Betrachtung der Ritterdramen handelt, als der historisch wichtigste unsere Aufmerksamkeit vor den Genossen in Anspruch, so verdient er diese Aufmerksamkeit auch noch in einer andern Rücksicht. Während die Klinger und Hahn, die Babo und Sodeu

sich ohne eigentliche innere Nöthigung dem Ritterdrama zu-
wenden, während sie auf dem für fruchtbar geltenden Boden
eben auch einmal ihr Heil versuchen, herrscht bei Törring
die Richtung auf das vaterländische Ritterstück mit solcher
Ausschliesslichkeit, dass er gradezu erklärt, wenn sein Thema
nicht ein vaterländisches wäre, so 'fröre die Dinte in der
Feder'.[1]

Den 'Kaspar' nennt er ein 'vaterländisches Schauspiel',
die 'Agnes' ein 'vaterländisches Trauerspiel'; er giebt dem
zweiten Stücke die Widmung: 'Meinem Vaterlande Baiern'.
Diesem starken patriotischen Gefühl entspricht ein sehr leb-
hafter politischer Sinn, und auch in dieser Hinsicht zeichnet
sich Törring deutlich von den Gleichstrebenden ab.

Das Urtheil über Törring und die Ritterdramen hat
starke Schwankungen durchgemacht. Bei ihrem Erscheinen
fand die 'Agnes' fast ausnahmslos die enthusiastischste Auf-
nahme; aber bald brachten die immer zahlreicher und immer
schlechter werdenden Nachahmungen die ganze Gattung in
Verruf, und man vergass, dass ihre Anfänge doch unverächt-
lich gewesen waren.

Fragen wir, wie sich unsere Dichter dem Ritterstück
gegenüber verhalten haben, so ist von vornherein klar, dass
Lessing und Goethe nicht allzuviel Sympathie dafür gehabt
haben können. Eine angebliche Aeusserung Lessings indess,
die Johann Christian Brandes in seiner 'Lebensgeschichte'
überliefert (II. 214 f.) kann nicht genau sein. Er erzählt,
dass Lessing bei Gelegenheit eines Besuchs in Dresden, nach
der italiänischen Reise, ihm gegenüber seine Unzufriedenheit
mit den 'seit einiger Zeit zur Mode gewordenen historischen
Schauspielen, deren Regellosigkeit und dem ihnen beigemischten Klingklang von Aufzügen, Turnieren, vielfältigen
Verwandlungen des Theaters u. dgl. m.' ausgesprochen habe;
und mit Unwillen habe er sich geäussert über die 'in manchen
Schauspielen dieser Gattung so auffallend vorsätzliche Ver-
nachlässigung in Sprache und Sitten'. Brandes macht die

---

[1] In einem Briefe an Wolfg. Herib. v. Dalberg, vom 21. März
1781.

Anmerkung: 'Dies bezog sich keineswegs auf das eigentlich Charakteristische in denselben, sondern auf die öftere Einmischung mancher unanständigen und sittenbeleidigenden Ausdrücke und Redensarten' und fährt dann fort: 'Mir wünschte er Glück, dass ich meiner eignen Manier treu geblieben wäre, und mich nicht, gleich einigen andern Dichtern, durch das Beispiel der jetzt den Ton angebenden Genies hätte hinreissen lassen, deren Vorzügen und Talenten in andern (?) Fächern er übrigens alle Gerechtigkeit widerfahren liess'.

Danzel-Guhrauer nimmt diesen Bericht ohne Anstand auf, obgleich er sicher nicht correkt sein kann, da damals (Lessing war vom 10.--24. Januar 76 in Dresden; nicht wie Guhrauer II. 2. 94 sagt 75, vgl. II. 2. 279) nur der 'Götz' und der 'Otto' erschienen waren, auf diese aber Lessings Worte nur halb passen wollen. Das erste Turnier z. B. findet sich erst in der 'Agnes', welche 81 auf die Bühne kam. Brandes leiht Lessing Worte, die frühestens 5 Jahre später gesprochen werden konnten. Auf Genauigkeit kommt es ihm auch wohl weniger an; das Wichtigste für ihn dürfte in der Befriedigung liegen, die seiner Eitelkeit die Worte gewähren: 'Mir wünschte er Glück' etc.[1]

Ein paar gelegentliche Auslassungen Goethes und Schillers über die Dramen Jakob Maiers darf ich übergehen;[2] interessanter, weil sie mehr die ganze Richtung ins Auge fassen, und sehr treffend sind die Bemerkungen Wielands

---

[1] Hettner bezieht in seiner Wiedergabe von Brandes Bericht (Gesch. d. deutsch. Litt. III. 1. 398) Lessings Aeusserungen ganz ausdrücklich auf die Ritterdramen, wodurch der Anachronismus noch grösser wird: 'Hatte schon Lessing den beigemischten Klingklang von Aufzügen und Turnieren und die vielen Ungebärdigkeiten der Sprache und des Behabens, die bei einem echten Ritter und Knappen für unerlässlich galten, . . .' Aehnlich Devrient, Gesch. d. dt. Schauspielkunst. III. 35.

[2] S. Tag- und Jahres-Hefte, Hempel 27, 31; Briefwechsel zwischen Schiller und Goethe³ Nr. 446, 447, 844; Schillers Werke, Goedeke 10, 37 f — Die Vorlesung eines Ritterstücks und ihre Folgen schildert Goethe in Wilhelm Meisters Lehrjahren, Hempel, Bd. 17, 129 f. Vgl. noch 8, 213.

in dem 'Sendschreiben an einen jungen Dichter', aus dem Jahre 1784 (Werke 1818—28, Bd. 44, S. 172 ff.):

'Bei den allermeisten Trauerspielen . . ., womit wir seit Gottscheds Zeiten unterhalten wurden, mussten wir uns bald nach Griechenland, bald nach Italien, bald nach Frankreich oder England . . . versetzen lassen. Diese Ausländer waren, so zu sagen, das einheimische eigenthümliche Land unserer Tragödie. Deutsche Geschichte, deutsche Helden, eine deutsche Scene . . . waren etwas ganz Neues auf deutschen Schaubühnen'.

Sehr gut führt Wieland weiter aus, dass noch ein zweites Moment hinzukomme; es ist zugleich die neue Natürlichkeitspoesie, die ihre ersten Siege auf der Bühne feiert.[1]

'Die besagten Schauspiele — so wild und unregelmässig im Plan, so übertrieben in Charakteren und Leidenschaften . . . sie zum Theil sein mögen — haben das Verdienst durch stark gezeichnete und abstechende Charakter, heftige Explosionen gewaltiger, stark kontrastirender Leidenschaften . . . die Zuschauer auf den Schauplatz zu heften . . . Welch ein Abstand von der Langenweile, oder höchstens der schwachen Theilnehmung, welche die Einförmigkeit, die wenige, mühsam sich fortschleppende Handlung . . . und die meistens fertigen fünften Akte des grössten Theils der Französischen Stücke oder ihrer Nachahmungen hervorbrachten! . . . Warum in aller Welt sollen wir uns immer mit Schauspielen behelfen, die weder kalt noch warm machen, und weder zu unserm Nazional-Temperament, noch zu unsern Sitten und unserer Verfassung passen?'

Aehnlich hebt Tieck, in der Einleitung zu Lenz Werken (I. LXXIV.) das Deutsche in den Ritterdramen hervor: 'Auf der Bühne rasselten Panzer und Helm des Götz, ohne dessen Verstand und Gemüth. Aber auch hier bildete sich eine Schule fort, die . . ., wie man sie jetzt auch schmähen mag, deutsch und eigenthümlich war'. Ebenso spricht sich Devrient aus (III. 219): 'Welche Litteratur hat wohl eine dramatische Gattung von mehr nationaler Eigenthümlichkeit aufzuweisen, als unser Ritterstück es ist? So ganz auf dem historischen Boden erwachsen, wie kein andres Land ihn hat, in seinen Charakteren so individuell deutsch, dass ihre Verpflanzung auf fremden Boden unmöglich ist'.

Die Auffassung der Litterarhistoriker schwankt. Einfach lächerlich ist das Urtheil Vilmars (Gesch. d. dt. Nat.-

---

[1] Als Vorläufer mag man die Spektakelstücke Möllers ansehen.

Litt.¹² 532): 'Goethe's Götz rief statt wahrhafter nationaler Dramen die abenteuerlichsten Missgeburten an das Tageslicht, welche jemals auf die Bretter gekommen sind, und die an poetischem Werth tief unter A. Gryphius, tief unter Hans Sachsens Stücken stehen'.

Gerechter urtheilen Gervinus (IV⁵ 652 ff.) und Hettner (III. 3, 1. 397 ff.) Mit Recht hebt namentlich der letztere den Zusammenhang der Ritterdramen mit der politischen Jugenddichtung Schillers hervor. Julian Schmidts Urtheil ist doch gar zu vornehm und allgemein gehalten: 'An mittelmässigen, wohlgemeinten Stücken ist die damalige Bühne reich; einige heben sich vortheilhaft hervor. Dazu gehört 'Agnes Bernauer'; 'Inez de Castro'; 'Otto von Wittelsbach.'¹'

---

[1] Gesch. d. dt. Litt seit Lessings Tod⁵ I. 199. — Otto von Wittelsbach bezeichnet Schmidt als einen 'redlich gesinnten Jüngling': über die Berechtigung dieser Bezeichnung, einem Vater von zwei Söhnen gegenüber, liesse sich vielleicht streiten.

ZWEITES KAPITEL.

TÖRRINGS LEBEN.

Joseph August von Törring stammt aus einem der ältesten Adelsgeschlechter Baierns, dessen Ursprung die Ueberlieferung bis auf die Zeiten Thassilos zurückführt. Eine Aufzeichnung des Klosters Wessobrunn, deren Verfasser ein Mönch des 11. Jahrhunderts sein soll, nennt Albicus Thorringer und Wesso, den Erbauer des Klosters, als die Jagdgenossen Thassilos. Jm Jahre 1557, nach dem Tode Kaspar des Thorringer auf Stein, fand eine Theilung in drei Linien statt: Seefeld, Stein, Jettenbach. Unser Törring gehört der letzteren Linie an. Dieselbe erwarb 1746 durch Heirath ein reichsständisches Territorium, Gronsfeld, daher Joseph August bis zum Jahre 1803 den Namen Törring-Gronsfeld führt. In diesem Jahre wurde durch den § 24 des Reichsdeputationshauptschluss vom 25. Februar dem Grafen die Abtei Guttenzell zugewiesen, als Ersatz für das im Frieden zu Luneville an Frankreich gefallene Gronsfeld; er führt nunmehr den Namen Törring-Guttenzell.

Der Grossvater Joseph Augusts ist der in der bairischen Geschichte nicht unwichtige Feldmarschall Graf Joseph Ignaz Felix von Törring-Jettenbach († 1763); nach diesem wird Majoratsherr Maximilian von Törring-Jettenbach, welcher 1773 stirbt. Sein Bruder August Joseph (1728-1802) beerbt ihn. Er ist vermählt mit Maria Elisabeth Freyin von Lerchenfeld; ihre 'Mariage' wird vollzogen am 8. Januar 1753, und am 1. December desselben Jahres[1] wird beider Sohn Joseph zu München geboren.

---
[1] Nicht 1754, wie Goedeke angiebt ('Grundriss' S. 1053).

Ueber seinen Bildungsgang wissen wir leider so gut wie nichts. Als Knabe von 11 bis 12 Jahren soll er durch seine ungewöhnlichen Kenntnisse in den Sprachen und der bairischen Geschichte die grösste Bewunderung des Directors der philosophischen Classe der kurbaierischen Akademie, Peter von Osterwald[1] erregt haben, wie ein im Familien-Archiv zu München bewahrter Bericht mit Genugthuung erzählt. Sein Vater hatte in den Jahren 46 bis 49 in Strassburg studirt und dann die übliche grosse Reise gemacht, durch Frankreich, England, die Niederlande; der Sohn dagegen wurde, wie damals die meisten bairischen Adligen, auf die hohe Schule zu Ingolstadt gesendet, die in jener Zeit gerade nicht im besten Rufe stand. Wie der Vater Jura und Philosophie getrieben hatte — die letztere nach dem Lehrbuch Gottschedens — so lernte auch der Sohn, wie er am 21. März 81 an Dalberg schreibt, 'verworrene Jura und dürre Finanzen, und ärgerliche Staatskunst nebst ein bisschen Philosophie'. 1773 kehrte er nach München zurück und wurde im selben Jahre vom Kurfürsten zum wirklichen Hofkammerrath und Kurfürstlichen Kämmerer ernannt. 1779 ward er Oberlandes-Regierungsrath, erbat aber im Jahre 85 seine Entlassung.[2]

Was die Gründe dieses Begehrens waren, wissen wir nicht, voraussichtlich aber waren es Intriguen, die unter der Regierung Karl Theodors nichts Seltenes gewesen sein sollen.

Törring hatte sich inzwischen, im Jahre 80, vermählt, seine Gattin war eine geborene Gräfin von Sandizell. Ihrer Ehe entsprossen drei Söhne und zwei Töchter; die Söhne und die jüngere Tochter starben kinderlos, die Nachkommen der älteren Tochter sind noch am Leben.[3]

---

[1] Vgl. über ihn Westenrieders 'Rede zum Andenken Peters von Osterwald, München 1778'; ferner Nicolais 'Beschreibung einer Reise durch Deutschland und die Schweiz im Jahre 1781' Berlin 1783—96 Bd. VI. 611 ff

[2] Vgl. 'Neuer Nekrolog der Deutschen' IV. 2 Ilmenau 1828. 850 f. Die meisten Notizen habe ich im Familien-Archiv zu München gefunden, das mir Herr Graf Clemens Maria von Törring-Jettenbach mit der dankenswerthesten Bereitwilligkeit eröffnete.

[3] Vgl. Kneschke, 'Adelslexion' VIII. 41 u. den Gothaischen Kalender.

1789 trat der Graf wieder in den Staatsdienst ein; wir brauchen die einzelnen Phasen seines Avancements nicht weiter zu verfolgen, es genügt zu sagen, dass er zu immer höheren Würden aufrückte, und zuletzt, am 3. Mai 1817, zum Präsidenten des Staatsrathes mit dem Range eines Staats-Ministers befördert wurde.[1]

Am 28. October 1825, nach dem Tode des Königs Maximilian Joseph I., wurde er auf seinen Wunsch in den Ruhestand versetzt; ein sehr huldvolles Handschreiben König Ludwig I., der schon als Kronprinz, bei Törrings Ernennung im Jahre 1817, dem Grafen seine Theilnahme ausgesprochen hatte, dankt für die ausgezeichneten Dienste, die er mehr als 52 Jahre dem Staate geleistet habe.[2]

Törring starb am 9. April 1826, 7½ Uhr Morgens, im 73sten Jahre seines Lebens, an 'marasmo et gangrena senili'.

Mit bedeutenden Zeitgenossen Verbindungen anzuknüpfen, hatte Törring allem Anschein nach wenig Gelegenheit; er hatte in Ingolstadt studirt und war wohl wenig aus Baiern herausgekommen. Wichtig ist, dass er 1775 Mitglied der Münchener Akademie der Wissenschaften geworden war. Hierdurch trat er voraussichtlich in Beziehungen zu den hervorragenden Männern, welche ihr angehörten, zu Andreas Zaupser, dem Verfasser der 'Gedanken vom falschen Religionseifer' und der 'Ode über die Inquisition'[3] zu Heinrich Braun, dem geistlichen Komthur des Malteserordens und kurfürstlichen Censurrath, der besonders um die Hebung der bairischen Schule die grössten Verdienste sich erwarb, zu Oefele, dem bairischen Historiker, – auf 'unseres' Oefele

---

[1] Der Staatsrath war erst im selben Jahre geschaffen worden; er war die oberste berathende Stelle und entscheidend in sog. administrativ-contentiösen Dingen; den Vorsitz führten der König, der Kronprinz oder der Präsident. Mitglieder des Ministeriums waren die fünf Fachminister, der Feldmarschall Wrede und Törring. Vgl. Gustav Freiherr von Lerchenfeld 'Geschichte Baierns unter König Maximilian Joseph I.' Berlin 1854, S. 82 ff.

[2] Ludwig besass in seiner Privatbibliothek auch ein Exemplar der 'Agnes Bernauerinn', welches er später der Münchener Staatsbibliothek schenkte.

[3] Vgl. Nicolai, 'Reise' etc. 6, 684 ff.

'rerum boicarum scriptores' bezieht sich Törring im Vorbericht zur 'Agnes Bernauerinn' — zu Lorenz Westenrieder, dem kurfürstlichen Büchercensurrath und späteren Akademiedirektor, dem Geschichtsschreiber und Verfasser des einst viel gelesenen 'Leben des guten Jünglings Engelhof.' Westenrieders Anschauungen berühren sich vielfach mit denen Törrings, ich werde noch darauf zurückzukommen haben. Wie Törring und Westenrieder hatten sich auch zwei andere Mitglieder der Akademie dichterisch bethätigt, Anton Graf von Törring, aus der Linie Seefeld, Vicepräsident der Akademie, und Alexander Graf von Savioli-Corbelli, der Director der 'Klasse der schönen Wissenschaften bey der Akademie der Wissenschaften'.

Diese Männer etwa waren es, die in den sechziger und siebziger Jahren den Anfang dazu machten, Wissenschaft und Kunst nach langer, langer Pause in Baiern wieder zu erwecken. Die Gründung der Akademie, im Jahre 1759, war ein wichtiges Moment in dieser Bewegung, die nur langsam ihre Früchte zeitigte; noch 1762 klagt Abbt in den Literaturbriefen, dass 'die katholischen Provinzen Deutschlands, so bald von den schönen Wissenschaften die Rede sei, fast immer ganz auszuschliessen' seien, aber zwölf Jahre später, 1774, kann Wieland, der ja selbst das allergrösste Verdienst um das Heranziehen des süddeutschen Publikums hatte, schon wie folgt sich aussprechen: 'Das Müncher Theater hat viele Schriftsteller und darunter viele von grossem Stande bekommen, die als solche, welche den ersten Stoss gegeben, Achtung verdienen.' (Teutscher Merkur 1774, IV. 194.) Unter diesen dichtenden Aristokraten — die Namen verzeichnet Goedeke S. 1076 — ist Törring der Glücklichste gewesen; durch ihn greift Baiern, zum ersten Male seit langer Zeit, wieder mit Erfolg in den Gang der Litteratur ein.

Von auswärtigen hervorragenden Zeitgenossen hat Törring, so viel ich weiss, nur Nicolai gekannt, Wolfgang Heribert von Dalberg, den Mannheimer Intendanten und dessen Bruder Karl Theodor Anton Maria, den späteren Fürsten Primas des Rheinbundes. Nicolai sah Törring bei seinem Aufenthalt in München, 1781 — es widerfuhr ihm damals 'die ganz unerwartete Ehre' als Mitglied der Akademie aufgenommen zu werden —, er sagt von ihm:[1] 'Sein Schauspiel Agnes Bernauerinn hat Ihn in ganz Deutschland berühmt gemacht. Er verschliesst noch mehr Arbeiten in seinem Pulte, die Deutschland mit Vergnügen sehen würde. Er verbindet gründliche Einsichten in verschiedene Wissenschaften mit einem hohe Fluge der Imagination. Sein Charakter ist ernsthaft, und eben so ernsthaft sein Eifer zur Beförderung alles dessen, was gut und edel ist.'

Wichtig sind Törrings vier Briefe an den Mannheimer Dalberg, welche die Münchener Hofbibliothek bewahrt.[2] Ich will ein paar der interessantesten Stellen wiedergeben, aus dem Brief vom 21. März:

'. . . Ich kann mich nimmer mehr entschliessen für die Bühne zu arbeiten. Dazu gehört

1. Musse. Nun, die hätt' ich nun leider! wohl; aber es däucht mir billiger sie auf Studien zu verwenden, die zu meiner eigenen Vervollkommnung beytragen.

2. Laune. Die ist gänzlich dahin; eine Wette veranlasste den Kaspar, Unglücke der Liebe gebahren die Agnes. Nun fehlt aller Anlass; die Saiten der Leyer sind schlaf, und kein estro dampfet im Kopfe. Sie werden einsehen, dass der Reiz des Lobes nur Kizel seye und dass um Lob zu schreiben ein schiefer Zweck seye.

3. Reichthum. Ohne mich mit den Lieblingen der tragischen Muse auch nicht von ferne vergleichen zu wollen, werden Sie doch beobachtet haben, dass die späteren Stücke eines Cornéille, Racine und Voltaire immer die schwächern sind; dass Lessing nur Emilien und Sara schrieb; dass Weisse nur eine Julie dichtete; und nur Hamlet, Lear und Othello fast gespielt werden. Und ich? der nie Dichter, nie Dramaturge war . . . sollte an das dritte Stück mich wagen? schon werden Sie vielleicht nun in der Agnes Wiederhohlungen aus dem älteren Kaspar finden. . . .

5. Ein Objekt. Welches kann ich wohl annehmen? — Der Beyfall würdiger Männer ist mir gewiss nicht gleichgültig, es seye über was immer; aber . . . es ärgert mich beynahe Ruhm für ein launisches Werk zu ärndten, da jahrelange Arbeiten entweder vernachlässigt im Archivstaube modern, oder dastehen wie Mauern des Gebäudes, wovon man den Baumeister verbannt; — ich empfinde im innersten meines Herzens, dass auch eines Shakespear's Glorie einem

---

[1] 'Reise' 6, 680 f. Die Schilderung ist leider nicht sehr greifbar.
[2] Vom 28. Hornung 1781; 21. März 81; 19. April und 28. May 82.

deutschen Edelmann, einem zum hohen Dienste des Staats gebohrnen Bürger nicht rühmlich seye. — Die Parterre und Logen Deutschlands weinen und schaudern zu machen, ist auch kein rechter Zweck. Was blieb über? — rühren? oh der Empfindeley ist so nur zu viel, und das höhere, edlere Gefühl mag ein Schauspiel ahnden machen, hin und wieder augenblicklich aufwecken, aber nicht fortpflanzen; dazu gehört ein Theater-sistem? ein einförmiger moralischer Plan, stufenweis und planmässig auf einander folgende Schauspiele; — verfeinern? in unserem Zeitalter noch verfeinern, ist verderben; belehren? überdenken Sie einmal in welcher Absicht man in's Theater geht? Die Verhältnisse zwischen dem Zuschauer und Schauspieler; die Schranken der Bühne, weniger frey als die Kanzel, und gezwungen, gefallen, interessiren, amusiren, oder verhungern zu müssen.

National-einfluss? Wohin soll man sie richten, sie treiben die Nation? — ist ein Parterre Nation? — kann man in einer Vorstellung eines vor 3 und mehreren Jahrhunderten geschehenen facti die jetzige seyn sollende Stimmung der Nation anbringen? — und was würde es nützen? wenn die Bühne einflösse auf die Nation, würde es diese auf ihr eigenes Schicksal thun? nein, wo sie eine folgsame Heerde ist, da muss man schweigen, nicht wecken den vielleicht auch seligen Schlaf; das würde heissen Sturmleuten und Majestäts-verbrechen.'

Nehmen wir hierzu noch einige Sätze aus dem Schreiben Törrings 'an einen Freund in Mannheim', in welchem er sich gegen die Beurtheilung seiner 'Agnes' durch den Mannheimer Kritiker Anton von Klein vertheidigt:[1]

'... Der Autor hätte in einer Vorrede sagen können, dass er von Profession nichts weniger als Dichter seye, noch je nach diesem Lorbeer ringen werde; dass er bekennen müsse, er habe die Sophokles, Euripides, Aeschilus, nie im Originale gelesen, noch weniger studirt; und die Cornéille, Racine, Voltaire, die Weisse, Lessing, Göthe, selbst Vater Shakespear nur in Erholungsstunden zum Zeitvertreibe gelesen; dass er nur ein mittelmässiges Theater in seinem Leben gesehen, und von demselben wenig Theaterkenntniss habe erlangen können; dass er ursprünglich nicht für die Bühne, für das Publikum, sondern für Leser gleich warmer Imagination, gleich heissen Gefühls geschrieben; ... dass er keine kritische Feile an sein Werk legte, und es hingab (man vergebe den abgenutzten, ausgepfiffenen Beweggrund, der

---

[1] Es steht in den 'Baierischen Beyträgen zur schönen und nützlichen Literatur' III. Jahrgang, 1. Band München 1781. S. 889 ff. und trägt die Ueberschrift: 'Aus einem Schreiben vom Verfasser der Agnes Bernauerinn an einen Freund in Mannheim, die Recension der rheinischen Beyträge belangend.'

dasmal doch wahr ist) Freunden zu Liebe, als einen unbedeutenden Wisch, so der Feder eines zum Dienste des Staats gebohrnen Bürgers in Zeit der Musse entkommen, und etwa erträglicher, als so viel andere täglich hervorwimmelnde und beklatschte Schauspiele werden möchte, ..'

Es folgen verschiedene Einwendungen gegen die Ausstellungen des Kritikers im Einzelnen; ich hebe nur zwei heraus:

'Wegen der Einheiten erwartete ich wohl keinen Vorwurf mehr in Deutschland im Jahre 1781, ich ging unbekümmert den Weg nach Shakespear und Goethen hintennach fort ... Das Lächerliche, so über die verfehlte Einheit der Zeit verbreitet wird, könnte, wenn es nicht unedel wäre, mit derselben Münze bezahlt werden: wenigstens wollte ich, der die geographische Lage meines Trauerspiels kenne, alle Reisen Albrecht's (und der reiset doch am meisten) bequemlich vollenden, und zum gewöhnlichen Barbiertage wiederkehren ...

Was den Ausdruck belangt, mag mir etwa wohl hier und dort die schickliche Anwendung der alten Redensarten misslungen haben; überhaupt aber bleibe ich überzeugt, dass nicht die vollkommene Mundart – aber der Schwung der Sprache mit zum Kostume gehöre; nämlich wo das von uns noch erreichbar ist ... Wenn dem Recensenten aber das Wort Hure so hart auffällt, so fordre ich ihn auf, die Stellen, wo es mir nothwendig schien, ohne Aenderung des Sinnes anders auszudrücken ....'

Mit der ästhetischen Bildung Törrings war es hiernach :ht zum Besten bestellt; er weiss nicht recht zu scheiden ischen dem Grossen und Kleinen, er bewundert Chr. Fel. eissens 'Romeo und Julie', eine sehr schwache, aber oft ;spielte Bearbeitung von Shakespeares Trauerspiel, er nennt die Franzosen und Weisse in einem Athem mit Lessing, Goethe und Shakespeare. Dass sein Urtheil ein so weitherziges war, nimmt um so mehr Wunder, als er in seinen eignen Productionen in der That 'unbekümmert', ja mit Einseitigkeit den Weg nach Shakespeare und Goethe 'hintennach fort' ging.

Im Uebrigen sprechen die Briefe manchen vortrefflichen Satz aus; so wenn von dem Streben nach historischem Colorit die Rede ist, das in der 'Agnes' in der That glücklich getroffen wurde; man braucht nur daran zu denken, wie wenig historische Farbe etwa Leisewitz', Klingers oder Hahns Dramen haben, um das Verdienst Törrings zu erkennen.

Wir sehen weiter, dass er selbst seinen Dramen keinen sehr hohen Werth beilegte; gewiss ist ihm nie der Gedanke gekommen, dass das Dichten für ihn Lebensberuf werden könne. Durchaus fühlt er sich als Diener des Staats, durchaus auch als Glied eines alten Geschlechts; seine Dramen sind ihm launische Werke, die ihm 'weder Anstrengung noch viele Arbeit gekostet haben', und die er daher höchstens gleichsetzt seinen 'mit der äussersten Anstrengung niedergeschriebenen nützlichen Werken'.[1]

Fast mit Aengstlichkeit verwahrt er sich gegen jede andere Auffassung; man meint den Ton zu hören der dichtenden Aristokraten des 17. Jahrhunderts, eines Hoffmann von Hoffmannswaldau oder Freiherrn von Abschatz.

Sehen wir uns um nach den Dramatikern der Zeit, die wir, in ihrem Verhältniss zur Poesie, mit Törring vergleichen können, so wird sich unser Blick etwa auf Leisewitz lenken, oder auf Ludw. Ph. Hahn. Wie Hahn und Leisewitz, ist auch Törring Beamter, wie Hahn, versucht auch er sich in 'andern, mit seinem Amte nicht just verknüpften Wissenschaften in Erholungsstunden';[2] wie für Hahn, und noch mehr für Leisewitz, ist auch in Törrings Leben das Dichten eigentlich nur eine Episode. Seine poetische Thätigkeit ist aber ihm nicht, wie Hahn, nur Erholung; und der Mensch Törring ist von dem Dichter nicht verschieden, wie dies bei Hahn der Fall ist.[3]

Törring hat vielmehr, das leidet keinen Zweifel, das persönlichste Verhältniss zu seinen Figuren. Die 'Agnes' haben 'Unglücke der Liebe gebohren'; und wenn auch indirekt den 'Kaspar' eine Wette veranlasst haben mag, so ist es doch durch die Wahl des Stoffes — Kaspar ist ein Vorfahre Törrings — schon gegeben, dass auch hier der Dichter die innigste Theilnahme für seinen Helden empfand. Es kommt ihm eben hier zu Statten, dass er, der Sprössling eines alten Geschlechts, seinen Helden nicht, wie Goethe,

---

[1] An Dalberg, 19. April 1782.
[2] S. den Vorbericht zum 'Robert von Hohenecken'.
[3] Vgl. Rich. Maria Werner 'L. P. Hahn', Quellen und Forschungen XXII., S. 5.

Maier, Hahn, erst lange zu suchen hatte, sondern dass er wie von selbst in der Chronik seiner Ahnen Stoff zu so vielen Ritterstücken fand, als er nur wollte.

Das Sichere und Festgegründete seiner Existenz giebt weiter seinen Dichtungen einen viel nobleren und würdigeren Ton, als ihn z. B. Maier oder Babo haben. Wie es ein Anderes ist, ob die Stolberge gegen die Tyrannen donnern, oder etwa Voss, so ist es ein anderes, ob der einstige Majoratsherr spricht oder der Herr Kammerrath und der Herr Theatersekretär; und oft genug lässt sich deshalb durch die Person etwa des Kaspar hindurch die Stimme des künftigen Reichsunmittelbaren vernehmen. Z. B.:

'Denkt . . daran, dass Ihr ein Wittelsbacher seyd, eines Ritters Sohn, wie wir; der uns nicht erobert, nicht ererbt hat; nicht als der Edelste, als der Mächtigste, sondern, als der Beste, unser Herzog geworden ist'. (V. 11.)

Aus Törrings Familientraditionen und aus seiner hohen amtlichen Stellung haben wir auch ohne Zweifel seinen politischen und patriotischen Sinn herzuleiten; und auch darin zeigt sich der Zusammenhang seiner Dichtungen mit dem Leben, dass er in beiden seiner Dramen nicht die gleichgültigen Kämpfe von Raubrittern und Bauern dargestellt hat, wie Maier und Hahn, sondern dass grosse Fragen des staatlichen Lebens sein eigentliches Problem sind. Daraus erklärt es sich denn, dass ihm der Beifall des Parterre kein genügendes 'Objekt' seiner dichterischen Thätigkeit ist, dass er **wirken** will, Einfluss gewinnen auf die Nation, und da ihm dies unmöglich dünkt, so will er eben schweigen. Westenrieder, der aller Wahrscheinlichkeit nach persönliche Beziehungen zu Törring gehabt hat — er war, wie schon erwähnt, gleich ihm Mitglied der Akademie, und in seinem Journal erschien der Brief Törrings gegen Klein — Westenrieder giebt in seiner Kritik der 'Agnes' dieser Auffassung so prägnanten Ausdruck, dass ich Einiges daraus mittheilen möchte:[1]

'. . . Wer, nachdem er die Agnes gelesen, in der Fassung dieses Augenblicks aufstünde, wer mit diesem Stolz . . . **für das Wohl des**

---

[1] 'Baierische Beyträge' III. 1. München 1781 150 ff.

Vaterlandes und für die Wahrheit spräche ..., sein Vorschlag wird Geist und Kraft und sein Vortrag wird Nachdruck haben ... Sieh, darinn liegt das Wichtige eines solchen Werks, dass es in deinem Innern etwas Mächtiges aufweckt, dass es über dich herrscht, und dich fortreisst, wohin sein Endzweck es haben will. Dies ist das Herrlichste, das Adelichste, was ein Mensch mit allen seinen Kräften vermögen kann, und wer hunderttausend Mann hinter sich stehen hat, dem ist's darum nicht allemal gegeben ...'

Schon zwei Jahre früher, 1779, hatte Westenrieder, in einem Preisausschreiben, ähnlichen Anschauungen gehuldigt.[1] Er verlangte damals ein dramatisches Gedicht von irgend einer 'innländischen rühmlichen That', und versprach den Preis dem Stücke,

'das uns am innigsten rührt, das unsern Stolz, unsere ursprünglichen Tugenden am lebhaftesten aufweckt, uns mit Enthusiasmus für Recht und Vaterland hinreisst, als wären wir nicht mehr eben dieselben. Wem das Herz glüht, wenn er den Namen heroischer Baiern hört; wem bey dem Andenken an seine redlichen grossen Vorältern alles um ihn herum klein, und der Raum, wo er athmet zu eng wird, dass ihm ist, als würde er emporgehoben, als wolle er steile Höhen hinanlaufen, in Wolken wohnen, und jauchzen aus ganzer Seele unter dem Gewölbe des Himmels' ...,

der soll es wagen, und er wird Gestalten schaffen,

'die, wenn sie unter uns tretten werden, unser so manchmal kaltes, feiges, gedankenloses Zeitalter erschüttern und aufreissen ..; vielleicht schärft er den Blick, dass wir das Wenige, das von der alten, rauhen Einfalt und Güte, und jenem schrecklichen Männermuth noch an uns ist, wahrnehmen, und dastehen, sehen uns selbst, wie Masken, mit den Gesinnungen und den Gebrechen des Auslands armselig umhänget ...'

Nicht ganz so überschwänglich haben wir uns die Auffassung Törrings zu denken; aber ungefähr würde er die vorgetragenen Sätze wohl unterschrieben haben. Besonders sein Patriotismus ist, gleich dem Westenrieders, auf's deutlichste ein particularistisch gefärbter; seine Meinung hat wohl am Bezeichnendsten ein Salzburger Recensent der 'Agnes' ausgesprochen, als er Kaspar den Thorringer einen biedern 'baierischen deutschen Mann' nannte.[2]

Ueber Törrings politische Anschauungen im Einzelnen wissen wir nicht viel. Wenn er an Dalberg schreibt: 'wäre

---

[1] 'Baierische Beyträge' I. 2. 1779. S. 1119 ff.

[2] Vgl. 'Berliner Literatur- und Theater-Zeitung' 1781. S. 262.

Bayern eine Republik? ... so böte unsre Geschichte edlen, reichhaltigen Stoff dar', so haben wir wohl an eine Republik mit aristokratischen Regiment zu denken; er ist tief durchdrungen von der Bedeutung des deutschen Adels, er hat die höchsten Vorstellungen von der 'Würde und Kraft des deutschen ritterlichen Wortes', kurz er ist — begreiflicherweise — keineswegs frei von aristokratischen Vorurtheilen, so wenig wie etwa die Grafen Stolberg.

Wir dürfen deshalb z. B. die Worte im 'Kaspar': 'Wäre er kein Bürger gewesen, ich würde sagen, er sei als Held gestorben' (I. 7) eher für den vollen Ausdruck seiner Ueberzeugung ansehen, als die vielen gegen die Standesunterschiede sich richtenden Tiraden in der 'Agnes'; es wird noch näher zu zeigen sein, wie diese Auffassung bei Törring nur eine Zeit lang die herrschende wurde, um schliesslich zu Gunsten der älteren wieder zurückzutreten. Dass Törring im Allgemeinen von den freiheitlichen Ideen seiner Zeit berührt war, soll damit nicht geleugnet sein; aber es ist festzuhalten, dass er seinen Rang und seinen Stand darüber nicht vergisst.

Mit dem älteren Dalberg, Karl Theodor, hat Törring einen Briefwechsel über religiöse Fragen geführt, auf den ich nicht genauer einzugehen brauche. Im Familienarchiv findet sich ein umfangreiches Manuscript, 'Religions-Zweifeln' überschrieben, welches Törring am 1. Mai 84 an Dalberg abgeschickt, am 16. Juni von ihm zurückerhalten hat. Der erste Satz des Aufsatzes lautet: 'Es ist vorauszusagen, dass ich ein wahrer Christ aus Ueberzeugung seye, und das Nizänische Symbol durchgehends annehme', woraus hervorgeht, dass Törrings Skepticismus nicht allzugross gewesen ist; es wird uns das nicht Wunder nehmen, wenn wir uns daran erinnern, wie 'dunkel' es, mit Nicolai zu reden, in jener Zeit in Bayern noch aussah.[1]

Das Archiv bewahrt zwei kurze Briefe Dalbergs über

---

[1] Vgl. 'Reise' 6, 681 ff. Einiges wird man freilich Nicolais Jesuitenriecherei auf die Rechnung setzen dürfen.

dieses Thema;[1] das erste Schreiben hat das Postscriptum: 'Herders Werk habe ich leider noch nicht studiren können'. Törring hatte also Dalberg auf eine neue Schrift Herders aufmerksam gemacht, vermuthlich die 'Ideen zur Philosophie der Geschichte der Menschheit', deren erster Band 1784 erschien.[2]

Aus den Briefen Törrings an den Mannheimer Dalberg vom 19. April und 28. Mai 82 ersehen wir noch, dass Törring Freimaurer war: er correspondirt mit ihm über Ordens-Angelegenheiten.

Törring war jedenfalls ein vielseitig angeregter und anregender Mann; ausser seinen finanz- und staatswissenschaftlichen Amtsarbeiten schrieb er 'über den Ehestand' und 'von der Ehrsucht', ferner ein Werk über Mineralogie; ein Verzeichniss seiner Arbeiten bis zum Jahre 1795 ergiebt 17 Nummern. Seine Büchersammlung soll zu den zahlreichsten und besten in der Hauptstadt gehört haben, besonders was Geschichte und Staatswissenschaften betrifft.

Einige nähere Betrachtung verdient die 'Akademische Rede von der Ehrsucht'. Sie wurde gelesen den 28. März 1776, am Geburtsfeste des Kurfürsten Maximilian Joseph.[3]

Die Schrift zerfällt in drei Theile:[4]

I. Die Ehrsucht erzeugt 1) böse Menschen, 2) schlechte Untergebenen, 3) ärgere Oberen, 4) untaugliche Bürger, 5) den Verfall des Staats.

1) Böse Menschen: denn sich über andere erheben wollen ist wider die ersten Grundsätze der Gesellschaften, da diese nur unter Gleichen entspringen können: denn Fürsten und Könige tragen nur desswegen Krone und Scepter, weil sie auch Menschen sind, und Menschen regieren, von denen sie äusserliche Zeichen unterscheiden müssen. ... Was soll dem Ehrgeizigen das Vaterland seyn? jener heilige Name, bey dessen Aussprechung jedem wahren Bürger warm ums Herze wird?

---

[1] Aus Erfurt 22. October 1784, Maynz 18. May 1787.

[2] Anfang Mai erhält Vater Gleim 'das erste, erste Exemplar', am 4. Juli schreibt Heyne: 'Von Ihren Ideen mag ich Ihnen nichts sagen' u. s. w. 'Von und an Herder' ·I 107, II 197.

[3] 'Gedruckt mit akademischen Schriften'. 20 Seiten.

[4] Die Eintheilung durch Zahlen setze ich der Deutlichkeit halber hinzu.

2) **Schlechte Untergebene.** Denn dienen aus **Zwang**, um **Belohnung**, um **Ehre** ist allemal schlecht gedient. Der wahre Bürger dienet aus **Pflicht**, da niemand vom Fürsten bis zum Taglöhner werth ist, sein Stück Brod zu essen, er habe dann diesen Schweiss eines Mitbürgers nicht mit Gelde **ihm**, aber mit seiner ihn trefenden Arbeitsportion **dem Staate** bezahlt. Er dienet aus **Liebe**, da es leicht und angenehm seyn muss für sein Vaterland und für seinen Fürsten zu arbeiten: man dienet im Vaterlande einer Gesellschaft, deren man ein Glied ist; man dienet im Fürsten einem Vater, dessen Ruhm ist, wenn er uns seine Kinder nennen darf.

Der wahre Bürger suchet nie keine Würde: die Wahl des Fürsten, der Zuruf der Nation muss sie geben. Sie begehren, ist Fürchten die Vergessenheit; Fürchten, dass man vergessen werde, heisst seine Unwürdigkeit eingestehen, und um eine Gelegenheit betteln, sich seinen Mitbürgern verächtlich, seinem Lande oft schädlich zu machen. Geschieht die Ernennung, so schauet er, ob kein fähigerer etwa dem Fürsten unbekannt wäre? — Endlich schlägt er entweder das seinen Kräften überlegene Amt aus; nicht aus Demuth, aber aus **Pflicht**: — oder empfiehlt den Würdigeren; nicht aus Grossmuth, aber aus **Pflicht**: — oder er nimmt das Amt an, nicht wie man eine Krone auf das Haupt setzt, aber wie man eine Last auf seine Schultern ladet: nicht aus Ehr- oder Ruhmsucht, aber wiederum aus **Pflicht** … Bleibet aus **Pflicht**: steiget aus **Pflicht**: tretet zurück aus **Pflicht**.

So war der wahrhaft tugendhafte Römer Cincinnatus. So war der Philosoph und Marschall von Catinat.

II. Ehrsucht ist der Grund 1) des Luxus, 2) der Lauigkeit in Verwaltung der Aemter, 3) des Missvergnügens der Unterthanen und des Staatsklügeln.

1) Dächte der Mensch: ich bin **meiner Schöpfung nach nicht weniger als ein König**: nicht mehr, als jener, der am niedrigsten geachtet ist. Die Natur und meine eigene Erhaltung fodern nur **mässige Speisen**, die mir Kräften zur Arbeit geben sollen; denn meine Bestimmung ist **Arbeit**.

Dächte der Mensch, der Bürger eines Staates ist: ich bin Glied einer Gesellschaft, **der meine Person gehört**, weil ich von ihr das Leben habe: der mein Vermögen gehört, weil es von ihr kömmt. Ich bin ihr also schuldig alle Arbeit, die ich verrichten kann; jene **einbedungen**, die mir kindliche, eheliche, oder väterliche Pflichten aufbürden; denn diese Pflichten besorgen, ist immer mittelbar dem Staat gedient. Ich bin ihr auch schuldig alles, was ich habe und besitze, da **nur meine Nothdurft mein wahres Eigenthum ist**.

Dächte man so: wo wäre der Luxus?

III. Wie ist die Ehrsucht auszurotten? Durch veränderte Erziehung. Die Väter sagen ihren Söhnen entweder: **Suchet euer Brod** oder: **Macht euch Ehre**. Das erste ganz verwerflich. Was heisst das: Suchet euer Brod? Gehet hin! dienet als Söldner: seyet Sklaven, wie die Negern! Ich aber frage: dienet ihr Fremden? Wer gab euch das Recht euch von eurer angebohrnen Menschengesellschaft, der ihr das Leben schuldig seyet, zu trennen? Wisset ihr, dass ihr Menschen seyet, ein zu edles Geschöpfe, um dass nur ein Schritt seiner Füsse, ein Gedanke seiner Seele könne von allen Schäzen der Erde bezahlt werden? Ihr schäzet also eure edle Menschheit weniger, als ein Stück Geld, Werk von menschlichen Händen, dessen Werth aus dem Verfall der simplen Sitten entstanden?

Macht euch Ehre sage auch ich; aber ich sage dazu: Werdet tugendhafte, brauchbare Bürger, werdet so, dass euch eure Mitbürger lieben, denn dann seyd ihr glücklich; werdet so, dass euern Leichnam Thränen des Volks und Trauer des Fürstens in die Sarge begleiten.

Ich würde den Inhalt von Törrings Rede nicht in dieser Ausführlichkeit wiedergegeben haben, wenn nicht durch sie die bereits zur Darstellung gelangten Züge seines Charakters deutlicher noch als vorher herverträten, wenn ferner nicht andere, uns noch neue Züge aufgedeckt würden, und wenn nicht das Wichtigste in dieser Rede, die Auffassung Törrings von dem Verhältniss des Einzelnen zum Staat, auch für die Betrachtung seiner Dramen im Vordergrund unseres Interesses stehen müsste. Dieses an antike Anschauungen gemahnende Pflichtgefühl, das fast spartanisch zu nennende Gefühl der schlechthinnigen Abhängigkeit des Bürgers von der Gesellschaft, die Abneigung gegen den Luxus, die Beschränkung auf die 'Nothdurft' — sie sind wohl die auffallendsten und originellsten Züge in diesem zweiundzwanzigjährigen Jüngling.

Deutlich ersehen wir ferner aus der Rede, was den Grund ausmacht von Törrings Begeisterung für das deutsche Mittelalter, die bei ihm so gar nichts Gekünsteltes hat: sie erklärt sich eben auch aus dem Missbehagen an dem Luxus seiner Zeit, aus der Unlust über den Verfall der simplen Sitten.

Auch hier übrigens hat sich der Aristokrat keinen Augenblick verläugnet; da die Gesellschaft, meint er, verschiedene Stände eingeführt hat, so darf ich meine Nothdurft nach meinem wahren Stande genau abmessen.

Fassen wir zusammen, was sich uns über Törring, den Menschen, ergeben hat, so haben wir den Eindruck einer in keiner Weisse tiefen oder genialen, aber durchaus gesunden und sympathischen Natur, eines in seiner Beschränkung männlich-festen, ernsten und edlen Geistes, der, durch Geburt und ‚sociale Stellung von den dichtenden Zeitgenossen unterschieden, und von hohen politischen Aemtern zur Poesie kommend, gewisse Anschauungen mitbringt, die ihn von vornherein befähigen, in eigenthümlicher Weise sich auch auf dem Gebiet der Dichtkunst zu bethätigen. Wie es mit seiner eigentlich poetischen Begabung stand, haben die folgenden Erörterungen zu zeigen.

DRITTES KAPITEL.

TÖRRINGS DICHTEN.

1. GEDICHTE.

Im Familienarchiv zu München wird eine im November 1795 verfasste Beschreibung der 'Privat-Pappiere' Törrings bewahrt, von denen das für uns Wichtigste die Nummern 19 ('Fragmente das vaterländische Trauerspiel Agnes Bernauerinn betreffend'), 20 ('das vaterländische Schauspiel betitelt Caspar der Thorringer; die wegen dessen in Klagenfurt heimlich veranstalteten Druck sich anbegebene Correspondenz s. a. betreffend. Von ao. 1779—85') und 21 ('Gedichte, Lieder s. a. betreffend') gewesen sein müssen. Die Documente selbst aufzufinden ist mir trotz aller Mühe leider nicht gelungen, mit Ausnahme der Lieder; diese sind zu einem Heft vereinigt mit der Bezeichnung: 'Lieder für das Clavier, mit einem Späthischen Flügel zu begleiten, 1788'. Die Zahl deutet jedenfalls auf das Jahr, in dem die Compositionen zusammengestellt wurden, nicht auf das Jahr der Entstehung. Es sind im Ganzen 29 Gedichte, darunter 17 von Bürger,[1] 8 von Fritz Stolberg, 1 von Christian.[2]

---

[1] 1. Lust am Liebchen. 2. Stutzertändelei. 3. Huldigungslied. 4. An den Traumgott. 5. An die Hoffnung. 6. Herr Bachus. 7. Der Minnesinger (jetzt: 'Minnesold'). 8. Winterlied. 9. Des armen Suschens Traum. 10. Die Weiber von Weinsberg. 11. Das neue Leben. 12. Der Ritter und sein Liebchen. 13. Spinnerlied. 14. Ständchen. 15. Die Umarmung. 16. Liebeszauber. 17. Die Entführung.

[2] 18. Frauenlob. 19. Romanze. 20. Elise von Mansfeld (von Christian). 21. Rundgesang. 22. Die Mädchen, an einen Jüngling. 23. Die

Bürgers Gedichte lagen Törring in der ersten Ausgabe vor, ebenso die der Stolberge,[1] wie sich aus den beigesetzten Seitenzahlen ergiebt; die meisten Compositionen dürften in dieselbe Zeit, in die Jahre 78 bis 80 fallen. Die letzten drei Gedichte — 'Wiegenlied', 'Trinklied', 'Nach einer Trennung' — tragen nicht, wie die übrigen, den Namen des Autors, es ist daher anzunehmen, dass sie Törring zum Verfasser haben. Bei ihrem sehr geringen poetischen Werth darf ich mich darauf beschränken, eines mitzutheilen:

NACH EINER TRENNUNG.

Ich sah dir nach! troz diesen Finsternüssen
Sah ich dein holdes Bild
Die Fantasie wird mir's zu malen wissen,
Die es so ganz erfüllt.

Die Fantasie — im Herzen, tief im Herzen
Ists unauslöschlich eingedrückt
Da hab ich in der Trennung Schmerzen
Es tröstend oft erblickt.

Dein heitrer Blick hat auf den dunklen Wegen
Des Lebens mich erfreut;
Er wird mir Trost, er wird mir Himmelsegen
Auch noch im Tode seyn.

Das 'Wiegenlied' möchte in die erste Zeit von Törrings Ehe, in den Anfang der 80er Jahre, gehören. Es ist rein verstandesmässig, exeritienhaft, die Reime sind ungenau. Höchstens die klare Disposition wäre zu loben; in der ersten Strophe wird das Kind zum Schlafen aufgefordert, in der zweiten werden die Träume herbeigerufen, in der dritten wird die Mutter geschildert in ihrem Verhältniss zum Kinde,

---

Büssende. 24. Morgenlied eines Jüngling. 25. Abendlied eines Mädchens. 26. Nachruf des Jünglings. No. 12, 17, 19, 20, 23 führen in die Zeiten des Ritterthums; in No. 19 heissen die Helden Albrecht und Agnes, wie in Törrings 'Agnes'; in Nr. 20 hat Christian Stolberg seinen Vorfahren ein Denkmal gesetzt, wie Törring im 'Kaspar'. — Ueber Anderes später.

[1] Göttingen 1778; Leipzig 1779.

in der vierten der Vater, in der fünften der Gegensatz von Jetzt und Dereinst, in der letzten das Erwachen.

Aehnlich steht es mit dem 'Trinklied', welches man ungefähr als anakreontisch bezeichnen darf; die mehrmals auftauchende Erinnerung an den Tod gemahnt an Klopstock. Herr Professor Erich Schmidt hält dieses Gedicht, wegen des oft und oft wiederkehrenden 'Bruder' und 'Schwester', gewiss mit Recht, für ein Freimaurerlied. Auch der 'Rundgesang' von Fritz Stolberg, den Törring componirte (No. 20), scheint für Maurer gedichtet zu sein.

Das dritte Gedicht hat noch am ersten ein Moment des Empfundenen, jedenfalls des Erlebten; ich komme weiter unten noch mit einem Wort darauf zurück.

2. KASPAR DER THORRINGER

Der 'Kaspar' ist zuerst im Jahre 1785 in Klagenfurt gedruckt worden, wider den Willen des Autors, der nicht gesinnt war, ihn zu veröffentlichen. Das Drama erscheint weiter Frankfurt und Leipzig 1785, Leipzig und Wien 85, Mannheim 85, Augsburg 85, ohne Ort 85, Augsburg 91, Klagenfurt 92, Leipzig 92, Wien 1811; keine Ausgabe jedoch ist von Törring autorisirt. Wie weit der Text des Stückes zuverlässig ist, steht dahin; da dem Druck eine heimlich genommene Abschrift zu Grunde liegt, so sind zweifellos Ungenauigkeiten vorgekommen. So gleich auf dem Titel; Törring hat das Drama nicht, wie es im Druck heisst, ein 'Schauspiel' oder ein 'historisches Schauspiel' sondern ein 'vaterländisches' genannt (s. o. S. 21).

Der 'Kaspar' war 1779 fertig, Törring führte bereits in diesem Jahre über das Stück eine Correspondenz (s. o. S. 21); da die Anfänge der 'Agnes' vor Törrings Vermählung (im Beginn des Jahres 1780) zu fallen scheinen (s. u.), d. h. also 1779, so darf man den 'Kaspar' vielleicht schon 1778 ansetzen, gleichzeitig mit Maiers 'Sturm von Boxberg' und Hahns 'Robert von Hohenecken'.

Im Beginn des Dramas exponirt Kaspar in einem kurzen Monolog und in einer Unterredung mit seiner Gattin seine

Unzufriedenheit über das müssiggängerische Leben, das er zu führen gezwungen ist. Früher, da lebte er, da durfte er kämpfen und siegen und Ruhm erndten; aber jetzt ist Friede und immer Friede; und seine Beschäftigung ist Jagen und den Schulmeister seiner Kinder spielen.

Im Lande geht alles drunter und drüber, und die Klagen über die Regierung des Herzog Heinrich werden täglich grösser; aber die Stände schweigen, so dass auch Kaspar, der Stände Erster, nothgedrungen dem Elend zusehen muss. — Ein Schildknappe überbringt Kaspar einen Brief, welcher ihm von einer Verschwörung Meldung giebt. 40 Bürger und einige Ritter haben sich entschlossen die bösen Rathgeber des Herzogs auf die Seite zu schaffen, und fordern den Thorringer auf, sich ihnen anzuschliessen. Kaspar zerreisst das Schreiben voll Entrüstung; Meuchelmord und Rebellion können ihn, trotz seiner Unzufriedenheit, nicht locken. Nur wenn sein Volk ihn riefe, würde er folgen. — Die nächsten Scenen spielen in Landshut, der Residenz des Herzogs; auf einem freien Platze werden die letzten Vorbereitungen zur Enthauptung des Führers der Verschwörung getroffen; von der Henkersbühne ruft dieser dem Volke zu: 'Lebt wohl Bürger! denkt an diesen Tag und — dass der Thorringer lebt! — Volk. Der Thorringer! — Zween verkappte Ritter. Gut! Jetzt wollen wir hin!' Darauf lernen wir den Herzog Heinrich kennen und seine Höflinge; es wird dargelegt, wie ihr verderblicher Einfluss den jungen Fürsten zu allem Bösen führt. Preysinger, Thorringers Schwiegervater, ist der Einzige, welcher dem Herzog und seinen Günstlingen die Wahrheit sagt, seine Mahnungen verhallen aber ungehört. — Wieder werden wir nach Kaspars Veste versetzt; die zween verkappten Ritter, Wilhelm Thorringer, Kaspars Bruder, und Frauenberger sind angekommen und berichten dem Thorringer, dass die Verschwörung zu früh entdeckt, der Leiter enthauptet sei, und dass das Volk ihn laut zum Rächer ausgerufen habe. Kaspar beschliesst seine Freunde zu einer Berathung nach Thorring zu laden; vorher will er in Person dem Fürsten die Beschwerden des Landes vortragen.

Er erscheint im zweiten Akt bei Hofe und verlangt eine Unterredung ohne Zeugen mit Heinrich. Es wird beschlossen sie ihm zu gewähren; der Herzog aber soll ihn durch stolze, herrische Antworten demüthigen. 'Da wird dann der Thorringer auffahren, den Herzog vergessen; und wenn er nur mit dem Finger nach dem Schwerd deutet', so soll er von hinten niedergemacht werden. Kaspar fordert vor Allem, dass die bösen Rathgeber entfernt werden; Heinrich weigert sich dessen:

'Und wenn ich eurer tollkühnen Predigt lachte, wie sie's verdiente?

Kaspar. Dann hab ich Euch noch zu sagen, dass wir Stände erst von dem Augenblick an Euch für einen bösen Fürsten ansehen, und so behandeln werden ... Ihr werdet aufhören, das zu sein, was Ihr seid, und Kaiser und Reich werden einen besseren hinsetzen.'

Heinrich reizt den Thorringer immer mehr, so dass er endlich die Hand ans Schwert legt und ausruft:

'wallte nicht in Euern Adern Ottens Blut, Ihr würdet —
Heinrich. Hilfe! Wache!'

Die Höflinge, Ahamer und Ebran, 'rennen mit Dolchen auf Kaspar, und schrein: Was? Fürstenmörder? Kaspar zieht und ersticht Ahamer: So! Meuchelmörder! Die Wache öffnet sich vor ihm, er geht mitten durch ab. Ein Hofmann (im Abgehen zu den andern). Habt Ihr nun gesehen, was der Thorringer ist?'

Im Anfang des dritten Aktes berichtet Margarethe, Thorringers Frau, von den wunderbaren Erscheinungen der letzten Nächte; man hörte Waffen klirren und Werkleute arbeiten und in der jüngsten Nacht schrie es: Wehe! Wehe!; dann folgt ein kurzer Auftritt in einem 'Gewölbe', Kaspar lässt Vorbereitungen zum Ritterrath treffen. Neuer Scenenwechsel: Landshut. Platz. Nacht. Man sieht von weitem bei Fackeln eine Leiche vortragen. Preysinger, Thorringers Schwiegervater, ist mit Friedensvorschlägen zum Herzog gegangen, mit ihm in Streit gerathen und zum Fenster hinausgestürzt worden. Die Bürger besprechen den Vorfall. —
In der nächsten Scene erfährt Margarethe, durch ihren Gatten,

was geschehen ist: ihr Vater, meint Kaspar, sei als Held den Tod für's Vaterland gestorben und habe so die höchste Stufe des Ruhms erworben. Es folgt der Rath, im 'Gewölbe'; Kaspar will Krieg, alle stimmen ihm bei und rufen: Krieg! nur sein Bruder Wilhelm nicht. Aus einem Gange, der in das Gewölbe mündet, tönt es von ferne: 'Wehe!' Wilhelm wünscht gütliche Unterhandlungen, doch Kaspar bleibt bei seiner Meinung: 'Krieg und Rache!' Alle wiederholen: 'Krieg! Rache!' Aus dem Gange ruft es näher: 'Wehe!' Kaspar entwickelt seinen Plan des Genaueren; sie wollen die 'Schurken' an die Schlossmauern hängen, Heinrichen fangen und zum Kaiser führen. 'Alle. Krieg! Rache! Freiheit!' Aus dem Gange schreit es näher: 'Wehe!' Die Ritter schwören feierlich, indem sie die Schwertspitzen auf des Thorringers Schild legen, das Vaterland zu befreien und das unschuldig vergossene Blut zu rächen und treten paarweise ab. Kaspar will als der Letzte das Gewölbe verlassen, wird aber von einem Geiste zurückgehalten, welcher 'ernsthaft' ruft: 'Kaspar!' Der Geist ist 'grau, aber so gebildet, wie die edlen Deutschen im achten Jahrhundert'; er ist von hoher Statur und hält ein Schwert in der Hand. Kaspar fragt: 'Wer bist du? die Erscheinung winkt ihm schweigend zu folgen. Er geht mit ihr in den Gang, man hört ein Waffengetümmel drinnen, darauf kommt er allein zurück und berichtet: 'Meine Leute sah ich fliehn — meine Freunde fallen — und wenn auch! — ... Das kann ich noch tragen.' Abermals ruft der Geist: 'Kaspar!', abermals winkt er ihm. Kaspar folgt; der Gang scheint beleuchtet, man hört Werkleute arbeiten und Gebäude einstürzen. Der Held kommt allein zurück: 'Eine Veste wird verbrannt, zerstört? ... Und wenns Thorring wäre ... das kann ich auch noch tragen! Geist. Kaspar! Kaspar. Schon wieder? Geist. Zum letztenmal!' Er giebt ihm einen Brief, der mit einem Stricke umwunden ist, Kaspar öffnet ihn und liest:

    'Der Strang! ... Du wagst es, Kasparn den Thorringer zu beschimpfen? ... wer bist du denn? ...

    Geist. Allwig der Thorringer, der erste Thorringer, den man kennt.'

Kaspar verlangt ein Zeichen, dass er die Wahrheit sage; er verlangt: 'Mach mich fürchten!' Der Geist 'winkt, und es donnert; der Gang speit Flammen; die Erde bebt, das Gewölbe einzustürzen, man hört Winde brausen, heulen und zischen, und Wassergüsse.

Kaspar. Das ist eitel Getös, und sonst nichts. — Das kann ich auch. Stille! — (alles schweigt.) Sag mir den geheimsten Gedanken meines Herzens!
Geist. Der Thron der Agillolfinger in deiner Nachkommen Besitz.
Kaspar. Weicht, Vater! Das ist der geheimste meiner Gedanken, der verworfenste meiner Entschlüsse.'

Der Geist mahnt ihn, vom Kriege abzustehen, er aber weist ihn fort, und verharrt auf seinem Entschlusse.

'Geist. Denk an Thassilo, dem ich diente![1] Denke an Karl, den die Thoren der Oberwelt den Grossen nennen — denke, wie war Baiern nach dem! Du willst dem Kaiser dich unterwerfen, Thassilos Stamm verläugnen?...
Kaspar. Wenn ich die Zukunft nicht wüsste, so hätte ich keine Ursache, meinen Schluss zu ändern; und weiss ich sie, so muss ich mein Schicksal tragen, und — ich kann es tragen.... Fort!
Geist. ... Auf Wiedersehen zu Stain!'

Der vierte Akt zeigt die bunteste Gestalt. Sechs Auftritte, sechsfacher Scenenwechsel. Im ersten Auftritt sehen wir den Thorringer als Sieger zurückkehren; im zweiten erhält Heinrich die Nachricht von der Vernichtung des einen seiner Heere und beschliesst, mit dem andern nach Thorring zu ziehen; im dritten trifft er dort ein, Margarethe leitet heldenmüthig die Vertheidigung. Die wichtigste Scene ist die vierte; ein Bote des Herzogs Ludwig zu Baiern-Ingolstadt, der den Beistand seines Herrn anbietet, wird von Kaspar abgewiesen: 'Er ist von Heinrich nicht beleidigt; was hat er für Recht, ihn anzugreifen? Was gehn ihn unsere Klagen an?' Derselbe Bote meldet, dass der Herzog auf dem Wege nach Thorring sei; Kaspar steht in 'starrer Besinnung', fasst sich aber schnell und beschliesst, dem Kriegsplan gemäss, den Weg nach Landshut fortzusetzen. Ver-

---
[1] S. o. Seite 6.

gebens bestürmen ihn sein Bruder und seine Freunde, davon abzustehen und zur Vertheidigung seiner Veste zu schreiten. 'Für wen fechte ich?', ruft er,

'Nicht für die Stände? Was geht sie Thorring an, und meine Person?.... Meint ihr Ritter etwa, ich prahle, ich rede nur Worte? ich liesse mein Weib, meinen Sohn, das Erbe meiner Ahnen so fahren, wenn es nicht sein müsste? wenn Vaterland und Freiheit nicht noch mehr wären, als Weib, Sohn und Erbe? — Noch einmal: Ich bin Feldherr, und will nach Landshut!'

Erst als die Ritter ihm den Gehorsam weigern, und zum Aufbruch nach Thorring blasen lassen, giebt er nach.[1]

Im fünften Auftritt begegnen einander ein Knecht und ein Ritter zu Pferde in düsterer Nacht; der Knecht berichtet die Eroberung von Thorring durch den Herzog, trotz der tapferen Gegenwehr. Der sechste Auftritt zeigt die Veste in vollem Brand. 'Die Mauern stürzen hin und wieder ein. Man hört Jammern der Bauern, Wiehern einiger brennenden Rosse. Siegestrompeten, Waffengetümmel, scheusliches Gewirre. Nacht.' Margarethe ist gefangen, Ehran, einer der Höflinge, sucht die Gewissensbisse, welche ihre Verzweiflung dem Herzog erweckt, zu beschwichtigen und preist sie als die schönste Siegesbeute. Plötzlich entsteht Lärm, das Heer des Thorringer rückt an. 'Die Heerzüge begegnen sich, Schlacht mit äusserster Wuth. Nach einer Weile sieht man Kaspar seine Frau und Sohn befreien. ... Kaspar raset und metzelt, die Laininger und die von Waldeck auch. ... Die Schlacht dauert fort, und Thorring brennt und raucht.'

Die ersten Scenen des fünften Aktes spielen zu Stain.

---

[1] Eine ganz ähnliche Situation scheint in einem Drama vorzuschweben, auf das Schiller in dem Aufsatz 'Was wirkt die Bühne' (Goedeke III 516) exemplifizirt: 'Wenn Franz von Sickingen, auf dem Wege einen Fürsten zu züchtigen, und für fremde Rechte zu kämpfen, unversehens hinter sich schaut, und den Rauch aufsteigen sieht von seiner Veste, wo Weib und Kind hilflos zurückblieben, und er — weiterzieht, Wort zu halten — wie gross wird mir da der Mensch.' Leider ist es mir nicht gelungen über Titel oder Autor des Stückes etwas in Erfahrung zu bringen.

Margarethe ist von einem todten Kinde entbunden; sie selbst ist dem Tode nahe. Sie segnet ihren Mann und ihren Sohn und stirbt willig für den Gatten und fürs Vaterland. Ein Ritter bringt die Nachricht, dass das Wehengericht zusammengetreten sei, und den Thorringer verdammt habe, verdammt zum Strang am nächsten Baum, wo man ihn finde. Verzweiflungsvoll ruft Kaspar: 'Kein Thorringer soll diesen Tag überleben' und zieht sein Schwert, um Georg, seinen Sohn, zu tödten. Da tritt der Geist dazwischen, doch so, dass er nur Kaspar sichtbar ist. Dieser befiehlt auf ein Zeichen des Geistes, dass alles sich entferne. 'Geist. Wir sehn uns wieder zu Stain.' Er verlangt Frieden Baierns mit seinem Herzoge, und als Kaspar sich sträubt, geht der Geist zum Leichnam und nimmt ihn bei der Hand.

'Der Leichnam sitzt auf und sagt: Kaspar! denk ans Vaterland, und Frieden. (legt sich wieder nieder.)
Kaspar. (rennt hin.) Margarethe! —
Geist. (hält ihn auf.) Sie ist todt, todt, todt.'

Er berichtet, dass Ludwig von Ingolstadt 1000 Mann zur Hilfe senden werde, dass der Erzbischof von Salzburg, wenn der Krieg von Neuem ausbräche, sein Bundesgenosse sein werde, dass Heinrich in der Schlacht von des Thorringers Hand fallen müsse, aber, fügt er nach jeder Nachricht hinzu, 'Friede ist besser!' 'Kaspar (nach einer langen Pause): Nun, wenn es besser ist — wenn — wenn — So sei Friede!'

Die Schlussscene spielt auf Thorrings Ruinen. Kaspar und das Heer der Ritter, Heinrich und die Seinen, der Erzbischof mit Gefolge finden sich dort zusammen und unter allseitigen längeren Reden wird der Friede geschlossen. Die letzten Worte des Dramas spricht Herzog Heinrich; er ruft seinem Heere zu: 'Euer Losungswort sei an diesem Tage: Kaspar der Thorringer!'

Auch wenn es nicht aus einer Fülle von Einzelheiten zu ersehen wäre, dass dem Dichter des 'Kaspar' Goethes 'Götz' Vorbild war, wir würden doch keinen Augenblick im Zweifel sein können, dass er von dem ersten Drama des

Sturmes und Dranges sich die Anregung zu seinem Werke holte. Und so ausschliesslich wurzelt es in dem 'Götz', dass wir, mit wenigen Ausnahmen, aus ihm allein — im Gegensatz zur 'Agnes' — es litterarhistorisch abzuleiten vermögen.

Wie Goethe, führt auch Törring in das ausgehende Mittelalter, in die deutsche Vergangenheit; wie Goethe, sucht auch er seinem Drama nationalen Gehalt zu geben. Er ahmt den Stil des 'Götz' nach und erstrebt mit Glück historisches Colorit. Vor Allem: die Technik des 'Götz' ist auch die seine.

Das Drama ist in der freisten Historienform gehalten, doch so, dass die Einheit der Handlung ungefähr bestehen bleibt. Auf Einheit der Zeit aber, oder gar des Orts, kommt es nicht im Mindesten an. Alles was nur irgend darstellbar ist, die Vorbereitungen zur Hinrichtung bis zum letzten Moment, Kampf und Schlacht, die brennende Veste, die einstürzenden Mauern, alles, alles soll gesehen werden; und was sich nicht darstellen lässt, das soll wenigstens umständlich berichtet werden. Nicht nur wie der Held die wichtigen Nachrichten aufnimmt, sollen wir erfahren; auch wie seine Frau die Situation auffasst und ihre Dienerinnen, auch was das Volk dazu sagt, wie die Ritter und Knechte sich verhalten, will uns der Dichter erzählen. Zuweilen, so am Schluss des vierten Aktes, gehen ihm die Worte völlig aus: es werden nur noch Begebenheiten dargestellt.

An häufigem Scenenwechsel mangelt es nicht; und um ziemlich Unwesentliches zu berichten, werden neue Scenen — zuweilen nicht länger als zehn Zeilen — und neue Personen erfunden. 'Die Scene wechselt' heisst es daher charakteristisch genug an der Stelle, wo sonst der Ort der Handlung angegeben wird, ähnlich wie Lenz im 'neuen Menoza' schreibt: 'Der Schauplatz ist hie und da' oder Hahn im 'Robert von Hohenecken': 'Die Scene ist bald auf Willstein, bald auf Hohenecken, und bald bey Aspach; auch nach Nothdurft anderwärts.'

Trotzdem kann man nicht eigentlich sagen, dass die Einheit der Handlung verloren ginge; und das Thema des Dramas tritt deutlich, fast zu deutlich hervor. Es ist der

Kampf gegen fürstliche Tyrannei, aber der Kampf auf ehrliche und ritterliche Art, nicht durch Meuchelmord und Verschwörung. Wer diesen Kampf aufnimmt, der soll ihn durchführen bis aufs Aeusserste und mit Hindansetzung aller anderen Pflichten. Nicht an seine Sache darf er denken, sondern an die Sache des Vaterlandes und nur des Vaterlandes. Kaspar ist dem Vaterlande treu in einer Rücksicht, er lehnt es ab, die Seinen auf Kosten der Allgemeinheit zu erretten; er ist dem Vaterlande untreu in einer anderen Rücksicht, er drängt zum Kriege, um seinen Ehrgeiz zu befriedigen und ladet so eine Schuld auf sich. Freilich, es fehlt viel, dass das Thema mit Consequenz durchgeführt wäre. Nur ein tragischer Ausgang scheint möglich, Kaspar muss untergehen, nachdem er die verlorene Freiheit seines Landes wiederhergestellt hat (vgl. etwa 'Fiesko'). Statt dessen löst sich alles friedlich, der Herzog ist reuig und gebessert, und Kaspar vergiebt so willig, dass kein Geist vom Grabe herzukommen brauchte, um ihn dazu zu bestimmen.

Auf die Figur des Geistes hat zweifellos Shakespeare eingewirkt; auf den Thorringer Götz, ohne dass jedoch die Originalität der Charakteristik dadurch aufgehoben würde. Erfreulich ist vor Allem, dass der Dichter, trotz seiner sichtbaren Verehrung des Helden, nicht einen blossen Schemen, ein blutloses und leeres Ideal hingestellt hat; Kaspar besitzt alle Tugenden des Mannes, Tapferkeit, Freiheitssinn, Weisheit, aber seine Ehrbegierde stürzt ihn und die Seinen ins Unglück. Er selbst charakterisirt sich etwas aufdringlich so:

'Bin zu wenig zu häuslicher Freude geschaffen, mein Auge hat zu viel Blut getrunken, um sich an Weibern, Kindern, und so was zu weiden ... Recht ist alles, was ich wünsche; Ruhm, alles was ich liebe; Wahrheit ist meine Sprache, und Krieg meine Politik ... ich kenne nur Ein Unglück — Kränkung meiner Ehre — und das ist nicht möglich.' (I. 2).

Ueber sein Aeusseres erfahren wir, dass er ein Teufelsgesicht hat und aussieht, als wären Wurfspiesse in seinen Augen (II. 3); sein Bruder bezeichnet ihn als einen düstern Nachtschwärmer (I. 7) und seine Gattin bestätigt, dass er viel in der Nacht umhergeht, besondere Bücher liest und

Geheimnisse in Menge weiss. Andere glauben, dass er zaubern und beschwören könne. (III. 1.)

Des Uebernatürlichen ist in dem Stücke viel; auch abgesehen von der Erscheinung und ihrer Prophezeihung, haben wir Spuk aller Art, Vorbedeutungen und Unglücksahnungen. Der Held beruft sich gern auf das Schicksal:

'folge der Stimme deines Schicksals! (III. 7) — mein Verlust — das war Schicksal. (V. 1) hin! nach dem Rufe meines eisernen Schicksals! (IV. 4)'

und seine Gattin spricht wiederholt von den Ahnungen, die sie peinigen:

'mir ahndet Unglück (I. 2) Schreckliche Ahndungen erschüttern mein Innerstes (IV. 3)' u. s. w.

Es darf daran erinnert werden, dass in den Dramen der Zeit das Spukhafte eine ziemlich grosse Rolle spielt, und dass gerade in dem nächsten Vorbild des 'Kaspar', im 'Götz', eine ganze Reihe von Zügen sich findet, die hier mit eingewirkt haben können; z. B. wenn dem Götz träumt, dass Weislingen seine eiserne Hand so fest hielt, dass sie aus den Schienen ging (I. Akt, Hempel 6, 42 f. vgl. IV. Akt, 89) oder wenn Weislingens Pferd scheut, wie er zum Schlossthor hereinreiten will (II. Akt, 50, 56) u. A. m.

Die Ahnungen sind in der Figur der Margarethe noch das einzig Charakteristische; ihr so wenig wie den andern Personen des Stückes ist Gutes nachzusagen, sie alle treten hinter dem Helden gar zu sehr zurück. Margarethe ist zuerst sentimental, dann antik-heldenhaft, und immer farblos; Heinrich ist der schwächliche Fürst — der aber leider gar nichts von dem Bestrickenden eines andern fürstlichen Schwächlings, des Prinzen von Guastalla, hat und dessen Besserungsfähigkeit zu sehr ad oculos demonstrirt wird (z. B. IV. 6) — die Hofleute sind schwarz in schwarz gemalt, und Wilhelm Thorringer, der etwas philisterhafte, dem Krieg nicht sehr geneigte, soll wohl im Contrast stehen zu seinem Bruder Kaspar. Das Thema der feindlichen Brüder klingt, wenn auch nicht sehr deutlich, wieder, wenn z. B. Wilhelm dem Kaspar zuruft: 'du bist unverständlich', und dieser erwiedert: 'Ich bin, was ich bin; und wer das nicht ist, der wird und kann mich nicht verstehen.' (V. 9.)

Die vielen Nebenpersonen zu individualisiren ist dem Dichter begreiflicherweise eben so wenig gelungen; nur in einer Volksscene, III. 4, hat er sehr hübsch verstanden, die Figuren von vier Bürgern auseinanderzuhalten. Der Erste verhält sich durchaus passiv, er will dem Abzug des Heeres 'stille zusehen', der Vierte tröstet sich mit der Zukunft, 'die Ritter werden schon kommen mit dem da oben abzurechnen', der Zweite will mit den Zunftmeistern sprechen, und nur der Dritte, der 'auf seinem Handwerk Städte und Länder durchgereist, wo die Bürger nicht so dagestanden wären, den Rosenkranz zu beten, wenn man ihre Beschützer so tirannischer Weise ermordet hätte', — nur der Dritte will zum Angriff übergehen.

Es erübrigt, nachzuweisen, was Törring an einzelnen Motiven, grossen und kleinen, aus dem 'Götz' gewonnen hat. Zunächst die Gegenüberstellung von Ritter und Fürst oder Pfaff. 'Ich kenne Heinrich nicht', sagt Kaspar, 'mag auch der Fürsten Bekanntschaft nicht, ist selten der Mühe werth. ... Ein Fürst, der sich bessert, ist ein weisser Rabe ... nie war ein Pfaff für Freiheit'. (I. 8.) Wer bei Hofe lebt, und wäre er auch der Beste, geht unter, wie Preysinger, oder wird unfrei, wie Gundelfingen. 'Wäret ihr nicht bei Ludwig' ruft der Thorringer diesem zu, 'ihr könntet fechten für die Freiheit, und für eure eigene Sache. Gundelfingen. Lebt am Hof, und verstricket euch nicht!' (IV. 4.) Derselbe Gundelfingen contrastirt am Schluss der grossen Scene des vierten Aktes, auf dem Pfarrhof zu Kirchberg, Fürst und Ritter: 'Hof! Hof! sahst du je einen Auftritt, wie Kirchbergs Pfarrhof?'. Am klarsten aber zeigt es sich in den folgenden Sätzen, wie Kaspar dem Götz nacheifert:

'Wir geben uns dem Kaiser und Reich zu Vasallen, und verlangen frei zu sein, wie die Ritter in Schwaben, Franken und am Rhein, oder wir fechten gegen Heinrich, bis wir sterben. So wären wir einmal frei, und könnten aller Fürsten lachen und unsrer Unterthanen pflegen: das war — das ist der Wunsch meines Lebens!' (III. 6.)

'Götz. Verkennst den Werth eines freien Rittermanns, der nur abhängt von Gott, seinem Kaiser und sich selbst! Verkriechst Dich zum ersten Hofschranzen eines eigensinnigen, neidischen Pfaffen! (I. 34.)

Bischof. Franken, Schwaben, der Oberrhein.. werden von übermüthigen und kühnen Rittern verheeret.' (I. 407).

Kaspar theilt mit Götz die Verachtung des Müssiggangs, die Geringschätzung des Schreibens; er geht auf die Jagd in der Zeit des gezwungenen Friedens, wie Lerse und Georg:

'Jagen, und immer jagen! Müssiggang und immer Müssiggang! ... jetzt irrst du, wie der wilde Jäger, in deinen Försten; sitzest daheim bei deinem Weibe, bist Schulmeister deines Knaben.' (I. 1.)

'Götz. Der Müssiggang will mir gar nicht schmecken, und meine Beschränkung wird mir von Tag zu Tag enger ... Schreiben ist geschäftiger Müssiggang.' (IV. 93.)

Vgl. auch Klingers 'Otto' II. 7:

'So gehts, wenn man so lang nicht dran war, aus langer Weile jagt, aus Müssiggang Bücher liest, die die Kerls in Müssiggang gemacht haben.'

Am Schluss des zweiten Aktes, in der Scene, wo Kaspar den Ahamer ersticht, schwebt deutlich die köstliche Scene IV. 87, Götz in Heilbronn, vor. (Vgl. auch 'Fiesko' IV. 9.)

'Kaspar. (steht in der Mitte und schwingt sein Schwerd.) Wer wagts? (sie treten staunend zurück.) Seht, Heinrich! wie sie dastehn, Eure Helden!' (II, 9.)

'Götz. Wer kein ungrischer Ochs ist, komm mir nicht zu nah! ... (Sie machen sich an ihn, er schlägt den Einen zu Boden und reisst einem Andern die Wehre von der Seite; sie weichen.) Kommt! Kommt! Es wäre mir angenehm, den Tapfersten unter Euch kennen zu lernen.'

Wie Götz in die Acht erklärt wird, so ist Kaspar zum Strang verdammt am nächsten Baum; und wie die Burg des Götz, so wird auch des Thorringers Veste belagert, und ihre geringe Besatzung muss, trotz kräftiger Gegenwehr, der Ueberzahl weichen.

Von kleineren Uebereinstimmungen verzeichne ich noch die folgenden: Götz wie Kaspar besiegen ein Heer von vierhundert Mann; im 'Götz' entkommen 150, im 'Kaspar', sehr übertrieben, nur einer. (III. 75. — IV. 2.) Im 'Götz' III. 69 heisst es:

'Wald an einem Morast. Zwei Reichsknechte begegnen einander. Erster Knecht. Was machst Du hier?'

'Kaspar': 'Düstere Nacht. Ein Wald ... Ein Knecht, ein Ritter ... begegnen einander. Ritter. Halt! Wer bist du?' (IV. 5.)

'Götz. .. lach ich der Fürsten ..' (I. 21).

'Kaspar. .. wir .. könnten aller Fürsten lachen.' (III. 6.)

'Götz. Sorg du! Es sind lauter Miethlinge.' (III. 66.)

'Kaspar. Das thun Miethlinge und Knechte, wir Ritter (aber)' ... (I. 2.)

'Götz. Bist du nicht eben so frei, so edel geboren ... (I. 34). Wenn die Diener der Fürsten so edel und frei dienen ... (III. 80) einen edeln, freien Nachbar ... (III. 81) ein freies, edles Herz ... (IV. 84) viele der Edlen und Freien' (III. 63.)

'Kaspar. ... sterben sie nicht frei und edel.' (V. 1.)

'Götz. Gebt mir Euern Namen!' (III. 68.)

'Kaspar. Gebt mir Eure Hände und Eure Namen!' (I. 8.)

'Götz. Stirb, Götz! — Du hast Dich selbst überlebt, die Edeln überlebt'. (V. 112.)

'Wilhelm. Stirb, Unglücklicher! Stirb! Ueberlebe nicht deinen Ruhm, unser Vaterland und die Freiheit!' (V. 1).

'Maria. Edler Mann! Edler Mann! Wehe dem Jahrhundert, das Dich von sich stiess!

Lerse. Wehe der Nachkommenschaft, die Dich verkennt!' (V. 112.)

'Kaspar. Mir ist ehrwürdig dieser Schutthaufen, und Wehe dem Enkel, dem ers nicht sein wird ... wann er ein Teutscher, ein Baier, ein Thorringer ist (wird er) Kaspars Andenken ehren. (V. 9.) Erzbischof. (zu Kaspar.) Edler Mann!' (V. 11.)[1]

'Götz. .. jetzt wirft er mir selbst einen Buben nieder. (I. 35). Sievers. Da werfen sie ihm einen Buben nieder.' (I. 20).

'Ebran. Kaspar warf Euch vierhundert Knechte und Eure treuen Räthe nieder. (IV. 2.)

Ahamer. dann wirft man sie einmal als Räuber nieder.' (II. 1.)

---

[1] Vgl. den Schluss von Blumauers 'Erwine von Steinheim': 'unsere spätesten Enkel sollens erfahren, dass es einst ein deutsches Weib gab, dessen Herz eher brechen, als für einen zweiten Mann schlagen konnte. Und Schande, hohe Schande ihnen, wenn sie nicht weinen um so ein Weib'.

Für den **Geist** im 'Kaspar' waren Vorbilder Hamlets und Caesars Geist. Als Brutus die Erscheinung erblickt, fragt er: — ich citire nach Eschenburgs Uebersetzung —

'.. was bist du?'
'Kaspar. Wer bist du?'
'Brutus. So werd' ich dich also wieder sehen?
Geist. Ja, bei Philippi. (Er verschwindet.)'
'Geist. (im 'Kaspar'.) Auf Wiedersehen zu Stain! (verschwindet in dem Gang.)'

Von Hamlets Vater hat Allwig das feierliche Winken nach einem andern Orte; wenn die Erscheinung nur von Kaspar gesehen wird, so kann dem Dichter diese Beschränkung sowohl durch Shakespeare — 'Hamlet' III. 4, 'Macbeth' — als durch die bekannten Auseinandersetzungen Lessings[1] nahe gelegt sein.

Der **Stil** des Werkes wird mit der 'Agnes' gemeinsam besprochen werden.

Die **Wirkung** des 'Kaspar' wurde durch das verspätete Erscheinen begreiflicherweise sehr beeinträchtigt. Von dem grossen Aufsehen, welches die 'Agnes' erregte, konnte also nicht die Rede sein; es waren inzwischen unter grossem Beifall eine Reihe von ähnlichen Werken erschienen, besonders Babos 'Otto von Wittelsbach', Meissners 'Johann von Schwaben', Sodens 'Ignez de Castro', so dass der bessere Theil des Publikums bereits anfing, der Richtung überdrüssig zu werden; und obendrein war der dichterische Werth des Dramas weit geringer, als der der 'Agnes'. An reichlicher Anerkennung hat es trotzdem nicht gefehlt. Schon im Jahre 1782 wurde eine Aufführung in Regensburg beabsichtigt, wie wir aus Törrings Brief an Dalberg vom 19. April 1782 ersehen; in Folge seines Protestes wird es wohl bei der Absicht geblieben sein. Bald nach der Drucklegung kam dann das Drama an vielen Orten unter ansehnlichem Beifall zur Aufführung; in Hamburg war Schröder Kaspar, Frau Schröder Margarethe.[2]

---

[1] 'Dramaturgie', Lachmann-Maltzahn Bd. 7, 51 f.
[2] Vgl. F. L. W. Meyers 'Schröder' Hamburg 1823. II, 2. 157, 168.

Auch die Kritik verhielt sich anerkennend; der Beurtheiler z. B. der Jenaer Literaturzeitung schreibt: 'Es finden sich so viele Spuren von der Hand des Meisters selbst in dieser verfälschten Ausgabe, (es ist die Klagenfurter) dass man sehr wünschen muss, der Verfasser möchte seinen Entschluss, das ächte Original ewig in seinem Pult zu verschliessen, abändern. ... Auftritte dieser Art (wie die beyden Erscheinungen und der Schluss) bedürfen Recensenten-Lob nicht, denn jeder Leser fühlt ohnedem ihren Werth.[1]

Interessant ist es, zu sehen, wie bereitwillig der Recensent auf das Uebernatürliche eingeht: 'Ob einen Mann, der gewohnt ist, Geister zu sehen, eine Erscheinung so umschaffen kann, ... entscheiden wir nicht.'

Es bedarf nicht der Bemerkung, dass unser Urtheil über den poetischen Werth des Schauspiels ein anderes sein muss. Das Werk verdient Beachtung lediglich aus historischen Rücksichten, als eine der frühsten und besten Nachahmungen des 'Götz', und aus biographischen. Es war die Vorstufe zur 'Agnes Bernauerinn', einem Drama dessen aesthetischer Werth allerdings auch nur ein mittlerer ist, das aber auf dem deutschen Theater direkt und in Nachahmungen länger als ein halbes Jahrhundert sich wirksam erwies.

3. AGNES BERNAUERINN.

In der 'Agnes' hatte Törring einen sehr glücklichen Stoff erwählt, wie schon die grosse Anzahl der Bearbeiter beweist, die seinem Beispiel gefolgt sind.[2]

---

[1] 1785. II. 87. Zur Beurtheilung der Tendenz der 'Jenaer Litteraturzeitung' in den ersten Jahren ihres Bestehens vgl. Koberstein[5] IV. 139 ff. 232.

[2] Ich kenne Bernauer-Dramen von Julius Körner, Leipzig 1821, Adolf Böttger, Leipzig 1845 u ö, F C. Honcamp, Soest 1847, Fr. Hebbel, Wien 1855 u. ö., Melchior Meyr, Stuttgart 1862 u. ö., Otto Ludwig, Werke Bd. II, Nachlassschriften Bd. I; ferner zwei Fortsetzungen von Törrings Trauerspiel, 'Die Rache Alberts III' von Destouches, Augsburg 1804 und 'Albrechts Rache für Agnes' von T. Fr. von Ehrimfeld, Wien 1808; ein Singspiel 'Albert III. von Baiern' von Theod. von Traiteur, Musik von G. Vogler, 1781 (aufgeführt in München im December 81,

Vor Törring haben sich mit der Geschichte der Agnes beschäftigt: Hoffmann von Hoffmannswaldau in seinen Heldenbriefen und Paul von Stetten II. ('Siegfried und Agnes, eine Rittergeschichte' Augsburg 1767).

Hoffmann giebt einen Brief der 'Agnes Bernin' aus dem Kerker an 'Herzog Ungenand' und Ungenands Antwort. Ein Vergleich mit Törrings Drama zeigt so bestimmt wie möglich den Unterschied der Zeiten. Dort die willenlose Unterordnung unter das Herkömmliche und das Gebot des alten Herzogs, hier die trotzige Auflehnung. Bei Hoffmann sind Heldin und Held einig in der Ergebung; Agnes weiss, dass ihr Blut von 'allzu schlechtem Stande' und dass auf dieser Welt keine Rettung 'vor sie' ist, und Ungenand meint, er müsse den Schluss des Himmels hören, der als ein harter Schlag ihm in die Ohren fällt:

'Du solt, so viel du kanst, den alten Vater ehren,
Er hat dich neben Gott auff diese Welt gestellt'.

Törrings 'Agnes' ist sehr oft gedruckt worden; ich verzeichne die folgenden Ausgaben: München 1780 bei Johann Baptist Strobl, 80 Seiten; ohne Druckort in demselben Jahre zweimal; Frankfurt und Leipzig 1781; München 1782; Mannheim 1782; München 1783; München 1790 (bei Strobl, 'vierte Auflage'); Köln und Leipzig 1790; München 1791; Mannheim 1791. Sämmtliche Ausgaben erschienen anonym, wie damals so viele Dichtungen.

QUELLE, FABEL.

Törring hat als hauptsächliche Quelle für sein Drama, in einer kurzen Vorrede, Oefeles 'scriptores rerum boicarum'

---

vgl. Grandaur, 'Chronik des Kgl. Hof- und National-Theaters in München', München 1878. S. 26. Vogler war der Lehrer Webers und Meyerbeers; vgl. Otto Jahns 'Mozart', besonders II. 109 ff. und 'Biographie universelle des musiciens' Paris 1865, Tome huitième 375 ff.) und eine 'grosse Oper' in vier Aufzügen, 'Agnes', Musik von C. Krebs (in Hamburg vom 8. Oct. 1833 bis 16. August 1834 10 Mal aufgeführt). David Hermann Schiff, der Vetter Heinrich Heines (vgl. Strodtmanns 'Heine') schrieb eine Novelle 'Agnes Bernauer', Berlin 1831. Er soll auch Törrings Drama umgearbeitet haben; desgleichen K. S. Klühe, Köln 1810.

(Augsburg 1763) angegeben; daneben kommt noch Falkensteins 'Baierische Geschichte' (Ingolstadt und Augsburg 1776) in Betracht. Im Jahre 1434 fand [1] in Regensburg ein Turnier statt, bei welchem Herzog Albrecht, der Sohn Herzog Ernsts von Baiern-München, beschimpft wurde, weil er aus wahnsinniger Liebe zu seiner Freundin Agnes Bernauer sich zu einer legitimen Heirath nicht entschliessen zu können schien. Agnes wurde im folgenden Jahre, 1435, auf Befehl des Vaters zu Straubing ertränkt.[2]

'Exinde bella orta sunt inter patrem et filium per aliquod tempus et ea de causa eam fecit mergere, quod dicebat filium ejus maritum suum esse et nullum alium voluit ducere maritum,[3] de qua cantatur adhuc hodie pulchrum carmen'.[4]

Ernst erbaute ihr, um Albrecht zu versöhnen, ein Grabdenkmal und eine Kapelle und stiftete eine Messe für ewige Zeiten (I. 220).

Törring ist diesem Berichte treu gefolgt.

Im Beginn des Stückes sind Albrecht und Agnes bereits vermählt; es spielt sich eine exponirende Liebesscene ab, dann wird Albrecht durch Boten seines Vaters zum Turnier nach Regensburg geladen. Er verspricht zu kommen und nimmt Abschied von Agnes.

Eine Berathung Ernsts mit seinen Räthen endigt den Akt; es wird beschlossen, Albrecht die Turnierschranken zu verschliessen, gegen den Willen des Vicedoms, der für Agnes' Tod stimmt.

Der zweite Akt führt zunächst in einer kurzen Scene die trauernde, verlassene Agnes vor, in der 'Morgenröthe

---

[1] Oefele I. 220. Ich gebe den Bericht möglichst wörtlich wieder.

[2] Falckenstein erzählt (III. 457): 'Einstmals als der Sohn abwesend war, liess er sie von ihrem Schlosse abholen, und nach Straubingen bringen, woselbst er sie in einen Sack stecken und von der Brücke hinunter in's Wasser werfen liess worinnen das gute Mädgen ersäufen musste.'

[3] Vgl. Falckenstein III. 461: 'Bei dem Verhör bezeigte sie sich trotzig und antwortete frech.'

[4] Das Lied ist bei Liliencron, 'die historischen Volkslieder der Deutschen', nicht verzeichnet, also wohl verloren.

spazierend'; darauf folgt das Turnier. Albrecht wird der Einlass in die Schranken verweigert, weil er eine Hure öffentlich halte und heirathen wolle. Er erklärt, Agnes sei ein liebes tugendhaftes Mädchen; wer das Widerspiel behaupte, möge seinen Handschuh aufheben. Der Vicedom:

'Um einer bürgerlichen Dirne wegen wird kein Ritter fechten.
Albrecht. Ehre genug! wenn ich mit ihm fechte. (Zieht und schlägt den Vicedom mit dem Rücken des Schwerts.) Ihr aber, Verwegener! fechtet nimmer; ich entehre euch: Ich, euer Herzog!
Ernst. ...Und ich dich, dein Vater! mit dir ficht niemand mehr.

Darauf Lärm, Zusammenlauf der Ritter, Aufruhr des Volks; die Schranken werden eingestossen. Albrecht droht Rache und verlässt den Turnierplatz, vom Volke begleitet. Es folgt eine zweite Berathung, eine neue Gesandtschaft an Albrecht wird abgeschickt, ihm des Vaters 'wohlmeinende Warnungen zum Ohre' zu bringen.

Im dritten Aufzug gelingt es Kaspar dem Thorringer, dem Führer der Gesandtschaft, Albrecht zu friedlichen Gesinnungen zu bestimmen; Agnes soll sein Weib bleiben, aber darauf verzichten, Herzogin zu sein. Inzwischen hat Ernst erfahren, dass sein Sohn vermählt sei und beschliesst in einer dritten Berathung eine dritte Gesandschaft ihm zu senden. Diese langt im vierten Akt an und überbringt ein Schreiben des Vaters, welches fordert, dass Albrecht sich sogleich in Regierungsgeschäften an die schwäbische Grenze begebe. Trotz der Warnungen seiner Freunde, der Bitten seiner Gattin, geht Albrecht darauf ein. Als er fort ist, verlangt Tuchsenhauser, des Herzogs Kanzler, dass Agnes ihrem Gatten entsage; da sie sich dessen weigert, wird das Schloss erstürmt, sie selbst gefangen.

Im fünften Aufzuge sehen wir Agnes im Kerker, vor des Vicedoms Gericht und am Ufer der Donau; sie wird ertränkt. Gleich darauf erscheinen Albrecht und Ernst, zu spät um sie zu retten. Ernst betheuert:

'nur der Vicedom entriss sie dir so. Eben wollt ich hin; ich hatte das Urtheil gehört; hätt' es gemildert...

Albrecht. Rache! blutige Rache! und sollte Vater und Vaterland darüber verbluten. . . .
Gundelfingen. Gnädiger Herr! Thränen verdient dieser Leichnam! er fordert nicht Rache. Sehet ihn an, und weinet, und preiset sie selig, dass sie für Bayern starb. . . .
Alle. Vergebung!
Ernst. Vergebung ist deiner würdig, mein Sohn! lass Gott die Rache!
Albrecht. Was wäre dann mein Trost?
Ernst. Bayern.'

Ich habe mich bei der Wiedergabe des Inhaltes der 'Agnes' weit kürzer fassen können, als oben beim 'Kaspar', weil die Handlung des Stückes eine wesentlich einfachere ist, und der Ortswechsel weniger frei gehandhabt wird, als in Törrings erstem Drama. Im 'Kaspar' sind durchschnittlich vier Verwandlungen in jedem Aufzuge, in der 'Agnes' haben die drei ersten Akte je eine, der vierte hat zwei, und nur der letzte fünf. Wie hierin, so ist auch in allen andern Punkten ein entschiedener Fortschritt wahrzunehmen; die Ausdrucksfähigkeit des Dichters hat sich gehoben, es wird nicht mehr so viel mit Gedankenstrichen und 'langen Pausen' gewirthschaftet, die Führung der Handlung ist fest und sicher, die Technik gewandter geworden, das Kommen und Gehen der Personen macht nicht allzugrosse Schwierigkeiten. Ein kräftiges Gefühl für dramatische Oeconomie, für das Bühnengerechte ist unverkennbar; und es erregt um so mehr unser Staunen, wenn wir uns daran erinnern, dass Törring gesteht, er habe nur ein mittelmässiges Theater in seinem Leben gesehen und von demselben wenig Theaterkenntniss erlangen können. (S. 11.) An dramatischer Spannung ist die 'Agnes' selbst ihrem Vorbild, dem 'Götz', zweifellos überlegen.

Die vielen äusserlichen Effecte des 'Kaspar' sind zum Theil verschwunden, zum Theil, denn es bleibt freilich noch Harnischgerassel und Pferdegetrappel genug; aber — um von allem andern abzusehen — war nicht im 'Götz' ganz das Nämliche der Fall? Gab es nicht dort Musik und Tanz, Kampf und Schlacht, Tumult und Plünderung, brennende Dörfer und Klöster, Zigeuner, Vehmrichter und einen tiefsten Thurm?

Nur eins ist lästig in unserm Drama, wie im 'Götz', wie in allen andern Ritterstücken: dass die Helden immer und immer auf Rittertreue und Ritterehre, auf Ritterwort und Ritterpflicht sich berufen; es ist um so lästiger, als es gewiss nicht natürlich ist. Z. B.:

'Diese Rache fodern weder der Ritter Sitten, noch euer Volk; sie ist also eben nicht nothwendig. Wiedereinsetzung aber in eines Rittermanns Vorrechte, in eures Vaters Gnade, die sind nothwendig (III. 5). . . . Rache geschworen in eure ritterliche Hand' (V. 5).

Eine sehr glückliche Erfindung war die Turnierscene; die Zurückweisung Albrechts von den Schranken ist in der Geschichte nicht gegeben, aber alle namhaften Bearbeiter der 'Agnes' sind hier Törring gefolgt, einige vielleicht durch die Darstellung Lipowskys getäuscht.[1]

Auffallend ist es für uns, dass Törring sich einen Haupteffect in dieser Scene hat entgehen lassen, das Bekenntniss Albrechts, Agnes sei sein Weib; es erklärt sich wohl aus dem stärkeren Respektsverhältniss der Kinder zu den Eltern in jener Zeit. Die Auflehnung gegen den Willen des Vaters erschien schon als so kühn, dass der Dichter diesen letzten Trumpf nicht wagte.

Ungeschickt sind die drei Berathungen, die jedesmal am Aktschluss stehen. Auf die Intrigue des Vicedoms muss ich weiter unten zurückkommen; doch sei gleich hier daran erinnert, dass in vielen gleichzeitigen Dramen die Katastrophe durch Zufall und Intriguen bedingt ist, besonders im bürgerlichen Trauerspiel. Ich nenne 'Clavigo', Wagners 'Reue nach der That' und 'Kindermörderinn', 'Kabale und Liebe'. Zumal in der 'Kindermörderinn' haben wir ganz dieselbe unglückliche Verspätung um einige Minuten.

Die Charaktere des Dramas sind, da sie Erlebtes enthalten, erst zu beurtheilen, wenn die biographischen Momente zur Darstellung gelangt sind; dies geschieht am Besten im Anschluss an eine Betrachtung der Tendenzen.

---

[1] Dieser, in seiner kleinen Schrift 'Agnes Bernauerinn', München 1801, schildert nämlich, auffallenderweise, den Vorgang nach Törring. Von Otto Ludwig wissen wir bestimmt, dass ihm Lipowsky vorlag. Vgl. Nachlassschriften I. 149.

TENDENZEN:

Während 'Kaspar der Thorringer' abzuleiten war lediglich aus dem 'Götz', brauchen wir, um die litterarische Physiognomie von Törrings zweitem Werk zu bestimmen, neben dem ersten grossen Drama Goethes auch seinen ersten Roman. Aber nicht nur mit Goethes Jugendwerken hängt die 'Agnes' zusammen, sondern mit der ganzen Bewegung des Sturmes und Dranges; und so eng ist dieser Zusammenhang, dass wir nicht anstehen würden, Törring selbst als einen Stürmer und Dränger zu bezeichnen, wenn nicht in einem, sehr wesentlichen, Punkte er zu ihnen im scharfen Gegensatze erschiene, in der Auffassung, die uns ja schon wiederholt bei ihm entgegentrat, dass der Einzelne mit Aufopferung aller andern Pflichten dem Wohle des Staates sich unterzuordnen habe. Wie es möglich war, diese in ihrer Anwendung auf moderne und vaterländische Verhältnisse zweifellos originellen Anschauungen zu vereinigen mit den Tendenzen des Sturmes und Dranges, das scheint nur aus den persönlichen Erlebnissen des Dichters zu erklären; wenn ich die beiden Seiten seines Standpunkts des Näheren entwickelt haben werde, will ich versuchen, diese Erklärung zu geben.

Ganz im Sinne der Stürmer steht im Mittelpunkt des Dramas das beliebte Thema vom Standesunterschied, der Gegensatz von Natur und Konvenienz, von Herz und Welt. Immer, und immer wieder, betonen die Helden, dass ihr angeborenes Menschenrecht unverletzlich, die Sprache ihres Herzens unwillkürlich und unauslöschlich sei. 'Ich bin eher Mensch als Fürst' ruft Albrecht aus [1] und Agnes: 'Ich bin auch ein Mensch! du bist's auch, Albrecht! ich bin unschuldig an deiner Würde.' (II. 1.) Dem Kanzler, der ihr vorwirft, dass sie ein Staatsverbrechen begehe, entgegnet sie:

'Ein Verbrechen! und mein Gewissen schweigt? und befiehlt mir zu beharren? — Was ist ein Staatsverbrechen? ... Meine Gesinnungen sind unwillkürliches Gefühl ... Nichts kann sie umstossen.' (IV. 8. V. 4.)

---

[1] I. 2. Vgl. Beilage I. Mensch.

Die **Ehre** und ihre Gesetze geniessen, wie alles Herkömmliche, nur geringer Achtung; 'Weh über die Ehre', sagt Agnes, 'der das Herz und die Tugend fremd sind' (II. 2) und Albrecht:

'wenn ich Herz und Gefühl, und Liebe und Treue, und Ehre und Religion verläugnete? dann wär' ich so ein Fürst, ein Held, nicht wahr? Ha! verdammtes Unding eurer Ehre, eurer Fürstenpflicht!' (III. 6.) [1]

Das Alpha und Omega aber der Helden ist **das Herz**. '**Ich kenne keine Gewalt**', sagt Albrecht, '**als die aufs Herz wirket**, und leide keine andere.'[2] ... Ist der Mensch mehr werth, als sein Herz? und unsere Herzen, Agnes, sind die nicht gleich? oder schlägt deines matter, als meines?' (I. 2.)

Von der gleichen Gesinnung ist Agnes beseelt:

'ist euch ein schuldloses tugendhaftes Herz, das euch ganz hingegeben ist, nicht adelich genug? (III. 3).. Was sollte er (Ernst) denn wollen mit mir? mit einem harmlosen Weibe? das nicht ihr Herz schuf; ... die das ward, wozu sie Gott, er allein, bestimmt hatte, und das sie bleiben muss, bis sie nicht mehr ist.' (IV. 3.)

Diese Berufung auf den Willen der Gottheit, zu welchem die Satzungen der Menschen im Widerstreit stehen, kehrt öfter wieder; Agnes sagt zum Kanzler:

'Martert nicht mein armes Herz; seine Sprache ist unwillkührlich. Ihr und der Herzog und Welt könnt nicht auslöschen, was der Schöpfer hineingeschrieben.' (IV. 8),

und Albrecht zur Geliebten:

'Du .. bist .. das Paar meines Herzens, Schwester meiner Seele; gestimmt zum Einklange mit mir; **geschaffen zu meiner Liebe**.

Agnes. **Und doch so tief unter Euch gebohren!** (I. 2.)

P. Zenger. O! es giebt der Ränke und Schwänke gar viel in den Gesetzbüchern ...

Albrecht. Ich kenne die Gesetze, die Gott uns ins Herz schrieb, als er uns schuf; worüber er zum Wächter das Gewissen setzte.' (IV. 3.) [3]

---

[1] Vgl. Beilage I. Ehre.
[2] IV. 3. Vgl. Beilage I. Das Herz.
[3] Vgl. Beilage I. Gott.

Dem stillen Glück, das die Liebe gewährt, wird, sentimental genug, der lästige Zwang entgegengestellt, den der Herrscher erdulden muss:

'Mein! — könnte ich die Sylbe sagen vom römischen Reiche, so nennte man mich Kaiser; aber Agnes mein! da bin ich glücklich, unaussprechlich. (I. 2.) — Meine Kinder! — nun wohl! sie werden darum glücklicher seyn, dass sie keine Fürsten werden! (III. 6.) .. hat ein Fürst nicht auch ein Herz für sich?' (I. 5.)

Agnes spricht den Wunsch aus, der Fürstenpflicht zu entfliehen, 'ohne Waffen, ohne Prunk, ohne Herzogshut zu reisen in freye Gegenden, zu leben wie glückliche niedrigere Menschen'; Albrecht aber erwiedert, wie es einem braven Helden und Liebenden zukommt: 'Liebes Weib! wolle es nicht; du würdest es mich auch wollen machen.' (III. 3.)

Gelegentlich fällt auch ein Wort in einem andern Sinne, im politischen, gegen Fürsten und Fürstenstand; im Vergleich zum 'Kaspar' tritt aber diese Tendenz hier sehr zurück. Dort hatten wir nur politische Polemik gegen Fürsten und Hof, hier haben wir wesentlich sentimentale.[1]

Alles, was nach Gelehrsamkeit aussieht, wird verspottet. Der Kanzler heisst ein 'Federfuchser', er 'schwätzt'; als Agnes gefangen werden soll, und ein Gefecht sich entspinnt, 'schleicht er sich fort.' Der Vicedom ruft den Richtern zu:

'Alle die Formalitäten da braucht's nicht; das hält nur auf, und hier kömmt alles auf Schnelligkeit an.
Bürgermeister. Aber, gestrenger Herr! die gottgeheiligte Justitz lässt sich wohl nicht präcipitiren.
2. Bürgermeister. Und ein förmliches Verhör muss auf alle Fälle vorausgehen.
Vicedom. Ey was mit euern Schulfüchsereyen!' (V. 3.)[2]

Alle die Tendenzen aber, die ich so eben zu entwickeln suchte, sind nur die eine Seite von Törrings Standpunkt, in dem Herzog, dem Kanzler, Thorringer, tritt uns mit aller Schärfe die entgegengesetzte Auffassung entgegen, die zu jenen Aeusserungen des erregten Trotzgefühls, des subjectiven

---

[1] Vgl. Beilage I. Fürst.
[2] Vgl. Beilage I. Gelehrsamkeit.

Beliebens, des schrankenlosen Egoismus im schroffsten Widerstreit steht. So sagt Thorringer:

'was ist denn auch .. Leidenschaft gegen Pflicht und Ehre? der einzelne Mann gegen sein Vaterland? (III. 6.)
Ernst. Ehre und Vaterland fodern ein Opfer; besser sie als tausende! (III. 7.)
Tuchsenhauser. (zu Agnes.) denkt ... dass es um Ruhe des Staats, um Aufrechterhaltung der Gesetze .. zu thun ist; vergleicht euch mit diesen hohen Dingen, und entschliesst euch dann. (IV. 8.)
Gundelfingen. preiset sie selig, dass sie für Bayern starb' (V. 8.)

Deutlich ist es auch in den letzten Worten des Stückes ausgesprochen, worauf es dem Dichter ankommt; Albrecht fragt:

'Was wäre .. mein Trost?
Ernst. Bayern.'

Es handelt sich nunmehr darum, zu erklären, wie es möglich war, dass ein Dichter, der in der Poesie Erlebtes zu gestalten strebte, in einem Werke so entgegengesetzte Anschauungen niederlegen konnte. Auf welcher Seite steht Törring, auf der Seite von Agnes und Albrecht, oder auf der Seite der Vertreter des Staatsinteresses?

Bei dem fast gänzlichen Fehlen von biographischem Material zur Beantwortung dieser Frage muss ich mich nothgedrungen darauf beschränken, eine Hypothese vorzutragen, die, wie ich sehr wohl empfinde, eben nur — eine Hypothese ist. Was wir wissen, ist einmal, dass 'Unglücke der Liebe die Agnes gebohren' haben, (S. 10.) dass das ganze Werk eigentlich ein Gelegenheitsgedicht ist — dies soll doch wohl nicht anders heissen, als dass es aus einer bestimmten Veranlassung geflossen ist — und ferner, dass zwischen den ersten drei Aufzügen und dem vierten vier Monate, dann wieder zwei bis zum fünften verflossen waren, und dass inzwischen 'in des Autors Seele mancher wichtige Wechsel vorgegangen.'[1]

---

[1] Vgl. Törrings Brief in den 'Baierischen Beyträgen'. 1781. S. 889 ff.

Wenn Liebesunglück das Stück erzeugt hat, so liegt die Vermuthung nahe, dass der Dichter, wie sein Held, ein durch Geburt unter ihm stehendes Mädchen geliebt habe, und dass der Vereinigung der Liebenden die Vorurtheile insbesondere des Vaters sich entgegenstellten. Die Liebe erst war im Stande, in Törring, den wir nicht frei von adeligen Vorurtheilen fanden, die Annäherung an die Tendenzen des Sturmes und Dranges hervorzurufen; während es sich daher im 'Kaspar' lediglich handelte um die Kämpfe des Adels gegen einen tyrannischen Fürsten, ist in der 'Agnes', wie ja ausführlich dargelegt wurde, auf jeder Seite die Rede von den Rechten des Herzens, der Sprache des Gefühls, der angeborenen Menschenwürde, und so fort. Alles Licht muss in dieser Auffassung auf die Liebenden fallen, aller Schatten auf den Herzog Ernst; und in der That erscheint Ernst, in den ersten zwei Akten, durchaus als ein leidenschaftlicher Tyrann und grausamer Vater, so, wie dem liebenden Poeten der eigene Vater erscheinen mochte. Nichts in diesen ersten Akten von einer Berufung des Herzogs auf das Vaterland, nichts von dem Gedanken einer Unterordnung unter das Staatsinteresse.

Mit dem Erscheinen Kaspar des Thorringers aber, in der Mitte des dritten Akts, tritt ein 'wichtiger Wechsel' ein; während früher die Helden das Pathos des Dichters aussprachen, wird jetzt Kaspar zum Träger seiner Auffassung, in zweiter Linie Tuchsenhauser und Ernst. Kaspars Vorstellungen machen Albrecht den tiefsten Eindruck; in dieser Scene liegt der Höhenpunkt und die Peripetie des Dramas, die letztere deutlich bezeichnet in den Worten Albrechts: 'wär ich in Augsburg nie gewesen!' Eine solche Umkehr hat es, wenn meine Annahme richtig ist, auch in dem Liebesverhältniss Törrings gegeben; er sah ein, oder glaubte einzusehen, dass er seiner Familie,[1] seinem Vaterlande schuldig sei, der Geliebten zu entsagen, und damit traten jene älteren Anschauungen für ihn und seine Dichtung wieder in den

---

[1] Auch hier darf an das stärkere Respektsverhältniss der Kinder zu den Eltern erinnert werden.

Vordergrund. Unverkennbar aber, dass in der 'Agnes' diese Anschauungen — in mancher Hinsicht zum Vortheil des Kunstwerkes — weniger deutlich hervortreten, als im 'Kaspar'; konnten doch namhafte Beurtheiler des Dramas, wie Hettner und Hebbel, sie ganz übersehen.[1]

Wie anders wäre dies zu erklären, als dass der Staatsfanatiker Törring eine Zeit lang dem Liebhaber das Feld räumen musste?

Nachdem Törring sich mit seinem Vater ausgesöhnt hatte, musste Ernst eine würdigere Rolle erhalten; er konnte nicht ferner den Tod der Agnes wollen, sondern nur die Trennung der Liebenden, die Schuld wurde daher auf den Vicedom gewälzt. So kam die Intrigue in das Stück und mit ihr das Moment des Zufälligen, das schon die Zeitgenossen tadelten. Während früher Ernst nicht derbe Worte genug gegen Agnes finden konnte, — 'elende Baderstochter, schwäbische Dirne, Metze' — ist er in der zweiten Hälfte des Dramas besorgt, das Unvermeidliche mit aller Schonung zu thun: 'Vielleicht ist sie auch unschuldig, verführt, verblendet! .. wendet alles zuvor an'. (IV. 7.) Und hier erst erscheint die Trennung der Liebenden als ein Nothwendiges, nicht als ein fürstliches Vorurtheil, eine Laune des Tyrannen.

Weiter musste Albrecht ein wärmeres Verhältniss zum Vater gewinnen, als früher; er hält ihn nicht mehr für hochmüthig, undankbar, gefühllos (III. 3 und 6), sondern glaubt, dass auch er ein Mensch sei, ein Herz habe; er nimmt ihn in Schutz, als seine Freunde die Aufrichtigkeit der Versöhnung anzweifeln (IV. 3). Und gewiss spricht ebenso sehr der Dichter, wie sein Held, wenn dieser ausruft: 'nur ein

---

[1] Vgl. Hettner, Litteraturgeschichte III. I. 401: 'Törring stellt die Tragik der Agnes Bernauerinn als den Kampf zwischen den Rechten des Herzens und zwischen der grausamen Unnatur der Standes- und Staatsgesetze dar'; ferner Hebbels Brief an Dingelstedt, Kuh 'Biographie Fr. Hebbels' II. 463 ff.: '**Er** (Törring) übersieht den Hauptpunkt.' Dieser Hauptpunkt ist natürlich das, was in Hebbels Drama der Hauptpunkt ist, d. h. eben die Unterordnung unter das Staatsinteresse (S. 50). Hebbel, der hier origineller denn je zu sein glaubte, war es in Wahrheit keineswegs.

Verruchter kann dem Segensblick des ausgesöhnten Vaters widerstehen.' (IV. 3.)

Einen weiteren Anhalt für meine Vermuthung scheinen Törrings Compositionen zu gewähren, von denen 18, das heisst zwei Drittel der Gesammtheit, sich ohne Zwang auf ein Liebesverhältniss Törrings beziehen lassen. Liebe und Liebesglück schildern No. 1, 7, 8, 11, 14, 15, 16, 18, 25, 26; unerhörte Liebe 3, 4, 5, Untreue des Mannes 9, 12. In No. 17 und 19 ist der Vater den Liebenden feindlich; in 17 heist es: 'Mein Vater! Ach ein Reichsbaron! So stolz vom Ehrenstamme. Lass ab! Lass ab!' Am bestimmtesten aber scheint No. 29 hierher zu gehören, Törrings Gedicht 'Nach einer Trennung'. (S. 22.)

Um mich nicht ganz in Vermuthungen zu verlieren, verzichte ich darauf, den Spuren des Erlebten in Törrings Drama des Weiteren nachzugehen; ich habe nur noch darauf aufmerksam zu machen, dass die Wandlung in dem Drama nach meiner Auffassung etwa in der Mitte des dritten Akts beginnt, Törring aber davon spricht, dass zwischen den ersten drei Aufzügen und dem vierten vier Monate, dann zwei bis zum fünften verflossen seien, und dass inzwischen in des Autors Seele mancher wichtige Wechsel vorgegangen. Ich glaube nicht, dass man sich hieran zu stossen braucht: Törring hatte keine Veranlassung sich mit philologischer Genauigkeit auszudrücken, und es ist überdies zu bezweifeln, ob ihm der 'wichtige Wechsel' bis in alle Einzelheiten klar geworden war.

CHARAKTERE.

Nach dem, was soeben entwickelt wurde, ist es von vornherein klar, dass die Charaktere unseres Dramas nicht ohne Schwanken durchgeführt sein können. Vor Allem der Figur des Ernst fehlt die Einheit; der Herzog ist bald leidenschaftlicher Despot, bald ein erleuchteter erster Diener des Staats, bald ein sehr lenkbares Werkzeug in den Händen seiner Räthe. Wenn meine Annahme richtig ist, so sind es keineswegs künstlerische Rücksichten, die das Schwankende dieses Charakters verursacht haben; aber es war, künstlerisch betrachtet, jener Mangel an Einheit durchaus nicht so verwerflich, wie es auf den ersten Blick scheinen möchte.

Der Stoff der Agnes Bernauer hat ja, neben grossen Vorzügen, den einen grossen Fehler, nicht ohne Rest aufzugehen: es ist schier unmöglich, das Verletzende des Ausgangs zu überwinden, dass der Hauptschuldige, Albrecht, am Leben bleibt, während die minder Schuldige untergeht. Vor Allem ist es da wichtig, die Versöhnung des Vaters und des Sohnes glaubhaft zu machen; und dies grade ist bei Törring nicht ohne Geschick versucht. Hätte der Dichter kein näheres Verhältniss zu seinem Stoff gehabt, so hätte er aller Wahrscheinlichkeit nach mit voller Consequenz Ernst als den Vertreter des Staatsinteresses hingestellt, er, nicht der Intrigant, hätten Agnes tödten lassen, und damit wäre eben die Versöhnung unglaubhaft geworden und die Wirkung des ganzen Stückes in Frage gestellt. Genau so hat später Hebbel das Problem durchgeführt, sehr viel folgerichtiger als Törring ohne Zweifel, aber mit weit geringerem Erfolg, weil eben der kalte Schluss abstiess; und ganz so wäre es mit Törrings Drama gegangen, ja noch schlimmer, denn die meisten Zeitgenossen hätten mit Lessing geurtheilt: 'unsere Sympathie erfodert einen einzelnen Gegenstand und ein Staat ist ein viel zu abstracter Begriff für unsere Empfindungen' ('Dramaturgie', Lachmann-Maltzahn 7, 62).

Dass der Schluss gefährlich werden könne, sah auch der zweite bedeutendste Bearbeiter der 'Agnes', Otto Ludwig; in seiner fünften und sechsten Bearbeitung sollte Ernst, 'um nicht zu wichtig zu werden', fast ganz zurücktreten vor dem Vicedom, in der siebenten wollte er durch ein Radicalmittel der Schwierigkeiten Herr werden: Albrecht sollte gleichfalls untergehen.

Um Albrecht ist es bei Törring etwas besser bestellt, als um Ernst; feste Männlichkeit zeichnet ihn aus, und wenn man über das Ueberschwängliche und das Prahlerische hinwegsieht, das diesem Helden anhaftet wie allen des Sturmes und Dranges, so kann man sich ungefähr mit ihm befreunden. Viel Individuelles hat er so wenig wie die Agnes, die übrigens schon zeitgenössische Kritiker mit Recht als die beste Figur des Dramas bezeichneten. Es sind im Grossen und Ganzen in ihr dieselben Elemente, wie in der Margarethe des 'Kaspar', und es ist gewiss bedenklich, wenn ein junger Künstler auf seiner Palette nur so wenige Farben vorfindet; aber man sieht doch, dass Törrings Kunst inzwischen Fortschritte gemacht hat. Seine Heldin ist mit Empfindsamkeit, wie wir sahen, reichlich ausgestattet, aber diese Empfindsamkeit ist nicht entfernt Schwächlichkeit; dem Kanzler und den Richtern gegenüber zeigt sich Agnes stark und muthig, fest und entschlossen. Sie zeigt sich so dem Kanzler und den Richtern, aber nicht — ein vortrefflicher Zug — bei der Exekution; hier jammert und klagt sie, und fleht um Gnade.

Ein hervorstechender Charakterzug ist ahnungsvolle Schwermuth.[1] In Albrechts Abwesenheit wird sie von den trübsten Vorstellungen gequält:

'Stille, stille ängstliches Herz: poche nicht so. Er liebt mich ja; er ist ja mein Gemahl; er kömmt ja wieder; kömmt wieder! — Noch nicht stille, Herz? immer ängstlicher? bänger? — Ach! Liebe! ist das, das dein Lohn?' (II. 1.)

Als Albrecht mit dem Vater sich versöhnt glaubt, kann sie in seine Freude nicht einstimmen:

'Unglaubig bleibt mein Innerstes, und meine Ahndung spricht dazu nicht. . . .
Albrecht. Uebermorgen bin ich ja wieder da, liebe Traurende?
Agnes. Uebermorgen! und was ist morgen! (IV. 3.)
Albrecht. . . . Morgen wieder.
Agnes. (heftig.) Nimmermehr! (fällt ohnmächtig.)' (IV. 5.)

Und als Zenger ihr räth, sich vom Schlosse nicht zu entfernen, erwiedert sie:

'Ach! Ritter! entfernt man sich je von seinem Schicksale? — das meinige — Gott weiss es! — aber ich ahnde es traurig, schwarz.' (II. 2.)

---

[1] Es ist möglich, dass der Dichter hier durch die Quelle zum Mindesten angeregt ist; es ist überliefert, (Oefele II. 232) dass Agnes in der kurzen Zeit ihrer Ehe für den Bau ihrer Todesgruft Sorge getragen habe.

Auch andere Personen des Stückes huldigen diesen Anschauungen; Tuchsenhauser sagt:

'Glück und Unglück sind selten Belohnung und Strafe; Verhängnisse sind sie! (IV. 8.)

Ernst. .. ich hatte das Urtheil gehört; hätt' es gemildert; — zu spät! Es war ihr Schicksal!' (V. 8.)

Der Ton einer armen Bürgerstochter ist in der Figur der Agnes im Ganzen gut gewahrt; sie spricht schlicht und volksthümlich, oft mit treffender Bildlichkeit. Es fehlt nicht an Stellen, die durch ihre innige Einfachheit ergreifen; so wenn die verlassene Agnes am Ufer der Donau, in Liebesgedanken verloren, die Wogen anredet:

'Strömet, strömet fort, stille Wogen ..! — strömet hin zum glücklichen Regensburg, wo mein Geliebter ist.. — Ihr zeigt mir mein Bild? wälzt es fort mit euch; und wenn Albrecht an eurem Ufer kämpfet, zeigt es ihm wieder, und die Thräne, die im Auge mir zittert, von seiner Agnes Sehnsucht geweint. — Liebe! Liebe! gieb mir meine Ruhe wieder, wie als ich Albrechten noch nie gesehen hatte; als in sorgloser Unschuld, unbewusst meines Herzens, stille meine Tage einer auf den andern flossen, wie diese kleine Wogen. Gib sie mir wieder, oder meines Albrechts Umarmung!' (II. 1.)

Wie im 'Kaspar' lässt sich auch hier beobachten, dass Törring es versteht, einzelne Nebenfiguren bestimmt von einander abzuheben. So stellt er Ritter und Hofleute einander gegenüber, indem er mit Geschick zur Contrastirung die oben geschilderte Entgegensetzung von Natur und Kultur verwendet. Z. B.:

'Tuchsenhauser. Herr Ritter! ich werde euch das Fechten und ihr mir das Negoziren nicht lernen. (IV. 2.)

Tore. Wisst ihr was? redet ihr, Herr von der Feder, mit ihr, ich bleibe dann .. bereit, meinen Schwertstreich anzubringen, wenn's Noth seyn wird. (IV. 4.)

Tuchsenhauser. Hier muss wohl Politik gebraucht werden; die Gesandten müssen einzuschläfern wissen.

Maxelrainer. Doch nicht lügen? nicht in des Herzogs Namen ein falsches Wort geben? (III. 7.)

Ernst. Man sieht es euch doch immer an, Tuchsenhauser, dass ihr kein Ritter seyd, und dass die Gesetze der Ehre in die Herzen und nicht in die Bücher geschrieben sein müssen.' (I. 7.)

Ritter und Hofleute unterscheiden sich auch in der Sprache; der Vicedom z. B. hat kurze, schmucklose und folgerichtige Sätze, Tuchsenhauser spricht in längeren und wohlgeordneten Perioden:

'Vicedom. (zu den Richtern) Was ist da noch zu überlegen? Sterben, oder bürgerlicher Krieg? Eine Welt muss zwischen die zwey gesetzt werden, oder es ist nichts gethan: geschwind muss es seyn ... Nun Oberrichter! die Anstalten! vorsichtig und schnell. Morgen bey Tages Anbruch.' (V. 4.)

Dagegen Tuchsenhauser:

'Liebe mag nun eine Thorheit seyn, wie sie es in diesem Falle gewiss ist, so ist sie doch auch eine Leidenschaft; und eine Leidenschaft ist ein Strom, gegen den man nicht fahren, den man aber einschränken und leiten kann: hemmt man ihn in seinem brausenden Laufe, so läuft er über, und verheeret die Ufer und Gegenden ohne Unterschied, wie er den widerstehenden Damm einreisset. So werdet ihr es entweder nicht dahinbringen, dass sich Albrecht eurer Gewalt anvertraue; oder ihr erbittert ihn, reizt ihn zur Gegenwehr; und da alles Volk ihn liebet, wie allemal den Thronerben; und da er tapfer, und ein wilder Krieger ist: denn glaubt mir, der Löwe schläft nur ...' (I. 7.)

Um die Figur des Kanzlers zu individualisiren hat Törring sogar die Karrikatur nicht gescheut. 'Es ist höchst weislich', sagt Tuchsenhauser (dass Ernst Albrecht an die schwäbische Grenze schickt),

'denn seht ihr: erstens bekräftiget ihr ihm dadurch, dass ihr zu dem in drey Tagen bestimmten Aufgebot nicht mehr kommen wollt; zweytens ist's eine Prüfung von seiner Seite, und ein Beweis des Gehorsams .. auf der eurigen; drittens gereicht's zu eurer eigenen Ehre. ... Endlich, wenn die Herzoge von Ingolstadt und Landshut auf die Uneinigkeit schon .. gerechnet, so werden alle ihre Anschläge .. zu Wasser ... Viertens —

Albrecht. Schon genug! wenn nur das alles so ist.' (IV. 1.)

Törring hat diese Art der Aufzählung von Shakespeare gelernt, und ebenso die Kunst, dasselbe in immer neuen Worten zu sagen. Vgl. z. B. 'Viel Lärm um Nichts' V. 4.:

'Dogberry. .. sie haben falschen Rapport begangen; ferner, sie haben Unwahrheiten gesagt; zweytens sind sie Kalumnianten; sechstens und letztens haben sie ein adeliches Fräulein belogen; drittens haben sie unrichtige Dinge verificirt und schliesslich sind sie lügenhafte Spitzbuben.'

Auch die Figuren der einzelnen Ritter sucht Törring von einander abzuheben; er contrastirt z. B. die Brüder

Zenger, Albrechts Freunde. Hanns ist der rauhere, für Liebe weniger empfängliche; so gleich in der ersten Scene:

'Percifal Zenger. Ihr Rausch möge ewig dauern!
Hanns. Wer kann sagen, er habe nicht einmal in seinem Leben so einen Rausch gehabt?'

Später meint er, Liebe sei 'Zeitvertreib, Erholung; niemals eines Mannes Beschäftigung, eines Fürstens nun einmal gar nicht.' (I. 5.) Seine Sprache ist präcis und treffend:

'Agnes. Harter Mann! ihr habt nie geliebt.
Hanns Zenger. Nie zur Unzeit.
Albrecht. ... ihr bleibt — wisst, was ich zurück lasse —
Hanns Zenger. Ja, und ihr wisst bey wem.' (I. 6.)

Percifal dagegen hat zuerst Albrechts Liebe errathen, hat Agnes ihrem Geliebten zugeführt (I. 2.); er sagt:

'Agnes soll euch waffnen, gnädiger Herr! ... Nicht wahr? — da wird einem so leicht. Gieng mir auch so, als ich um mein Weib noch freyte: da, wann sie mir das Schwert gab, da schwang ich's, rufte jauchzend den Feldruf, drückte ihr die Hand, und hui! aufs Ross.' (I. 6.)

Ich habe von zwei Figuren noch nicht genauer gesprochen, denen neben der Agnes, das Hauptinteresse des Publikums zufiel: Kaspar der Thorringer und der Vicedom. Der Vicedom freilich wird uns nicht eben interessant erscheinen; ein Fanatiker, dem die Gesetze der Ehre über Alles gehen, und der doch erlittene Schmach nicht an dem Beleidiger, sondern an einem Weibe rächt. Auch dieser Charakter schwankt, wie der alte Herzog, zwischen Patriot und Theaterbösewicht; den Zwiespalt bezeichnen am besten die Worte: 'Bis ihr's vernehmt, verliebter Junge! alter guter Vater! hat der Vicedom Bayern und sich gerächet.' (V. 4.)

Ebensowenig werden wir die Begeisterung der Zeitgenossen für Kaspar den Thorringer theilen, eine episodische Figur, die keinen Beruf hat, als Albrecht in langer Rede umzustimmen; hier verfährt der Dichter gewiss unkünstlerisch. Das Publikum mag sich vor Allem an der unerschrockenen Sprache des Ritters, dem Herzoge gegenüber, erfreut haben; es ist daran zu erinnern, dass auf der Bühne diese Sprache, im Jahre 1781, noch neu war und dass also Tiraden wie die folgende, eine zündende Wirkung thun mussten:

'Ihr seyd gebohren, Unterthan der Gesetze, sie zu befolgen, und handzuhaben, nicht sie zu beurtheilen; — ihr seyd gebohren, ein deutscher Fürst, eine Stütze des Reichs zu seyn, nicht seine Grundvesten zu erschüttern; — ihr seyd gebohren, ein baierischer Herzog, Richter einer Nation zu seyn, nicht nach umgestossenen Gesetzen ihr Despote zu werden . . .' (III. 6.)

Das Entzücken an der Figur wurde noch vermehrt durch den wunderlichen Enthusiasmus der Zeit für verehrungswürdige Grauköpfe.[1] Törring, der sich sonst verpflichtet glaubt, 'jede historische Trümmer'[2] zu benutzen, wird durch diesen Enthusiasmus sogar verleitet, die Ueberlieferung zu verletzen er schildert den Vater der Agnes, der seine Tochter um 75 Jahre überlebt haben soll (Oefele II. 223) als einen Greis:

'Agnes. ich darf . . . nicht mir wiederholen die feyerlichen Worte des heiligen Greises! . . . endlich kam ein Thränenguss rollend über den Silberbart . . . dann fiel er zurück in seinen Stuhl . . .' (I. 2.)

Thorringer heisst ein ehrwürdiger alter Ritter (III. 4.) ein alter braver Rittersmann (III. 6.); er nennt sich selbst einen alten Mann, und ertheilt, wie er sagt, den Segen eines Greises. (III. 6.) Ernsts graues Haar soll nicht in Schande begraben werden (III. 6.); und von Tuchsenhauser sagt Agnes, als sie ihn zum ersten Mal erblickt: 'Ein alter Mann . . . er wird ein Herz haben' (IV. 8). Damit schreibt sie ihm aber, wie oben gezeigt wurde, das Höchste zu, was ein Mensch nach den Anschauungen jener Zeit besitzen kann.

MOTIVE.

Wir fanden, dass Törrings 'Kaspar' ganz und gar auf dem Boden des 'Götz' steht, so zwar, dass ohne den Vorgang Goethes das ganze Werk undenkbar wäre; und wir fanden

---

[1] In Recensionen etc. erhält Thorringer u. A. die folgenden Epitheta: 'der alte weise Thorringer', (Allg. dt. Bibliothek, Anhang zu dem 37–52. Bde. III. 1732), 'der alte gerade nervichte Mann' (Baierische Beyträge III. 1. 150 ff.), 'ein verehrungswürdiger Greis' (Rheinische Beiträge 1781. 4. Heft 330 ff.), 'der ehrwürdige Alte' (Engels Mimik, Werke 7, 152). Vgl. Beilage I. Greis.

[2] Baierische Beyträge. 1781. 889 ff.

ferner, dass auch in einzelnen dichterischen Motiven ein deutlicher Zusammenhang zwischen beiden Dramen existirt. In beiden Rücksichten bedeutet die 'Agnes' einen Fortschritt, noch mehr als in der ersten, in der zweiten. Wenn man sich umsieht nach den Motiven des 'Götz', oder auch anderer Dramen der Stürmer, oder Lessings, oder Shakespeares, die etwa in der 'Agnes' wiederkehren, so wird man nur ganz weniges finden; und wenn man sich daran erinnert, wie lange z. B. Schiller in dieser Hinsicht unter fremdem Einfluss stand, wie Klinger sein Leben lang Reminiscenzen aus Shakespeare, Lessing und Goethe verwerthete, so wird man die schnelle Emancipirung Törrings zu schätzen wissen.

Die Scene, in der Agnes vor den Richtern erscheint, mag, in ein paar Aeusserlichkeiten, von der entsprechenden, Götz in Heilbronn, beeinflusst sein. Als Götz aufgefordert wird, sich zu setzen, erwiedert er:

'Da unten hin? Ich kann stehn. Das Stühlchen riecht so nach armen Sündern.' (IV. 85)

und Agnes wird 'unten an, neben einem Stühlchen gestellt.' (V. 4.) Der Vicedom, und ebenso der Rathsherr, 'zieht die Schelle'; hier wie dort ein Schreiber, hier wie dort vor dem Erscheinen des Delinquenten eine kurze Berathung. Der Inhalt der Scenen ist zu verschieden, als dass innere Aehnlichkeiten stattfinden könnten; ungefähr das Gleiche gilt von den Scenen Elisabeth-Lerse (V. 99 f.) und Zenger-Agnes (II. 2.). Lerse und Zenger beschützen die Frauen in der Abwesenheit ihrer Gatten. Nur der Eingang stimmt überein:

'Lerse. Tröstet Euch, gnädige Frau!
H. Zenger. So ganz in trüben Gedanken, gnädige Frau?
Lerse. Er wird zurückkehren.
H. Zenger. Aber er kömmt wieder.'

Und allenfalls noch:

'Lerse. Wenn Ihr nicht meiner Hilfe bedürftet, alle Gefahren des schmählichsten Todes sollten mich nicht von ihm getrennt haben.
H. Zenger. wäret ihr nicht Albrechts Liebe und Frau, meines Weibs wegen wäre ich sicher nicht aussengeblieben: nun bin ich aber euer Wächter.'

Ferner existiren Aehnlichkeiten zwischen der 'Agnes' und Klingers 'Otto'; auch sie sind jedoch nicht zwingend, da die Motive theils — für Törring — durch den Stoff gegeben sind, theils — bei Klinger — gleichfalls auf den 'Götz' zurückgehen dürften. Karl, im 'Otto', hat heimlich, gegen den Willen seines Vaters geheirathet, 'um eines Mädgens sündiger Begierde willen, Vater, Pflichten, Religion vergessen'. (I. 6.) Der Herzog sendet seinem Sohn Friedensboten (II. 8.); der trauernden Adelheide, Karls Gattin, sprechen Karl, und Otto, der in Karls Abwesenheit ihr Hüter ist, Trost ein:

'Adelheide. Verzeiht mir, wenn ihr mich traurig seht, es kann nicht anders seyn.
Otto. ... Sie liessen mich da, euch zu trösten; ich wills, ich wills, ich will euch trösten, aber ein Soldat kann das nicht gut.' (II. 5 und 12.)

Aehnlich wie Klinger und Schiller sich gegenseitig beeinflussten, so vielleicht auch — in geringerem Masse, wie sich von selbst versteht — Klinger und Törring; in Klingers 'Konradin' (erschienen 1786) erkennt man Anklänge an Törrings Drama. Am deutlichsten in der Scene, in welcher Konradin vor Gericht erscheint:

'Oberrichter. Agnes Bernauerinn! warum steht ihr vor Gericht?
Robert Bari. Herzog von Schwaben, wo steht Ihr?

Vicedom. Du stehst vor des Herzogs Vicedom . .
Robert Bari. Ihr steht vor Karls, Königs von Sicilien, Gericht.

Agnes. Albrechts Unterthanen können seine Frau nicht richten . .
Konradin. Ihr seyd meine Unterthanen, und könnt mich, Euren König, nicht richten.

Vicedom. Hier sollst du antworten.
Robert Bari. Ihr habt auf Anklagen des Gerichts . . zu antworten.

Agnes. ich will antworten, wen hat Unschuld zu scheuen? (V. 4.)
Konradin. So redet, denn ich bin in Eurer Gewalt.' (III. 2.)

Ferner vergleicht sich:

'Ernst. Ehre und Vaterland fodern ein Opfer; besser sie als tausende! (III. 7.)
Robert Bari. Das Schicksal heischt ein Opfer! Wer soll es seyn? Der siegreiche Karl; oder sein verwegner Gefangne? Hier beugt sich Recht und Gesetz.' (II. 3.)

Im Uebrigen kann es nichts Gegensätzlicheres geben, als die knappe Volksthümlichkeit der 'Agnes' und die breiten, lehrhaften Staatsbedatten des 'Konradin'.

STIL.

Ein Vergleich des ersten und des zweiten Dramas von Törring ergiebt auch in Rücksicht des Stils einen Fortschritt. Das nähere Verhältniss des Dichters zu dem Stoffe der 'Agnes' brachte naturgemäss auch einen wärmeren und innigeren Ton mit sich; und das rhetorische und reflektirende Element, das sich im 'Kaspar' noch zuweilen breit machte, räumt das Feld vor der ungekünstelten Sprache des Gefühls.

Der Stil beider Dramen im Allgemeinen lässt sich bezeichnen als der Stil des 'Götz' und der Stürmer und Dränger, er hat nicht allzuviel Originelles. Es ist die oft geschilderte poetische Prosa, zuweilen rhythmisch bewegt, es sind die Inversionen und die Wiederholungen auf der einen Seite, die Elisionen und der Lakonismus, die Gedankenstriche und die Ausrufungszeichen auf der andern; es fehlt nicht an Cynismen und Vulgarismen, aber auch nicht an überschwänglichen und bramarbasirenden Tiraden.

Im 'Kaspar' waren die Bilder und Vergleiche noch häufig wenig geschmackvoll, z. B.: 'Lasst mich meine Ruhe unterzeichnen' (II. 1.) oder 'Dieser Anblick . . wetze die Schneide meiner Rache!' (V. 4.); in der 'Agnes' sind es meist einfache Naturbilder oder Personificationen, wie: 'lasst das wilde Ross ausreissen, so ermüdet's eher (I. 7.), der Löwe schläft nur (I. 7.), In Ruhe schlummerte mein Vaterland', (II. 3.); seltener schon sind Vergleiche, wie diese:

'wer nicht Rebellion in seinem Busen kochet (II. 3.), weh über dem, der mich zwinget, den eingebildeten Fleck deiner Geburt in meiner Unterthanen Blute zu waschen!' (III. 3.);

und einzig der Kanzler hat ein ausgeführteres Bild:

'Liebe mag nun eine Thorheit seyn . . .' (S. 53.)

Einen interessanten Beleg dafür, wie lange man sich noch in gewissen Kreisen zu der Geniesprache feindlich verhielt, giebt uns einmal die Besprechung der 'Agnes' durch

Anton von Klein, (Rheinische Beiträge 1781, 330 ff.) und dann die Bearbeitung, welche im Jahre 1781 J. J. Engel in Berlin, wesentlich in stilistischer Hinsicht, mit dem Drama vornahm.[1]

Klein meint, der Verfasser habe eine Sprache gewählt, die mehr 'die kleine Mode einiger Schriftsteller, als Richtigkeit und Schönheit zum Grunde habe'; und er verwirft ausdrücklich 'die vielen Abkürzungen der Wörter, die Unterdrückung der Selbstlauter, Zusammenhäufung der Mitlauter, den öfteren Gebrauch des Zeitwortes in der Mitte des Sinnes.'

Engels Aenderungen sind zunächst Abschwächungen, des Natürlichen und Derben auf der einen Seite, des Ueberschwänglichen und Prahlerischen auf der andern. Er sagt nicht, wie Törring: 'lasst sie sich setzen, die .. kriegerische Hitze' (III. 3.) sondern: lasst sie 'verrauchen'; nicht: 'wer hätte sich das einfallen lassen' (III. 7.) sondern: 'träumen lassen'; andrerseits nicht: 'wie könnte Albrecht ... hinströmen lassen auf vaterländischen Boden Ritter- und baierisches Blut' (III. 6.), sondern: 'vergiessen'. Zuweilen fallen auch ganze Tiraden der Aenderung anheim, z. B. die folgende:

'Aber es soll schwinden der Dampf vor dem Hauche meines Zorns, und kriechen sollen die Schurken unter meines Rosses Hufe. Was? gewankt hätte Roms unbeweglich seyn sollender Stuhl ohne diesen Arm? ein Flüchtling, oder ein armer Edelmann wäre der hochmüthige Ernst ohne dieses Schwert? ...' (III. 3.)

---

[1] Ich erhielt durch die Güte Sr. Excellenz des Herrn General-Intendanten von Hülsen und durch freundliche Vermittlung des Herrn Geheimrath Dr. Titus Ulrich das alte Souffleur- und Dirigirbuch der Berliner Bühne, das den Namen des Bearbeiters leider nicht verzeichnet. Die 'Berliner Litteratur und Theater-Zeitung' (1782. S. 806) nennt Engel als den Bearbeiter, Teichmann (im 'litterarischen Nachlass', Stuttgart 1863. S. 350) giebt den Berliner Theaterdichter Plümicke, wie es scheint irrthümlich, als den Autor an. In seinen 'Ideen zu einer Mimik' citirt Engel wiederholt die 'Agnes' (Werke 7. 151 ff., 8. 341 ff., 362) und zwar nicht nach dem Original, sondern nach der Berliner Umarbeitung; nach Goedeke (Grundriss 1053) wäre seine Bearbeitung Berlin 1783 erschienen, ich konnte den Druck indess nirgends entdecken. Engel hat auch eine der Nachahmungen der 'Agnes', sein Lieblingsstück 'Otto von Wittelsbach', umgearbeitet, Plümicke dagegen (nach Teichmann S. 360) 'Kaspar den Thorringer.'

Engel macht daraus:

'Aber ich will sie demüthigen, will sie alle züchtigen, bis sie dich anerkennen, oder ihr Blut soll dich rächen. — Was, Vaterland und Religion hätte ich erhalten? hätte dem Herzog seinen Fürstenstuhl geschützt, da er dran war, ein Flüchtling oder der ärmste seiner (sic) Ritter zu werden?'

Die Helden sprechen bei Törring, wie bei den Stürmern, gern in der dritten Person von sich (vgl. Shakespeare); Engel setzt häufig die erste dafür ein. Törring liebt es ferner sehr, — wie u. A. auch Lessing und die Stürmer — ein noch nicht genanntes Substantiv zuerst durch ein Pronomen einzuführen, und dann erst das Substantiv folgen zu lassen,[1] z. B.: 'sie sind fort unsere Freunde' (I. 2.), 'ich mag sie nicht sehen die Bothschafter' (IV. 3.). Engel ändert auch diese Form zuweilen, so in den angeführten Fällen in: 'unsere Freunde sind fort, ich mag die Botschafter nicht sehen.' Mit der grössten Sorgfalt aber, und häufig, nach unseren Begriffen, pedantisch, werden die Elisionen fortgeschafft und die Inversionen. Wie sehr die letzteren verpönt sind, mögen die folgenden Aenderungen zeigen:

Törring. 'ich müsste .. weinen über sie'. (I. 2.)
Engel. 'ich müsste über sie weinen'.
Törring. 'Ich .. kann nicht denken, wie's kam; nicht denken an Dauer'. (I. 2.)
Engel. 'ich kann nicht denken, wie es kam; kann nicht an Dauer denken.'
Törring. 'Wenn er aber die Macht missbrauchte, die ich ihm lasse?' (III. 6.)
Engel. 'Wenn er aber die Macht, die ich ihm lasse, missbrauchte?'

Ueber die Wiederholungen und einige verwandte Formen vgl. Beilage II. Stil.

ERFOLG.

Die erste Aufführung der 'Agnes' fand am 6. Januar 1781 in Mannheim statt; Madame Toskani gab die Agnes, Boeck den Albrecht, Iffland war der Kanzler, Beil Thor-

---

[1] Vgl. auch Heinzel 'Ueber den Stil der altgermanischen Poesie', Quellen und Forschungen X. S. 7.

ringer. Bis zum 1. November war das Drama neun mal aufgeführt worden, 'bei immer vollem Hause und allgemeinem Beifall', wie der Berichterstatter der Berliner Litteratur- und Theater-Zeitung (1781. S. 763) meldet; 'so lange unsere Bühne steht', erklärt er, 'hat noch kein Stück so viel Lärm gemacht und der Kasse so vieles Geld eingebracht', und Klein[1] bestätigt, dass man keinem Stücke in Mannheim je 'so allgemein und so beständig zulief'. Er meint, in Mannheim wolle das sehr viel besagen, weil man dort, 'so zu sagen von der Wiege vor die Bühne getragen werde, und daher für die meisten Speisen schon mit einer Art von Sättigung erscheine'.

Am 28. Februar 1781 kam die 'Agnes' in Hamburg auf die Bühne, am 16. Juli in Berlin, in beide Städten mit dem grössten Erfolg. In Hamburg spielte Schröder den Albrecht, Frau Schröder die Agnes,[2] Fleck den Kaspar.[3] Schröder soll seine Rolle 'über alle Erwartung schön' gespielt haben, so dass er am Schluss — es widerfuhr in Hamburg einem Schauspieler zum ersten Mal — hervorgerufen wurde. Im Laufe von zehn Wochen (bis zum 12. Mai) ward das Drama in Hamburg 12 mal wiederholt;[4] in Berlin gab man es in fünf Monaten (vom 16. Juli bis 18. December) 15 mal.[5] Es fanden ferner Aufführungen statt in Salz-

---

[1] Rheinische Beiträge. Mannheim 1781. S. 530.

[2] Meyer 'Schröder', II. 2. 154, 165. Später, 1793, übernahm Schröder den Kaspar. II. 2. 157.

[3] Ich ersehe dies aus der werthvollen Sammlung Hamburger 'Comödienzettel', welche die Stadtbibliothek in Hamburg besitzt.

[4] Schütze, 'Hamburgische Theater-Geschichte'. Hamburg 1794. S. 497 f. 'Götz von Berlichingen' gab man vom 24. October bis Ausgang November viermal, 'dann schien die Schaulust sich zu mindern, es ward seltener gegeben und hat im Ganzen der Direktion die Kosten nicht eingebracht'. (S. 418.). 'Die Räuber' wurden im ersten Jahre, 1782/3, nur viermal gespielt.

[5] Litteratur- und Theater-Zeitung 1781. S. 817 ff. Es war der grösste Erfolg eines Trauerspiels in diesem Jahre. 'Lanassa' (Schauspiel von Plümicke, nach der 'Veuve du Malabar' des le Mierre) erlebte 13 Aufführungen (seit dem 25. September), der 'deutsche Hausvater' ebenfalls 13 (seit dem 14. Mai). 'Götz von Berlichingen' wurde in einem Jahre (1774/5) 17mal gespielt, ruhte aber dann von 1774—95, von

burg,[1] Leipzig[2] und Dresden 1781,[3] Frankfurt und Bayreuth,[4] Schleswig und Erlangen 1782,[5] Riga 1783,[6] Göttingen 1784,[7] Cöln, Paris,[8] Weimar 1785[9] u. s. w. In München waren nach der zweiten Aufführung des 'Otto von Wittelsbach', am 25. November 1781, alle vaterländischen Schauspiele verboten worden;[10] Törrings Drama konnte daher in seiner Vaterstadt erst als das Verbot wieder aufgehoben war[11] gespielt werden. Die erste Aufführung war am 18. Juli 1799; im Laufe des Jahres fanden 6 Wiederholungen statt.[12]

Die 'Agnes' blieb nicht nur bis zum Ende des vorigen Jahrhunderts auf dem Repertoir[13] sondern noch weit bis in unser Jahrhundert hinein; ich weiss von Aufführungen in

---

95—1805, von 1805—9. Im Ganzen wurde das Drama 130mal in Berlin aufgeführt, aber die meisten Wiederholungen fanden erst seit 1856 statt (Brachvogel 'Gesch. d. Kgl. Theaters in Berlin' S. 249). Die 'Räuber' wurden in einem Jahre 20mal gegeben (zuerst am 1. Januar 1783), 'Fiesko' in neun Monaten 11mal (zuerst am 8. März 1784). S. 'Litteratur- und Theater-Zeitung' 1783. S. 818. 1784. IV. 194.

[1] 'Baierische Beyträge' III. 1. 378 ff.; 'Litteratur- und Theater-Zeitung'. 1781. 262 ff. Schikaneder, der Textdichter der Zauberflöte, spielte den Albrecht, seine Gattin die Agnes.

[2] 'Litt.- und Th.-Zeit.' 1781, 765 ff.: 'Aus Leipzig. Am 6. October sah ich endlich das berühmte Stück Agnes Bernauerinn, von dem so viel Redens und Schreibens gewesen ist.'

[3] Prölss 'Gesch. d. Hoftheaters zu Dresden', Dresden 1878. S. 307.

[4] 'Gothaischer Theater-Kalender auf das Jahr 1783.' S. 320 f.

[5] 'Litt.- u. Th.-Zeit.' 1782. S. 73, 428.

[6] 'Litt.- u. Th.-Zeit.' 1783. S. 685.

[7] 'Litt.- u. Th.-Zeit.' 1784. III. 150.

[8] 'Ephemeriden der Litteratur und des Theaters'. 1785. I. 220. II. 144.

[9] Nach gütiger Mittheilung des Herrn Dr. Reinhold Köhler.

[10] Grandaur, 'Chronik des Kgl. Hof- und National-Theaters in München', München 1878. S. 26.

[11] 16. Februar 1799, nach des Kurfürsten Karl Theodor Tode. Grandaur S. 54.

[12] Grandaur S. 54. 'Kabale und Liebe' spielte man in diesem Jahre dreimal.

[13] 1787 wurde sie z B. in Berlin noch drei mal gegeben; ebenso oft spielte man 'Hamlet' und 'die Räuber', 'Fiesko' fünfmal, 'Kabale und Liebe' ein mal. S. 'Ephemeriden der Litteratur und des Theaters'. Bd. 6 S. 407 f. In Wien kam Törrings Drama von November 1791 bis De-

Breslau 1815.[1] in Dresden 1817,[2] Hamburg 1820,[3] Nürnberg 1821.[4] Gervinus, IV. 653, bezeugt, dass sich Törrings Stück 'bis in seine Tage' erhalten habe.

Den grossen Bühnenerfolg des Dramas beweisen auch eine Reihe von Gedichten an Darstellerinnen der 'Agnes'; der Gothaische 'Theaterkalender auf das Jahr 1783' bringt deren gleich drei auf einmal,[5] in der 'Litteratur- und Theater-Zeitung von 1784' wird Sophie Albrecht wegen ihrer Darstellung der Agnes zweimal angesungen. (IV. 159 f.) Dasselbe Journal bringt eine Parodie des Dramas, im Bänkelsängerton, betitelt: 'Agnes Bernauerin. Ballade. Nach einer komisch-tragischen Aufführung derselben am Rhein' (1784. IV. 1 ff.). Am meisten charakteristisch scheint mir das dritte Gedicht des Theaterkalenders; ich theile es daher mit:

'Wer sah die arme Dulderin,
Die kein Verbrechen weiss als ihre heisse Liebe,
Mit kaltem Blut, auf Donaus Brücke ziehn?
Wer sah sie ungerührt, in Händen der Barbaren,
Die grausamer, als jene Wellen waren
Worinn den Tod sie fand!
Wer litt nicht mit, wie sie die Hände wand!
Nach ihrem Herzog blickt und keinen Herzog fand!
Wer sah sie stürzen in die wilden Wogen
Und wär ihr nicht im Schmerz mit nachgeflogen
Und würd ihr nicht nur eine Thräne weihn!
O! der verdient kein Mensch! — nur Vicedom zu seyn.'
                                                            Wetzel.[6]

---

cember 92 sechs mal zur Aufführung, 'Fiesko' drei mal, 'Hamlet' drei mal, 'Lanassa' vier mal. S. Annalen des Theaters. 11. Heft. Berlin 1793. S. 102

[1] Wolfgang Menzel schrieb in sein Exemplar der 'Agnes', welches jetzt die Strassburger Bibliothek besitzt: '1815 den 26. Februar hier aufgeführt'.

[2] Prölss a. a. O. S. 616.

[3] Aus den 'Comödienzetteln' ersehe ich, dass es vier mal in diesem Jahre gespielt wurde.

[4] Am 11. Februar. Auf dem Theaterzettel heisst es: 'Agnes Bernauerinn. Grosses Ritter-Schauspiel in 5 Akten nach einer wahren Begebenheit von Babo'. (sic)

[5] An Madame Gersike. S. 22. An Madame Schuwärt (Frankfurt). S. 320. An Mamsell Repthin (Bayreuth). S. 321.

[6] Voraussichtlich E. W. Wetzel. S. Goedeke. 646.

Mit seinem naiven Hass gegen den Vicedom steht dieser Versschmied nicht allein; in Salzburg steigerte sich der Unwille des Publikums so sehr, dass 'viele aus überströmender Empfindung laut aufriefen, stürzt den — — Vicedom hinein',[1] und in Hamburg musste er zur Befriedigung des Parterres wirklich mit in die Donau.[2] Die Salzburger scheinen über seine Bosheit noch lange in Sorge gewesen zu sein; der Schauspieler, der ihn vorstellte, soll auf keiner Gasse mehr sicher gewesen, ja sogar in einem Wirthshause wirklich als Vicedom angefallen worden sein. Schikaneder, sein 'Principal', wusste sich dies zu Nutze zu machen; er liess eines Tages auf den Anschlagzettel mit grossen Buchstaben drucken: 'Heute wird Vicedom über die Brücke gestürzt' und erzielte so eine ungewöhnlich gute Einnahme.[3]

Man mag über den schaubudenmässigen Geschmack des Publikums, der sich in solchen Vorgängen offenbart, lachen, aber man wird doch sagen müssen, dass sie auf eine elementare Wirkung des Dramas schliessen lassen; es ist eben, wie ich schon in der Einleitung sagte, die neue Natürlichkeitspoesie, die ihre ersten, lärmenden Erfolge auf der Bühne erringt.

So nur ist es zu erklären, dass selbst die verständigsten unter den Kritikern der Zeit der 'Agnes' die allerübertriebensten Lobsprüche spenden konnten; dass z. B. Biester meint, wir dürften das Stück dieses 'grossen Dichters kühn, in Ansicht der Anlage und Ausführung, den grössten Meistern des griechischen und französischen Theaters entgegenstellen.' Er und Lessing zeigten uns den Weg zum Ziel.[4]

Ein anderer Kritiker der allg. Bibliothek, Eschenburg, macht sich wenigstens nicht der, hier doppelt albernen, Uebergehung Goethes schuldig; er erklärt, bei Gelegenheit der Besprechung des 'Otto von Wittelsbach', seit Götz von Berlichingen und Agnes Bernauerin sei ihm 'kein Schauspiel

---

[1] Baierische Beyträge. 1781. 378 ff.
[2] Litt.- u. Theat.-Zeit. 1781. 600 ff.
[3] Litt.- u. Theat.-Zeit. 1783. S. 94.
[4] Anhang zu dem 37—52. Bande d. allg. d. Bibl. III. 1732.

dieser Manier vorgekommen, dass ihn so sehr befriedigt habe, wie eben der 'Otto' (Bd. 59, S. 113.)

Wie hier Götz, Agnes, Otto von Wittelsbach in einem Athem genannt werden, so war man noch lange geneigt diese drei Werke — ähnlich wie etwa Werther und Siegwart — für gleichwerthig zu halten; und oft müssen die Verfasser der jüngeren Ritterschauspiele es sich sagen lassen, dass es ihnen nimmer gelingen werde, 'einen Göthe, Törring und Babo' zu erreichen.[1]

Die Besprechung Westenrieders, die wie alles, was dieser Mann geschrieben hat, überschwänglich ist, aber schwungvoll und reich an vortrefflichen Bemerkungen, wurde zum Theil schon oben herangezogen; sie ist, bei den persönlichen Beziehungen Westenrieders zu Törring, auch nicht als ganz unverdächtige Quelle anzusehen. Aehnlich steht es mit der Recension des Ritters Anton von Klein.[2]

Dieser nimmt freilich an der Verletzung der Einheiten und an der Sprache Anstoss; er wünscht vor Allem, dass die Dramen nicht mehr in Prosa gedichtet werden mögen, oder 'in Reimen', sondern in Versen. Erst der Vers, sagt er, 'erhebt die Sprache, giebt ihr Rundung. Bestimmtheit, Wohlklang und Harmonie'.[3]

Aber er glaubt doch, dass die 'Agnes' 'mit allen ihren Fehlern das Beste ist, was wir in diesem Fach besitzen', und

---

[1] Vgl. z. B. Annalen des Theaters. Berlin 1795. S. 32 f. Ferner Schütze, Hamburgische Theater-Gesch. 498.

[2] Sie nimmt einen Raum von 48 Seiten ein, Rheinische Beiträge 1781. I. 330 ff. Klein stand Dalberg nahe, und durch ihn vielleicht auch Törring, ausserdem kommt das landsmannschaftliche Interesse hinzu (Bayern und Pfälzer betrachten sich als Landsleute). Die vaterländische Tendenz musste den Dichter des 'Günther von Schwarzburg' gleichfalls günstig stimmen. Vgl. Erich Schmidt 'H. L. Wagner'[2] 152. Auch das Preisausschreiben der Klein'schen 'Deutschen Gesellschaft' hatte die Dramatisirung eines Stoffes aus der deutschen Geschichte verlangt. S. Beiträge II. 1. 1778. 472. — Eine sehr freundliche Erwiederung auf Törrings Antikritik steht Beiträge 1781, II. 73 ff.

[3] Das Preisausschreiben der deutschen Gesellschaft fordert ebenfalls Verse, am liebsten Jamben. Beiträge II. 1. 1778, 472 f. (also ein Jahr vor dem 'Nathan').

dass der Verfasser 'der deutschen Nation das erste vortreffliche heroische Trauerspiel liefern und eine neue grosse Epoche zum Ruhm unserer Schaubühne machen könne'.

Einige andere Recensionen glaube ich übergehen zu dürfen.[1]

Törrings Drama blieb noch lange Zeit allgemein bekannt; als sich nach vierzig Jahren, 1821, ein neuer Bearbeiter des Stoffes, Julius Körner, hervorwagte, sagte ihm Wolfgang Menzel deutlich genug, dass sein Werk in jeder Hinsicht hinter Törring zurückstehe, und er ertheilt ihm am Schlusse seiner Besprechung ironisch den Rath, 'fleissig die alten Eichstämme der Literatur zu schütteln, und die herabgefallenen herben Früchte in romantische Veilchen zu palingenesiren'.[2]

Wie Körner haben auch alle andern Bearbeiter des Stoffes Törring gekannt, wie er sind sie ihm in wesentlichen Punkten gefolgt; Hebbel, und nach ihm Otto Ludwig, haben dem Dichter zu Ehren einen Graf Törring in ihre Dramen eingeführt. Beide nahmen auch Gelegenheit, ihr Urtheil über das Werk abzugeben; mit der Wiedergabe desselben sei dieser Abschnitt beschlossen.

---

[1] Die Berliner Aufführung ist besprochen: 'Litt.- u. Th.-Zeit.' 1781. 600 ff. (reiche Anerkennung, nur die Sprache wird getadelt, Engels Aenderung als nöthig betrachtet), die Salzburger: eb. 1781 262 ff. (überschwänglich lobend), die Leipziger: eb. 1781. 765 ff., die Pariser: 'Ephemeriden der Litteratur und des Theaters'. 1785. II. 144. Der Erfolg in Paris scheint, wie leicht erklärlich, nicht gross gewesen zu sein. Der Uebersetzer, ein gewisser Milcent, hatte sich eine Verballhornung ohne Gleichen erlaubt; 'der alte Herzog wird gefangen, der Sohn wirft sich ihm zu Füssen, erklärt ihn frei und fleht nur um das Glück der Gemal der Agnes zu bleiben. Der Herzog willigt ein, und dies verursacht einen sogenannten coup de Théatre, welcher sehr applaudirt worden'! So war also Törrings Voraussage eingetroffen, dass 'die arme Agnes auf französisch zu einem erbärmlichen Gewäsche ausarten' werde. Er schrieb diese Worte an Dalberg am 19. April 1782, als sich der Autor des théatre allemand, Friedel, welcher die 'Agnes' gleichfalls ins Französische übersetzte, an ihn gewandt hatte. Über Friedel vgl. 'Teutscher Merkur'. 1781. 65 ff, Danzel 'Lessing'. II. 2. 62, und Beilage 6 f.

[2] Litteraturblatt. 1821. Nr. 76.

Hebbel vergleicht 'die Arbeit des alten Törring' mit der Agnes von Melchior Meyr und ist der Meinung, dass 'das Ding' jener nicht das Wasser reiche. 'Ja, ich beleidige' fährt er fort,

'den wackeren Vorgänger schon durch diese blosse Zusammenstellung, er ist ein Shakespeare gegen den, der nach ihm kam. Seine Auffassung des Gegenstandes ist nicht die tiefste, er übersieht den Hauptpunkt (S. 48), aber sie ist doch verständig und steht im vollkommenen Einklange mit den Mitteln, die er aufzubieten hatte. Darum stellt er das Liebesverhältniss, für das ihm die Farben fehlten, nebst dem Abschluss in der Heirath, gleich in der ersten Scene fertig hin und entwickelt nun in schlagenden, klaren Situationen die Folgen, so dass man bis zu Ende gern das Geleite giebt, und erst ganz zuletzt den Kopf zu schütteln anfängt ... Seine Prosa ist knorrig, zuweilen plump, immer unbeholfen; aber es steckt doch Kern darin und mitunter kommen ganz vortreffliche Sachen vor'.[1]

Ludwig findet, dass Törrings Behandlung, als historisches Drama, nicht leicht zu übertreffen sei.

'Es sei ausserordentlich solid gearbeitet, geschlossen und vom besten Zusammenhange, reich an dramatischen und theatralischen Momenten. Nichts Raffinirtes sei darin, Alles solid. Der Geist des Ganzen männlich und tüchtig. Die Liebenden aber seien keine tragischen Charaktere. Es fehlen psychologische Feinheiten und Aufschlüsse über die Tiefe der menschlichen Natur. Die Malerei der Leidenschaften ist nicht virtuos. Die Charakteristik ganz gut, wenn auch .. ohne grosse Innerlichkeit und Poesie. Die Motive fest und tüchtig. Man kann Alles glauben, die Oekonomie ist musterhaft, Alles aus dem Ganzen geschnitten, von grosser Zweckmässigkeit und Uebereinstimmung. Die Entstehung der Entschlüsse, das auf einen Gedanken Gebrachtwerden wie zufällig, musterhaft. Die schlichten Gesinnungen gewinnen durch den schlichten Vortrag, der die Bescheidenheit der Natur niemals verletzt. Der Mangel an feinen Zügen wird, als dem einfältigen Charakter jener Zeit entsprechend, zum Vorzuge.'[2]

Es kann auffallen, dass, nach dem grossen Erfolge der 'Agnes', diese das letzte Werk des Dichters geblieben ist; bei näherem Zusehen werden wir indessen die Gründe dafür leicht auffinden.[3]

---

[1] Emil Kuh, 'Hebbel' II. 463 ff.
[2] Nachlassschriften. I. 235 f.
[3] Vgl. Törrings Brief an Dalberg, S. 10 ff.

Törring schweigt einmal, weil er eingesehen hat, dass für seine über das rein künstlerische hinausgehenden Absichten auf der Bühne kein Raum ist; und er schweigt zum zweiten: aus Armuth. Denn ein Dichter, in dem Sinne wie gerade die Geniezeit den Begriff gefasst hatte, ein aus dem Vollen souverän Schaffender ist Törring nicht gewesen; ja man kann sagen, dass nur in einer Zeit, wo alles dichtete, und wo es wenig zu reden oder zu handeln gab, eine Natur, wie die seinige, dazu kommen konnte, sich dichterisch zu bethätigen. Seine historische Bedeutung kann durch diese Erkenntniss nicht geschmälert werden. Sie besteht, um es noch einmal zu sagen, darin, dass er der Erste war unter den Nachahmern Goethes, der einen vollen und ganzen Bühnenerfolg errang — auf der Bühne von 1781, nicht von 1881 — und dass weiter nach Goethe, vor Allem Er es war, der, durch diesen Erfolg, die Dramenfluth hervorrief, welche ein halbes Jahrhundert hindurch unsere Bühne überschwemmt hat, die einst berühmten und vielgelobten, dann berüchtigten und vielgeschmähten Ritterstücke. Freuen wir uns, dass derjenige, dem wir diese historische Bedeutung zugestehen müssen, unsere Theilnahme erweckt auch als ein reiner und edler Mensch, als ein schlichter und liebenswerther Künstler.

VIERTES KAPITEL.

DIE ERSTEN WIRKUNGEN DES GÖTZ.

Für die Bestimmung des historischen Werthes, den wir Törrings Werken zuzuschreiben haben, ist der starke Einfluss, den sie auf die Gestaltung des Ritterdramas übten, das wichtigste Moment gewesen; es ist der Hauptzweck der folgenden Kapitel, diesen Einflüssen im Grossen und im Kleinen nachzugehen. Zu diesem Behufe wird es die Aufgabe sein, einmal, nachzuweisen, was vor Törring im Ritterdrama geleistet wurde, alsdann zu betrachten, wie die bedeutendsten Einwirkungen seiner Stücke an der Stätte ihrer Geburt, in München, stattfinden und schliesslich, zu untersuchen, in wie weit das spätere Ritterstück durch seinen Einfluss gestaltet wird, in wie weit es andere Bahnen einschlägt. Die Darstellung gliedert sich demnach in drei Gruppen:

Erstens: Ritterdramen vor und neben Törring, oder die ersten Wirkungen des 'Götz'.

Zweitens: Bairisch-vaterländische Dramen.

Drittens: Ritterdramen nach Törring.

Jeder dieser Gruppen soll im Folgenden ein besonderes Kapitel gewidmet werden, woran sich dann zum Schluss eine Erörterung der wichtigsten Motive fügen mag.

Der dritten Reihe erst gehört die grosse Menge von Dramen an, an welche gewöhnlich gedacht wird, wenn vom Ritterstück die Rede ist; erst mit dem Anfang der neunziger Jahre, etwa mit Spiess' 'Klara von Hoheneichen' tritt die grosse Ueberschwemmung ein. Diese Unzahl von Stücken sämmtlich zu betrachten, wäre, selbst wenn das Material vollständig vorläge, für meinen Zweck eine überflüssige und geringen Lohn verheissende Mühe; ich konnte und musste mich darauf beschränken, die am wichtigsten erscheinenden aus den mir zugänglichen herauszugreifen.[1]

Da die Einwirkung Törrings mit jedem Jahre begreiflicherweise schwächer wird, so musste ein äusserer Termin, bei dem die Betrachtung Halt zu machen hat, mehr oder minder willkührlich, angenommen werden; ich habe das Jahr 1800 gewählt und nehme von den Dramen, welche darüber hinausgehen, nur wenn es diese oder jene besondere Beziehung wünschenswerth macht, Notiz. Die verwandten Gattungen, Ritterroman, Ritterballade u. s. w. bleiben ganz ausser Rücksicht.

Wie in allen Werken, welche innerhalb einer bestimmten Tradition stehen, kehren auch im Ritterdrama gewisse Motive immer und immer wieder; es sind besonders die folgenden:

		In 41—50 Dramen:
a.	Vehme.	10 Mal.
b.	Kerker.	24 „
c.	Schwur.	29 „
d.	Belagerung und Erstürmung von Burgen.	19 „
e.	Beobachtung von Vorgängen hinter der Scene.	10 „
f.	Herberge.	10 „
g.	Kinder.	12 „

---

[1] Nicht erhalten habe ich die folgenden Werke, von denen vielleicht das eine oder andere von Interesse gewesen wäre: Jos. Bernh. Pelzel. Die Belagerung Wiens. Wien. 1781. — Joh. Fr. Primisser Martin Sterzinger. Innsbruck 1782. — Emanuel Schikaneder. Theatralische Werke. Wien und Leipzig. 1792. — J. F. Hagemeister. Waldemar. Berlin 1793. — Ad. Anton. Reinhold von Schenk oder Margarethe Maultasch. Klagenfurt 1794 u. ö. — Franz Kratter. Das Mädchen von Marienburg. Frankfurt 1795. — F. E. Rambach. Otto mit dem Pfeil. Berlin 1796. — Heinrich Schmieder. Adelheit von Teck. Hamburg 1799. (identisch mit dem Kap. 6. besprochenen Drama Elise Bürgers 'Adelheit von Teck'?) — B. J. von Koller. Conrad von Zähringen. Regensburg 1800. Ich entnehme diese Titel aus Goedekes Grundriss, der mir während des ganzen Verlaufs der Arbeit das unentbehrlichste Hilfsmittel gewesen ist.

h. Unwetter. 11 Mal.
i. Einsiedler. 7 „
k. Liebe zwischen den Kindern feindlicher Geschlechter. 8 „
l. Streit zweier Männer um eine Frau. 20 „
m. Gefährdung eines geliebten Lebens. 6 „
n. Falscher Freund. 4 „
o. Erdichtete Todesbotschaft. 5 „
p. Weiberraub. 13 „
q. Köhler. 5 „
r. Unterirdischer Gang. 11 „
s. Geist. 6 „
t. Abschied. 5 „
u. Entehrung. 6 „
v. Gottesgericht. 11 „
w. Pilger. 16 „
x. Erzwungene Ehe. 10 „
y. Namen:
   α. Adelheid. 12 „
   β. Adelbert. 7 „
   γ. Franz, Georg, Maria, Karl. (s. Kap. 7.)
   δ. Bertha. 7 „
   ε. Mathilde. 11 „
   ι. Kunigunde. 8 „
   κ. Wolf. 7 „

Auffallend ist es, dass gewisse Motive, denen man eine grosse Fruchtbarkeit zutrauen sollte, gar keinen Einfluss geübt haben; so sind beispielsweise die Zigeunerscenen des 'Götz' in den mir bekannten Dramen nirgends nachgeahmt.

Ehe ich zur Analyse der einzelnen Dramen übergehe, gebe ich noch eine Uebersicht über die Gesammtheit der zu besprechenden Werke:[1]

[1] Die erste Columne nennt den Namen des Autors, die zweite den Titel des Stückes, die dritte das Erscheinungsjahr, so gut es mir bekannt, die vierte giebt an, wie viele der eben genannten Motive das Stück enthält (wobei die überlieferten Namen besonders, durch: y, α, β u. s. w. bezeichnet werden), die fünfte sagt, wie viele von diesen Motiven in den betreffenden Dramen zum ersten Male vorkommen. Das Nähere ergiebt sich im siebenten Kapitel.

(Goethe.	Götz von Berlichingen.	1773.	7; y,α,β,γ. 7;y,α,β,γ.)
Klinger.	Otto.	1775.	10; y,α,β,γ. 4.
Maier.	Sturm von Boxberg.	1778.	4; y,α.[1] 1.
Hahn.	Robert von Hohenecken.	1778.	6; y,β,δ. 1; y, δ.
Meissner.	Johann von Schwaben.	1780.	5; y,ε. y, ε.
Ramond.	Hugo der Siebente.	1780.	6; y,β,δ. 2.
Törring.	Agnes Bernauerinn.	1780.	3. 2.
Lengenfeld.	Ludwig der Bajer.	1780.	3.
Babo.	Otto von Wittelsbach.	1782.	3; y,$\iota,\varkappa$. 1; y, ι, $\varkappa$.
?	Ludwig der Strenge.	1782.	3; y,α.
Nagel.	Bürgeraufruhr.	1782.	3.
Hübner.	Hainz Stain.	1782.	5.
Maier.	Fust von Stromberg.	1782.	9; y,α,δ. 1.
Blaimhofer.	Die Schweden in Baiern.	1783.	2.
Hübner.	Camma.	1784.	7.
Soden.	Ignez de Castro.	1784.	4.
Törring.	Kaspar.	1785.	7.
Brühl.	Der Harfner.	1786 ?)	5.
Huber.	Das heimliche Gericht.	1788,9.	5; y,$\gamma,\varepsilon,\varkappa$.
Kotzebue.	Adelheid von Wulfingen.	1789(?)	4; y,α.
Spiess.	Klara von Hoheneichen.	1790.	9; y,ι. 1.
Blumauer.	Erwine von Steinheim.	1790.	5.
Ziegler.	Rache für Weiberraub.	1791(?)	8; y,β,ι.
Nissl.	Kunigunde von Rabenswalde.	1791.	12; y,ι.
Hagemann.	Otto der Schütz.	1791(?)	4; y,$\varkappa$.
Bösenberg.	Ritterschwur u. Rittertreue.	1791(?)	14; y,$\alpha,\delta,\iota,\varkappa$.
Ziegler.	Mathilde von Giessbach.	1791(?)	5; y,$\varepsilon,\varkappa$.
Ziegler.	Die Pilger.	?	13; y,ε.
Komareck.	Ida.	1792(?)	2; y, e.
Hagemann.	Ludwig der Springer.	1793(?)	6; y,α.
Ziegler.	Weiberehre.	1793(?)	3.
Sennefelder.	Mathilde von Altenstein.	1793.	9; y,$\varepsilon,\iota,\varkappa$.
Tieck.	Karl von Berneck.	1797.	5; y,$\alpha,\gamma,\varepsilon$.
Elise Bürger.	Adelheit von Teck.	1799.	10; y,α,β,γ.
Kotzebue.	Johanna von Montfaucon.	1800.	11; y,$\alpha,\beta,\varepsilon,\varkappa$.
Guttenberg.	Jakobine von Baiern.	1800(?)	9; y,δ.
Kleist.	Käthchen von Heilbronn.	1810.	7; y,ι.
Klingemann.	Vehmgericht.	1810.	6; y,α,δ.
Maler Müller.	Golo und Genovefa.	1811.	7; y,ε. 3.[2]

---

[1] Eine zweite Bearbeitung des 'Sturm' enthält noch ein Motiv, im Ganzen also 5.

[2] Diese drei Motive finden sich, ausgeführt oder angedeutet, bereits in der 1776 erschienenen Ballade 'Genovefa im Thurme'. — In Schillers 'Jungfrau' und 'Tell', die gleichfalls betrachtet werden sollen,

Otto. Ein Trauerspiel von F. M. Klinger. Leipzig 1775.

Die erste Stelle in der Gruppe der Dramen vor und neben Törring nimmt ohne allen Zweifel Klingers 'Otto' ein, der auch chronologisch an der Spitze steht, das erste Ritterstück nach dem 'Götz'. Der 'Otto' ist nicht, wie die meisten der folgenden Werke, nur Ritterstück, nach allen Seiten hin lassen sich seine Motive, bei Klinger selbst und bei andern, weiter verfolgen; für unsern Zweck handelt es sich jedoch in erster Linie darum, die Tradition für das Ritterdrama nach rückwärts und vorwärts ins Auge zu fassen.

Es ist bekannt, dass der 'Otto' aus drei, fortwährend einander kreuzenden, Handlungen sich zusammensetzt. Die erste (α), ihr liegt das Emilia-Galotti Motiv zu Grunde, hat zum Helden den von Hungen und die Seinigen; die zweite (β), sie ruht auf dem Lear, dreht sich um Herzog Friedrich und seine Söhne Karl und Konrad; der Träger der dritten (γ), in ihr spiegeln sich Othellos und Weislingens Geschichte, ist der Ritter Otto, der dem Stücke den Namen gegeben hat. Ich werde in meiner Nacherzählung des Inhaltes durch die beigesetzten Buchstaben andeuten, zu welcher Handlung jede einzelne Scene, resp. jeder einzelne Scenentheil gehört; in der Zählung der Auftritte schliesse ich mich an Klinger an, ob er gleich seinem Princip, nur bei Verwandlungen neue Scenen anzusetzen, wiederholt untreu wird: es beginnt I. 2, I. 7. ein Auftritt, ohne dass Ortswechsel eintritt, es beginnt andrerseits in der Mitte von II. 1., III. 6. kein Auftritt, obgleich Ortswechsel eintritt.

I. 1. (α) Wieburg, der Rath des Bischofs Adelbert (y), wird von dessen Hofe verbannt, weil er Fürsprache eingelegt hat für Hungen, einen ehemaligen Vasallen des Bischofs, den Adelbert in den Bann gethan hat. 2. (β) Adelbert und Normann. Normann ist durch den Herzog Friedrich seiner Grafschaft beraubt worden, hält sich aber trotzdem an seinem

---

begegnen 5 der überlieferten Motive, und 7, y, δ. Ausser den hier genannten 41 Dramen werden noch 9 zur gelegentlichen Besprechung mit herangezogen.

Hofe auf (nicht bei Adelbert, wie im Personenverzeichniss steht). Adelbert spornt ihn zur Rache an. — Ein Reuter meldet, dass Karl, Herzog Friedrichs ältester Sohn, die Hülfe abgelehnt habe, die ihm Adelbert in dem bevorstehenden Kampfe gegen seinen Vater hatte leisten wollen. Der Bischof beschliesst, nunmehr dem alten Herzog seinen Beistand anzubieten; und (γ) Normann verspricht, den Otto, der der erste unter Karls Rittern ist, auf ihre Seite zu ziehen. 3. (β) Karl, Adelheide (y), seine Gemahlin, Otto. Karl in bitterer Stimmung gegen alle Welt, besonders gegen Adelbert: 'vom Trossjungen bis zum Fürsten, leitet sie in allen ihrem Beginnen Neid, Eifersucht und Bosheit ... Wie glücklich der Mensch, hat er vergessen gut zu seyn!' Otto stimmt ihm bei, Adelheide nimmt die Feinde in Schutz. 4. (γ)[1] Bischof, Normann, Gianetta, Räthe und Ritter 'an einer Tafel'. (cf. 'Götz' I. 36, Bischof etc. 'An Tafel'. S. auch Kap. 6, 'Karl von Berneck'.) Normann entbrennt in glühender Leidenschaft für Gianetta. Er führt sie ins Schlafzimmer. 5. (α) Hungen; Maria (y) seine Gattin, Hans und Konrad, seine Kinder, schlafend. Hungen erzählt, wesshalb er, der in Adelberts Dienst Krüppel geworden ist, bei ihm in Ungnade fiel: Adelbert hat **seine Gattin verführen wollen**. Törring hatte, wie man sieht, als er im 'Kaspar' dieses Thema anschlug, abgesehen von allem andern, auch im Ritterdrama selbst einen Vorgänger; er wie Klinger haben indess das Motiv nur flüchtig gestreift, auffallend genug bei Klinger, der später gar nicht davon loskommen konnte. Das Thema kehrt wieder in Meissners 'Johann von Schwaben' und Spiess' 'Klara von Hoheneichen'. — Maria und die Kinder erwachen. Contrast zwischen Hans dem Starken und Konrad dem Gelehrten (g). Wieburg kommt hinzu; gemeinsamer Aufbruch nach Italien, zu Hungens Bruder. 6. (β) Konrad exponirt sein Verhältniss zu seinem Bruder Karl. Karl ist die grosse Seele, der Stürmer, Konrad die kleine, der Philister. Karl verachtete 'schon als Knabe ..

---

[1] Ich rechne die Scenen, deren Held Normann ist, zur Handlung γ, weil er als Gegenspieler von γ wichtiger ist, als von β. Wenn in Otto ein Theil Othello steckt, so hat Normann ein Stück vom Jago.

alles, was nicht mit seinem hoch gespannten Kopf übereinkam. Wenn er so von Grösse des Geistes, Edelmuth und Grossmuth schwatzte, Wörter, worunter verstocktes Heidenthum verborgen lag; Geistliche und seinen Bruder verachtete — — da liegt er, und mit ihm der Dünkel!'[1] Konrads Beichtvater tritt auf; er stachelt ihn an gegen Bruder und Vater·
7. (β) Ein Bote Adelberts bietet dem alten Herzog Friedrich die Hülfe seines Herrn an; Konrad sucht ihn zu bestimmen, sie anzunehmen, Friedrich aber will seinen 'lieben Karl' ohne fremden Beistand züchtigen. Normann bringt die Nachricht, dass die 'besten Kerls' zu Karl übergegangen seien und giebt vor, dass Karl den Bischof aufgefordert habe, mit ihm gemeinschaftlich den Vater zu bekriegen (während ja grade Karl des Bischofs Aufforderung abgelehnt hatte, s. o. I. 2). Dies giebt den Ausschlag; Friedrich verbindet sich mit Adelbert. 8. (γ) Gisella, des Herzogs Tochter und ihr 'Mädgen' in einer Laube. Gisella äussert schwärmerische Bewunderung für einen Barden, dessen Gesang das Mädgen, wie es scheint, vorgelesen hatte; dann wendet sich das Gespräch ihrem Vater und Bruder zu, und dem Grafen Ludwig. Der letztere hat Gisella gerathen, sich dem Otto zu 'geben', sie vergleicht ihn, den rauhen rauhen Mann, mit dem sanften Ludwig (l). Normann hat das Gespräch belauscht; er will eine Angel auswerfen, an der sich Otto fangen soll.

II. 1. [1] (β) Ein Einsiedler (i) gräbt sich im Walde sein Grab. 1[2]. (β) Ein Gewitter ruft ihn in seine Zelle; dort tritt Konrad zu ihm, um Schutz vor dem Unwetter zu suchen. Der Eremit prophezeit ihm die Herrschaft. Jetzt erst er-

---

[1] Vgl. 'Räuber' I. 1. (Goedeke 2, 17.) 'Franz. Schändlicher, dreimal schändlicher Karl! Ahndete mirs nicht, da er . . . den Anblick der Kirche floh . . . da er die Abendtheuer des Julius Cäsar und Alexander Magnus und anderer stockfinsterer Heyden lieber las als die Geschichte des bussfertigen Tobias?' u. s. w. Auf den Zusammenhang der 'Räuber' mit dem 'Otto' hat neuerdings Erich Schmidt hingewiesen, 'Lenz und Klinger' S. 86 f., Anmerkung und R. M. Werner, Zs. f. oest. Gymn. 1879. S. 279. Eine eingehendere Betrachtung fehlt noch, wie denn überhaupt die fremden Motive bei Schiller, insbesondere in den Jugenddramen, einer näheren Untersuchung dringend bedürfen.

fahren wir, und zwar aus des Einsiedlers Munde, den Grund der Feindschaft zwischen Friedrich und Karl: Karls Gattin, Adelheide, ist die Tochter Wilhelms, eines verstorbenen Grossen, der dem Herzog feind war (k). Hier klingt das Thema von 'Romeo und Julie' leise an, das Klinger später wiederholt aufgenommen hat, in 'Sturm und Drang', im 'Stilpo', im 'Damokles'; es wirkt fort in Maiers 'Sturm von Boxberg', in Meissners 'Johann von Schwaben' und vielen andern Ritterdramen. 2. (β) Herzog, Normann. Milde Stimmung des Herzogs gegen Karl; Normann weiss seinen Zorn von Neuem zu erregen. Gisella bittet vergebens für den Bruder. Sie spielt dem Vater zur Laute. 3. (γ) Otto trifft im Walde ein altes Weib; sie warnt ihn: 'Trau Menschen nicht honigsüss, behäng dich nicht mit Weibern!' 4. (β) Adelbert ist an den Hof des Herzogs gekommen; der Bund wird geschlossen. 5. (β) Karl und Adelheide. Karl tröstet, vor dem Kampfe, die trauernde Gattin. Er würde für seinen Vater mit Freuden das Leben lassen; nur Irrungen haben sie getrennt, könnte er ihm ins Herz schauen, alles wäre gut. 6. (β) Gebhard, einer der jüngsten unter den Dienern des Karl, ist unzufrieden, weil er 'Mücken fangen' muss, während der Hauptmann auf Kundschaft auszieht (cf. Georg im 'Götz', z. B. I. 22). Sein Vorbild ist der Ritter Otto; 'Otto oder todt' heisst seine Losung. 7. (γ) Ludwig will Gisella zu Gunsten Ottos entsagen. (β) Vorbereitungen zum Kampf. Otto soll zurückbleiben, um das Schloss und Adelheide zu schützen. 8. (γ) Otto spricht seine Unzufriedenheit aus, dass er während des Kampfes unthätig bleiben soll. Normann kommt hinzu. Er giebt vor, einen Brief Gisellas an Ludwig zu haben; sie sei heimlich mit ihm zusammengekommen, ihr Verhältniss sei entdeckt. Jedermann bei Hofe wisse davon, auch Karl; in der Schlacht sei Gisella die Belohnung des Tapferen. Desshalb nur habe man Otto auf dem Schloss zurückgelassen. Es gelingt Normann, den Ritter zu hintergehen; er glaubt sich von Karl und von Ludwig aufs bitterste getäuscht. (β) Als Bote des Herzogs verlangt Normann von Karl völlige Unterwerfung, Trennung von Adelheide; Karl weigert sich, indem er ihm vorwirft, dass er es sei und seine Freunde, welche die Versöhnung zwischen Vater und Sohn hintertreiben. 'Ich möchte dein Herz nicht haben, und legtest du die Welt zu meinen Füssen', ruft er ihm zu;[1] er schickt die Aufsage an Konrad und Adelbert, nicht an seinen Vater. 9. (γ) Kurzer Monolog Ottos: 'Pfuy, pfuy fürm Menschen!' (β) Gebhard hat heimlich in den Kampf ziehen wollen; er wird von den Reutern als Ueberläufer angehalten, Karl lässt ihn wieder frei. 10. (γ) Otto im Saal während des Kampfes. Reuter schildern die Schlacht. Otto räth ihnen, sich schlafen zu legen; er, der arme wahnwitzige Otto, will das Gleiche thun. 11. (β) Lager des Herzogs. Friedrich zwischen Liebe und Hass: 'Nähere dich Feind ... Deine Hand bebt zurück — stoss zu! zu! durch's Vaterherz'[2]. 12. (γ) Otto schildert der Adelheide in wirren Worten,

---

[1] Vgl. 'Don Karlos' II. I. 196. 'Karlos. .. den Zudringlichen
Der zwischen Sohn und Vater, unberufen,
Sich einzudrängen nicht erröthet, der ...
So dazustehen sich verdammt, möcht' ich
Bei Gott — und gält's ein Diadem — nicht spielen.'
Dazu 'Maria Stuart' III. 4. 500:
'Maria. Nicht um dies ganze reiche Eiland, nicht
Um alle Länder, die das Meer umfasst,
Möcht ich vor euch so stehn, wie ihr vor mir!',
'Karlos' V. 10. 445: 'Grossinquisitor. Stünd' ich
Nicht jetzt vor Ihnen — beym lebend'gen Gott!
Sie wären morgen so vor mir gestanden.'
'Otto von Wittelsbach' II: 'Otto. ich möchte vor keinem Manne so dastehen, wie ihr itzt dastehet vor mir und könnte ich die Würde eines Heiligen dadurch erlangen!'

[2] Ich bemerke im Anschluss an August Sauers 'J. W. von Brawe' Quellen und Forschungen 30. S. 111 ff., dass das Thema des Vatermordes im 'Otto' an vielen Stellen angeschlagen wird; II. 8. sagt Karl: 'ihr begehet Vatermord.', III. 9. der Herzog: 'Vatermord! huh! euer (der wilden Thiere) Gebrüll ist Nachtigallsgesang gegen das kleine Wort, Vatermord!', IV. 1. der Kanzler zu Konrad: 'Vatermörder! Vatermörder!', V. 2. der erste Mörder: 'Wer wird das (den Mord des Herzogs) auf seine Seele nehmen? Mir wärs, als hätt ich meinen Vater umgebracht.' Das Motiv begegnet auch sonst im Ritterdrama und im Sturm und Drang; ich nenne Klingers 'Zwillinge' (und 'Damokles'); Maiers 'Sturm von Boxberg', (III. 10: 'mit dem Schwerd in der Hand gegen deinen Vatter?'), Schillers 'Kabale und Liebe', (II. 6. Ferdinand zückt den Degen auf den Vater), 'Don Karlos' (V. 4. 415: 'Das Schwert gezückt auf deinen Vater?') Kotzebues 'Johanna von Montfaucon' (II.

wie man ihn hintergangen habe. Ein Reuter berichtet von Ludwigs Tapferkeit und steigert so Ottos Wuth. 13. (β) Schlacht und Tumult. Gebhard, Blunt und Herzog Friedrich verrichten Heldenthaten; das Glück neigt sich auf Karls Seite. 14. (γ) Monolog Ottos: 'Brich, festes, unüberwindliches Herz'. Ein Reuter bringt Gruss und Brief von Konrad und Normann, der ihn auffordert (so scheint es), zu ihnen überzutreten. Otto: 'Nun, so hohl der Teufel sie und alle. — Hah, ich kann's nicht länger aushalten. Hätt ich den mächtigen Donner, ich wollt dich zusammen wettern, verdammte Welt, und dich, Ottergezücht von Menschengeschlecht, dich wollte ich wettern.'[1] 15. (γ) Drei Reuter im Gespräch. Otto sei fort. 16. (γ) Otto beobachtet von einer Anhöhe die Schlacht (e). Karl und Ludwig siegen. Er geht zu Konrad. 17. (β) Völliger Sieg Karls.

III. 1. (α) Wieburg, Hungen und die Seinen in einer

11: .. 'so ermorde auch deinen Vater!'); Ramonds 'Hugo der Siebente' (V: 'verschlinge mich ... einen vatermörderischen Sohn'); Schillers 'Tell' (V. 2: 'Von dem Blute triefend des Vatermordes und des Kaisermords, wagst du ..' cf. V. 1); Kleists 'Käthchen von Heilbronn' (V. 1: 'Ein glanzumfloss'ner Vatermördergeist' bist du.); Törrings 'Agnes' (III. 3: 'werdet ihr nicht zurückschaudern vor dem Preise .. des Vatermords?'); Sodens 'Ignez de Castro' (V. 6: 'Ich will kein Vatermörder werden'); Müllers 'Golo und Genovefa' (IV. 10: 'hätte einer schrecklichen Vatermord im Sinn, es wären Kerls darnach, so was auszuführen.'); Meissners 'Johann von Schwaben' (V. 6: 'Drey Kerls .. sind gedungen. Einer davon ward neulich angeklagt, seinen Vater umgebracht zu haben.'); 'Ludwig der Strenge' (II. 11: 'ich möchte den Schelm kennen, der Euch das Gift beigebracht; ich würde ihn als einen Vatermörder bestrafen.'); Klingemanns 'Vehmgericht' (III. 1: 'Den Vatermörder griff ich hier im Forste und hing ihn sieben Fuss hoch ob den Boden'); auch 'Wallensteins Tod' (II. 7: 'Und von des Vaters Blute triefen soll des Sohnes Stahl im grässlichen Gefechte', cf. III. 21) und das 'Jahrmarktsfest zu Plundersweilern' (Hempel, 8. 171: 'Vatermörderhand'). Hübners 'Heinz Stain' S. Kap. 6.

[1] Vgl. 'Räuber' I. 2. 46 f.: 'Moor. Menschen! falsche, heuchlerische Krokodilbrut! ... oh dass ich durch die ganze Natur das Horn des Aufruhrs blasen könnte, Luft, Erde und Meer wider das Hyänen-Gezücht ins Treffen zu führen! .. ha! — wer mir izt ein Schwerd in die Hand gäb, dieser Otterbrut eine brennende Wunde zu versezen' u. s. w. S. auch Lenz' 'Hofmeister' IV. 3, Tieck I. 52.

Villa bei Rom. Franz (y), der älteste Sohn, wird auf sein Verlangen 'mit den jungen Edelleuten' nach Deutschland gesandt, um für Karl zu streiten; der Vater und Wieburg geben ihm gute Lehren mit auf den Weg. (cf. Polonius.) Der Gegensatz zwischen Hans und Konrad tritt von Neuem hervor. (vgl. Beilage I. Gelehrsamkeit.) 2. Adelbert, Normann, Konrad. (γ) Otto, meint Adelbert, sei durch Gisella 'mit Stricken befestigt, die er nicht zerreisst.' (β) Konrad wird zur Empörung angestachelt gegen den Vater. Ein Mörder tritt auf und berichtet, dass der Bote der Versöhnung, den der Herzog an Karl gesendet hatte, erschlagen sei. 3. (γ) Gisella und Otto. Otto schildert seine Qualen; Gisella versucht vergeblich seinen Argwohn zu beschwichtigen. (β) Der Herzog erhält die Nachricht von der Ermordung seines Boten; ein Brief des nämlichen Inhalts soll durch 'zwanzig der besten Kerls eilig, eilig' überbracht werden. 4. (β) 'Nacht. Zimmer mit Lichtern erhellt.' Feierliche Schwüre Konrads, Adelberts, Normanns (c). Konrad soll Herzog werden, Adelbert soll die ihm geraubten Länder zurückerhalten, Normann seine Grafschaft und Gisella zur Ehe. 5. (γ) Monolog Ottos: 'Das Leben ist nichts mehr für mich, alle Ruhe ist hin.' Er schwört von Neuem Rache an Karl und Ludwig. 6^1. (α) 'Heilige Inquisition' (a) vor Hungens Thür, 6^2. (α) in seiner Schlafstube. Er wird in Fesseln gelegt und fortgeschleppt. 7. (β) Herzog Friedrich wird durch einen Unbekannten vor Konrad und Adelbert gewarnt, man wolle ihn zwingen, die Herrschaft niederzulegen und ins Kloster zu gehen. 8. (β) Friedrich vor Gisellens Zimmer: 'Flieh Tochter, dein Bruder ist Mörder worden.' 9. (β) Wald, Morast. Friedrich auf der Flucht mit seinem Knechte Veit. Anzeichen des Wahnsinns: 'dass .. die Welt nicht einstürzt: o hätt ich sie zwischen meinen Händen, wie wollt ich sie zerreiben, zerreiben!' [1]

---

[1] Die bittere und gedrückte Stimmung, die sich hier, wie so oft in dem Drama, in ächten Sturm- und Drang-Tiraden Luft macht, theilt Klinger mit Schiller, sie führt beide zu verwandten Phrasen. Vgl. etwa zu dieser Stelle 'Fiesko' V. 13. 151: 'Fiesko. Ah .. Hätt' ich nur Seinen Weltbau zwischen diesen Zähnen. — Ich fühle mich aufgelegt, die ganze Natur in ein grinsendes Scheusaal zu zerkrazen.' S. auch Anzeiger f. d. Alterth. V. 379.

Aktschluss: 'Das thun Kinder!'

IV. 1. (β) Der Kanzler des Herzogs erhebt heftige Vorwürfe gegen Konrad, Adelbert und Normann. Er verweigert die Schlüssel, Normann verwundet ihn. (γ) Otto kommt und erfährt, dass Gisella fort sei. Zu Ludwig, sagt Normann. 'Otto. Nun so zerreiss Geduld! ... Hah Ludwig, wenn ich dich habe: dich! will dich martern nach und nach; dir deine Braut zuführen; du am Pfahl gepfählt, ich dir durch's Herz bohrend, bohrend, dich langsam sterben sehen, hüpfend deiner Verzweiflung zusehn...' Normann will dem Herzog nachschicken, dass er nicht Aufruhr errege unter'm Volk. 2. (γ) Normann in Gisellens Zimmer: 'Täubchen, du bist fort aus dem Keficht... wie wollten wir uns in die Augen gesehen haben..; du dich gewunden unter meinen Händen, gesträubt; und wie süss das erzwungene; schmeckt göttlich —' (β, γ) Berathung zwischen Normann und Adelbert. Ueber Friedrich und Otto. Normann hat dem Herzog Mörder nachgeschickt. 3. (β, γ) Gisella bei Karl und Adelheide. Karls Briefe sind nicht angekommen, die 'Böswichter' haben sie aufgefangen. (α) Der junge Hungen tritt in Karls Dienste. (γ) Gebhard wird auf sein Verlangen zu Otto geschickt, um ihn aufzuklären. 4. (α) Monolog Hungens im Gefängniss (b): 'Um mich ist Tod und Fäulniss ... was ist das? modernder Gestank — ein Menschengeripp... Oh ich muss, ich will enden — ein Stoss wider die Mauer, und es ist aus ... kein Retten, kein Retten! — Marie! Marie! Marie!' 5. (β) Gorg, ein Wahnwitziger, an einem Felsen. Seine Mutter berichtet dem Herzog und Veit den Grund seines Unglücks; er und sein Bruder Emir haben dasselbe Mädchen geliebt. (cf. 'Julius von Tarent', 'Zwillinge' u. s. w.) Marie, die er nur Laura nennt (eine Anspielung auf Petrarca, die sich öfter bei Klinger findet). Der Bruder wollte ihn, den Begünstigten, tödten, in der Nothwehr hat Gorg wider seinen Willen ihn erstochen. — Im Ganzen begegnet das Thema der feindlichen Brüder im 'Otto' also nicht weniger als dreimal; Karl und Konrad stehen sich gegenüber, Hans und Konrad, Gorg und Emir. 6. (γ) Ludwig und Gisella. Ludwig will noch jetzt zu Gunsten Ottos entsagen. 7. (α) Wieburg hat vergebens für Hungen um Gnade gebeten. 8. (α) Hungen vor dem Inquisitionsgericht (a). Er wird angeklagt, wider Gott und die Kirche geredet zu haben, ist aber keiner Schuld sich bewusst. Man führt ihn zur Tortur ins Nebenzimmer; seine Schmerzensrufe dringen auf die Scene. Schliesslich wird ihm sein Vergehen vorgeführt; er hat, als zwei Diener der Kirche an ihm vorübergingen, ihre härenen Kleider, ihr Fasten und ihr Geisseln für thöricht erklärt. Er wird von Neuem gefoltert und giebt den Geist auf. 9. (α) Ganz kurze Scene: 'Marie (fährt plötzlich auf) Jesus, mein Mann! schneeweiss! (fällt nieder) (Kinder schreyen) Mutter! Oh, sie ist todt!'

V. 1. (β) Ein Hauptmann hat den Herzog bei Gorg getroffen und mit Gewalt fortgeführt. Auf einer nahen Mühle liess er ihn zurück. 2. (β) Platz vor der Mühle. Zwei gefühlvolle Mörder können sich nicht entschliessen, den ihnen gewordenen Auftrag zu vollziehen und den Herzog zu tödten. Gebhard tritt als dritter zu ihnen und entlockt ihnen so das Geheimniss. Er sendet seinen Genossen Rudolph zu Karl um Hülfe. 3. (β) Stube in der Mühle. Hans und Christoph, zwei andere Mörder aus härterem Holze, beschliessen den Herzog auf dem Wege zu tödten. Er erwacht und verlangt nach Gorg: 'er konnte so schön beten, war so geschlagen wie ich... Ists Nacht, Veit? Veit. Bald, Herr, schon neigt sich die Sonne. Herzog. Wie meine Kräfte. Doch kommt sie wieder, leuchtet mit neuer Kraft, ich auch'. Der Hauptmann treibt zur Weiterreise. Aufbruch. 4. (β) Karls Heer ist stark zusammengeschmolzen, man lässt aber den Muth nicht sinken. (α) Dem jungen Hungen ahnt Unglück. (γ) Ueber Gebhard und den Erfolg seiner Sendung. Die Scene ist sehr charakteristisch; auf zwanzig Zeilen werden alle drei Handlungen gestreift. 5. (γ) Normann entwickelt unverständliche, ehrgeizige Pläne. (Vgl. Don Bastiano in 'Simone Grisaldo'.) (β) Konrad bringt die Nachricht, dass Karl im Anmarsch sei, der Hauptmann, dass Friedrich komme. Veit und Gebhard führen ihn vorbei. 6. (γ) Gebhard klärt Otto auf. 7. (β) Herzog, Kanzler, Veit. Der Herzog klagt über unaussprechliche Martern, er fühlt eine dicke schwarze Decke vor den Augen. 8. (γ, β) Otto stürzt in der Nacht, bei

Donner und Blitz (h), in Normanns Zimmer und tobt und rast. Normann bekennt, dass er dem Herzog Gift gegeben habe. Er wird von Otto getödtet und zum Fenster hinausgeworfen. Karl erstürmt das Schloss (d). 9. (β) Konrad und Adelbert entfliehen. 10. (γ) Monolog Ottos. Sein oder Nichtsein? Er ersticht sich. 11. (β) Versöhnung zwischen Friedrich und Karl. Karl soll den Bruder schonen. (cf. 'Räuber' IV. 5. 167, 169) 'Herzog: nimm mir die Decke von meinen Augen, die schwarze Decke nimm weg... Wie viel Uhr ists? Karl. Mitternacht, mein Vater. Herzog. Neu kräftig steig denn empor, unsterblicher Geist!'

Zur besseren Orientirung knüpfe ich an die vorstehende Inhaltsangabe noch ein paar Bemerkungen über die Gruppirung der Scenen an. Der 'Otto' zählt im Ganzen 54 Auftritte (der 'Götz' 56); davon gehören zur Handlung α 8 (I. 1; 5; III. 1; 6; IV. 4, 7, 8, 9) zu β 22 (I. 3; 6, 7; II. 1, 2, 4, 5, 6; 11, 13; 17; III. 4, 7, 8, 9; IV. 5; V. 1, 2, 3; 7, 9, 11) zu γ 12 (I. 4; 8; II. 3; 10, 12, 14, 15, 16; III. 5; IV. 6; V. 6; 10); an β und γ haben Theil 10 Auftritte (I. 2; II. 7, 8, 9; III. 2, 3; IV. 1, 2; V. 5; 8) an α, β und γ 2 (IV. 3; V. 4). α hängt mit β und γ nur sehr lose zusammen, wie sich schon daraus ergiebt, dass es die anderen Handlungen nur zweimal kreuzt, weit enger verknüpft sind β und γ; α hat auch die geringste Scenenzahl, γ hat doppelt, β dreimal so viel. Zuweilen scheint der Dichter die Personen von α ganz zu vergessen, was um so auffallender ist, als grade ihnen die erste Scene gilt; von I. 5 bis III. 1 sind sie verschwunden, mit dem Schluss des vierten Aktes ist die Handlung α so gut wie zu Ende, nur der junge Hungen begegnet uns im letzten Aufzug noch flüchtig. In dem ganzen Stück hat man den Eindruck, dass der Dichter nur eine Zeit lang von jeder Handlung sich fesseln lässt, länger als 4, 5 Scenen hält ihn keine. Zuweilen entstehen gewisse Scenenbündel, die in dem tollen Durcheinander eine Art Ruhepunkt gewähren, z. B. in α IV. (3), 4, 7—9; in β II. 1, 2, 4—6, (7—9), 11, 13 und V. 1—3 (4, 5) 7, (8) 9, 11; in γ II. (7—9), 10, 12, 14—16. Aus einer genaueren Betrachtung dieser 'ausser Rand und

Band gerathenen Dramatik', mit Erich Schmidt zu reden, liesse sich gewiss manches Interessante gewinnen; ich muss hierauf, wie auf eine aesthetische Würdigung des 'Otto' verzichten und gehe nunmehr dazu über, den Zusammenhang des Dramas mit Shakespeare und Goethe darzulegen.[1]

Mit Shakespeare und Goethe; denn während Goethe lediglich auf Shakespeare sich gestützt hatte, eifern ja die späteren neben Shakespeare auch Goethe nach und die dann folgenden neben Shakespeare und Goethe auch Klinger und Törring. So haben wir schliesslich ein Nachahmen in dritter Potenz; aus dem Shakespearisiren wird ein Goethisiren, aus dem Goethisiren gar ein Törringisiren.

Sehe ich von dem Einfluss der Shakespeare'schen Technik im Grossen und Ganzen ab, so sind die stärksten Einwirkungen, im Besonderen, dem 'Lear' zuzuschreiben, alsdann dem 'Othello'. Die allgemeinen Parallelen: Friedrich — Lear, Gloster; Karl — Cordelia, Edgar; Konrad — Goneril, Regan, Edmund sind ohne Weiteres klar; aber es begründet einen weittragenden Unterschied des 'Otto' (und der 'Räuber') vom 'Lear', dass die Handlung nicht aus dem Charakter des Herzogs und seiner Kinder mit Nothwendigkeit sich ergiebt, dass fort und fort Intrigen eingreifen müssen, und dass nur durch dieses Eingreifen die glückliche Lösung hintertrieben wird. Aehnlich steht es mit der zweiten Haupthandlung, γ; so wunderlich es klingt, man wird dennoch nicht umhin können, den 'Otto' ein Intrigenstück zu nennen.

Was die Uebereinstimmungen im Einzelnen anlangt, so ist eine der interessantesten, die Parallele 'Lear' III. 4 — 'Otto' IV. 5, bereits von anderer Seite nachgewiesen.[2]

---

[1] Einiges ist bereits von R. M. Werner angedeutet, 'Zs. f. oest. Gymnasien' 1879. S. 278 und von Erich Schmidt, 'Lenz und Klinger' 92 f. Den Einfluss des 'Ugolino' auf den 'Otto' hat Werner in aller Ausführlichkeit nachgewiesen, 278 ff., so dass ich nicht darauf einzugehen brauche.

[2] R. M. Werner 'L. P. Hahn'. Quellen und Forschungen 22, 117 ff. W. zeigt, dass neben Shakespeare wiederum Goethe, durch den Werther, einwirkte. — Ich kann mich übrigens nicht überzeugen, dass Goethe hier nothwendig von Shakespeare abhängt.

Herzog Friedrich hat mehr vom Lear als vom Gloster. Sein Sohn nennt ihn 'unbeständig, hitzig, stolz' (I. 6.), wie Goneril den Lear 'veränderlich, unlenksam, wunderlich' (I. 5. nach Wielands Zählung, I. 1. im Original); er liebt, wie Lear, das verstossene Kind inniger. ('Otto' II. 2 'Lear' I. 5.) Das Leben an seinem Hofe gefällt Konrads Beichtvater nicht, er klagt über Ueppigkeit, über die Gaukler (I. 6); und Goneril nennt Lears Ritter 'ausgelassenes verwegenes und schwelgerisches Volk', das ihren Hof 'einer liederlichen Schenke' gleich mache. (I. 14.) Als der Herzog verlassen umherirrt, ruft er: 'oh im wilden Thier ist Heften und Binden an Alten.' (III. 9.); Albanien wirft seiner Gattin vor:

'Einen Vater, einen milden Greis,
Den wohl ein Bär mit Ehrerbietung leckte,
Habt ihr, unmenschlich, grausam! toll gemacht.' (IV. 2.)[1]

Dem Herzog Friedrich werden Mörder nachgesandt, damit er nicht unter dem Volke Aufruhr errege (IV. 1); Gloster berichtet, er habe von einem Anschlag auf Lears Leben gehört (III. 9) und Edmund fürchtet, dass Lears hohes Alter und noch mehr sein Titel eine Zauberkraft in sich habe, die Herzen des Volkes auf seine Seite zu ziehen (V. 6). Friedrich wie Lear bewahren im Unglück die Erinnerung an ihre einstige Grösse; Friedrich verlangt von Veit:

'Gieb mir dein Schwerdt, ich will dich einen Streich lehren! gieb, ich kanns noch . . . so hab ich viele eingewiegt.' (III. 9.)

'Lear. Ich weiss die Zeit, da ich sie mit meinem guten krummen Weidmesser wollte springen gemacht haben.' (V. 10.).

'Friedrich. Wäret ihr .. vor wenigen Tagen kommen, ihr hättet mich nicht von der Stelle bracht. Nun kommt, kommt!' (V. 3.)

'Lear. Izt bin ich alt, und alle diese Widerwärtigkeiten sezen mir zu.' (V. 10.)

Mit Gloster theilt Friedrich u. A. den Wunsch, sein Unglück vergessen zu können, er sagt:

'schlag mein altes Gehirn aus! gieb mir fühllose Dummheit; reiss mein Gedächtniss aus, aus!' (III. 9.)

---

[1] Bei Wieland ist die Stelle verstümmelt. — Aehnliches öfter bei Shakespeare, vgl. etwa 'Hamlet' I. 2: 'würd' ein Thier, das nicht Vernunft hat, doch länger trauern.'

'Gloster. Verwünscht .. eine Vernunft, die mich nur für mein Elend fühlend macht! Besser ich wäre verrükt, so würden doch meine Gedanken von meinen Leiden entwöhnt' u. s. w. (IV. 9.)

Von den Nebenfiguren liessen sich die treuen Diener des Herzogs, der Kanzler, Veit, der Hauptmann (besonders V. 5), vergleichen mit Gloster, Kent und dem Bedienten (III. 11); der Kanzler wird, wie der Bediente, für seinen Herrn verwundet. (IV. 1) In beiden Dramen spielen Briefe, gefälschte und unterschlagene, eine grosse Rolle (cf. 'Räuber'). Normann erbricht ein nicht für ihn bestimmtes Schreiben, desgleichen Edgar; Normann sagt: 'Um Verzeihung, Prinz Karl! wir müssens wissen' (IV. 2. Karl ist natürlich nicht zugegen) und Edgar: 'Mit eurer Erlaubniss, mein schönes Siegel — — die Höflichkeit kann uns nicht tadeln.' (IV. 9)

Die Einwirkung des 'Othello' auf den Otto ist am stärksten in der Handlung γ, Otto ist Othello, Normann Jago, Ludwig Cassio. Gar mancher Stürmer und Dränger mag sich gleich Klinger hierher (und etwa aus 'Antonius und Cleopatra') seine bramarbasirenden Tiraden geholt haben; ich erinnere beispielsweise an die Worte des Othello:

'Peitscht mich, ihr bösen Geister, vom Genuss dieses himmlischen Anschauens weg; zerstäubt mich in die Winde, röstet mich in Schwefel, wascht mich in bodenlosen Schlünden von flüssigem Feuer.' (V. 9.)

Für den 'Otto' lassen sich, neben solchen allgemeinen Einwirkungen, auch ganz bestimmte Anklänge nachweisen; z. B.:

'Othello. O dass die Elende tausend Leben hätte! Eines ist zu wenig für meine Rache. (III. 8.) Ich wollt, ich könnte neun Jahre lang an ihm morden.' (IV. 5.)

'Otto. .. nur Ein Leben. Oh dass du tausend hättest und ich Jahrlang an dir morden könnte ... stundenlangen Tod sollst du sterben.' (V. 8.)[1]

---

[1] Vgl. Meissners 'Johann von Schwaben' II. 10: 'Palme: Ha! dass ich ihn hätte! dass ich dann jede seiner Adern mit Schwefel füllen und so zehn Jahre lang mit Gluten der Verzweifung ihn entzünden, Tage seines unaussprechlichen Jammers mit Monden seines Lebens erkaufen könnte! — dass ich — — ha! wo bin ich wieder?' und Voigts 'Radegund von Thüringen' IV. 2: 'Theodorich. zweymal können wir doch Bertarn nicht morden. Clothar. Schlimm genug, dass der Bube nur ein Leben hat.'

'Othello. so blase ich alle meine Liebe dem Himmel zu... erhebe dich, schwarze Rache.. und du, Liebe, tritt dem tyrannischen Hass deinen Thron .. ab!' (III. 8.)

'Otto. Nun so zerreiss Geduld! zerreiss auf ewig, und Liebe, und du Wuth und Rache (komm hervor)!... (IV. 1.)[1]

'Othello. sezt hinzu, dass ich .. den .. Hund .. so gekizelt habe (Er ersticht sich)'. (V. 10.)

'Otto. Den hab ich gekitzelt da, und er ist gestorben davon.' (V. 8.)

Othello wie Otto, nachdem sie erfahren haben, dass sie, von Jago und Normann, betrogen sind, fallen von eigener Hand und zwar durchs Schwert; Othello ruft: 'Aber warum sollte die Ehre die Tugend überleben? Lasst immer alles dahin fahren!' (V. 9.) und Otto: 'geschändet will ich nicht leben. So geschändet!' (V. 6.) Endlich, wenn Othello meint, dass er ein ehrlicher Mörder war, der, was er that, nicht aus Hass that, sondern, seine Ehre zu rächen, so findet Gebhard, dass es leicht sei, einen rechtschaffenen Mann, der hitzig auf seine Ehre hält, den eine kleine Beleidigung aufbringt, zu hintergehen (V. 6) und Ludwig erklärt geradezu: 'Otto leidet alles unschuldig.' (IV. 6.)

Die Anschauung von dem edeln Verbrecher, die bekanntlich häufig in jener Zeit begegnet, tritt uns hier in einem verhältnissmässig frühen Stadium entgegen; wir werden im Verlauf unserer Betrachtung noch einmal auf diesen Punkt zurückzukommen haben. (S. 111.)

Was die Nebenfiguren der Handlung γ anlangt, Ludwig und Normann, so hängen sie weniger eng mit ihrem Vorbild zusammen, als der Otto; es liesse sich etwa anführen, dass Cassio, wie Ludwig, 'Mittelsperson' zwischen den Liebenden

---

[1] Vgl. 'Otto von Wittelsbach' II: 'Hinweg Gelassenheit und Zwang! mein Herz und meine Zunge leiden keine Fesseln.'; 'Ignez de Castro' V. 2: 'O du, Freude,.. nimm auf ewig Abschied von meinem Herzen! Du, Ruhe, von dir bin ich auf immer geschieden! Und auch du, stiller Kummer... — hinweg!... Und du, Rache, Furie der Hölle, zünde an dein Feuer in meiner Brust.'; 'Maria Stuart' III. 4.: 'Fahr hin, lammherzige Gelassenheit! Zum Himmel fliehe, leidende Geduld! Spreng' .. deine Bande .. langverhaltner Groll!' 'Tell' I. 4: 'Feigherz'ge Vorsicht, fahre hin — Auf nichts als blutige Vergeltung will ich denken.'

war, dass Jago Othellos Mädchen liebt (II. 8), wie Normann Gisella u. A. m. Normanns Wunsch, Gisella 'so früh zu kosten, wie wenn man die frisch bethaute Rose am Stock riecht.' (IV. 2.) ist durch Othellos Betrachtung veranlasst: 'Wenn ich deine Rose abgepflückt habe, so kann ich ihr den .. Geist nicht wiedergeben. Ich will dich noch am Stock riechen.' (V. 6.) Bei der Buhlerin Gianetta[1] mag man mit an die Courtisane Bianca denken.

Der Einfluss des 'Hamlet' zeigt sich in dem letzten Monolog Ottos; es ist überflüssig zu sagen, welche Stelle in den folgenden Worten vorschwebt: 'Kann mans so auslöschen, dass keine Spur, kein Andenken mehr davon bleibt? Hier Ende, dort auch? Keine Antwort? . . . hören diese Schläge auf, ists Stillstand, ewig Stillstand dort wie hier? Keine Antwort?' (V. 10.) In der Schilderung, welche Wieburg von Adelberts Hofleuten entwirft, schweben vielleicht, neben Anderm (vgl. Beilage I. Fürst) die Hofleute des 'Hamlet', Polonius, Rosenkranz, Güldenstern und Osrick, vor: 'ihr Kopf, Herz und Wesen ist nach Eurem geformt und gestimmt. Verändert euch, gebt eurer Denkungsart eine andere Richtung; sie thun's auch' u. s. w. (I. 1.) Die Scene II. 3, Otto und die Alte, darf man als einen Nachklang ansehen der Prophezeihungen im 'Macbeth'; die gefühlvollen Mörder (V. 2.) stammen etwa aus 'Richard III.' oder 'Heinrich VI.', die anderen (III. 2, V. 3.) ebenfalls aus Shakespeare, etwa aus dem 'Macbeth'.[2]

Wie hier, III. 4, ein dritter Mörder zu den beiden ersten tritt, den sie als Gesellen aufnehmen, obgleich sie nichts von ihm wissen, so kommt im 'Otto' zu den Mördern

---

[1] Gianetta heisst auch Ugolinos Gattin in Gerstenbergs 'Ugolino' und Hahns 'Aufruhr zu Pisa'.

[2] Vgl. die Mörder im 'Götz', (I. Bearbeitung) in Müllers 'Genovefa', Hahns 'Karl von Adelsberg'. In Meissners 'Johann von Schwaben' ist von Mördern wenigstens die Rede. ('Drei Kerls .. sind gedungen'. V. 6.) — Aus Richard III. (oder Heinrich IV.) stammt auch der Name Blunt, den einer von Karls Rittern trägt; er findet sich auch in dem Lessingschen Fragment 'Die Witzlinge' (Hempel, XI. 2. 566) und bei Lillo. Karl Ph. Moritz schrieb ein Trauerspiel 'Blunt oder der Gast'.

Gebhard (V. 2, 3); und wie hier ein 'Fremder' die Lady Macduff vor Gefahren warnt, so im 'Otto' ein 'Unbekannter' den Herzog:

'Fremder. Wenn ihr die Warnung eines gemeinen Mannes annehmen wollt, so .. fliehet unverzüglich mit euern Kindern.' (IV. 3.)
'Unbekannter. nehmt einen Rath an gut gemeynt! Flieht und verlasst euer Land! ... Eilt und flieht! ... Eilt um Gottes Willen!' (III. 7.)

Vgl. noch 'Götz' V. 101:

'Unbekannter. Ich komme Euch zu sagen, dass Euer Kopf in Gefahr ist. ... Mässigt Euch oder seht zu entwischen ..'

Dadurch, dass das Motiv auch im 'Götz' sich findet, gewinnt die Stelle noch ein besonderes Interesse; es tritt uns hier, wie öfter in jener Zeit, der merkwürdige Umstand entgegen, dass Motive, grosse wie kleine, mehrfach wirken, nämlich direkt und durch ein zweites Werk hindurch. Aehnlich kann z. B. Karl Moors Monolog, IV. 5, durch Hamlets 'Sein oder Nichtsein' in zwiefacher Weise beeinflusst sein, unmittelbar, und dann durch Ottos Monolog, V. 10.

Es ist kein Zufall, dass wir so, indem wir Shakespeares Einfluss auf Klinger betrachten wollen, auf den 'Götz' geführt werden; denn, wie ich schon oben bemerkte, wir haben hier nicht mehr Nachahmung, sondern bereits Nachahmung der Nachahmung; und auch im Ganzen gilt, was wir soeben im Einzelnen gesehen haben: Shakespeare wirkt zweimal auf das Drama, unmittelbar und mittelbar. Mit jedem weiteren Werke dann verengert sich der Horizont der Dichter, tritt Shakespeare zurück, der 'Götz' hervor; das heisst: aus der dialogisirten Historie wird das Ritterstück. Nicht so ist es im 'Otto'; und es hängt mit diesem Umstande zusammen, wenn hier einmal von Ritterehre und Ritterpflicht noch selten die Rede ist, seltener selbst als im 'Götz', und wenn ferner Zeit- und Localfarbe so gut wie gar nicht angestrebt wird. Unmöglich, zu sagen, in welchem Jahrhundert der 'Otto' spielt und in welchem Theile Deutschlands;[1] wenn die späteren Dramen

---

[1] Aus den Worten des Karl: 'Sollt ich unglücklich seyn, so flieht nach Burgund!' (II. 9.) ist nicht viel zu entnehmen und sie sind noch

eines Maier und Nagel fast versinken unter der Ueberfülle des Beiwerks von Thatsachen, so möchte man Klinger, um seinem Fahrzeug den richtigen Tiefgang zu sichern, ein gut Theil historischen Ballastes wünschen. Die richtige Mitte zwischen diesen Extremen hat Goethe im 'Götz' inne gehalten, Törring in der 'Agnes', Babo im 'Otto von Wittelsbach'.

Es wird nunmehr die Aufgabe sein, die Abhängigkeit des 'Otto' vom 'Götz' im Einzelnen nachzuweisen; ich bemerke jedoch von vornherein, dass ich mich mit einer Auswahl einerseits des Charakteristischen, andrerseits des für das Folgende Wesentlichen begnügen werde.

Die Charaktere des 'Otto' enthalten in den wunderlichsten Mischungen Elemente aus Shakespeare und Götz; Otto z. B. ist — wenn die Rechnung erlaubt ist — etwa zur Hälfte Othello, zu einem Viertel Weislingen, zu drei Sechszehntel Götz, zu einem Sechszehntel Lerse. Karl ist, ausser Cordelia-Edgar, Götz, Adelheide ist Elisabeth, Gisella Maria und Adelheid, Gianetta ist, ausser Bianca, gleichfalls Adelheid; Bischof Adelbert ist der Bischof von Bamberg, Gebhard Georg, Hungen ist Götz, der junge Hungen Lerse.

Otto ist Weislingen, Karl Götz, Gisella Maria und Adelheid, Adelbert Bischof, Gebhard Georg, denn: Otto liebt Gisella, die Schwester seines Freundes Karl, wie Weislingen Maria, die Schwester seines Freundes Götz; er fällt von Karl ab, wie Weislingen von Götz, den er, wie dieser, innig liebte. 'Heiliger Gott', ruft Otto,

'was ist aus mir worden? Karl, so fest hieng meine Seele an dir, und da sie an dir hieng, lebte ich frey.' (III. 5.)

'Weislingen. Heiliger Gott, was will, will aus dem Allen werden? ... da Du ihn liebtest, an ihm hingst wie an Deiner Seele! ... Glückselige Zeiten, Ihr seid vorbei.' (I. 33.)

Gleich Weislingen geht Otto zur pfäffischen Partei, zu Konrad und Adelheid, über; diese fesselt ihn an sich, durch seine Liebe zu Gisella, wie der Bischof von Bamberg den

---

die verhältnissmässig bestimmteste Angabe. Anderes ist aus dem 'Götz' entlehnt; so hat z. B., auffallend genug, der wahnsinnige Gorg, gleich Olearius, in Bologna studirt. (IV. 5.)

Weislingen durch Adelheid. Von Otto heisst es: 'Er ist fest bey uns. Sie hat ihn mit Stricken befestigt, die er nicht zerreisst. (III. 2) . . . Er reisst sich nicht los' (IV. 2) und von Weislingen: '(ich) warf . . ihm ein Seil um den Hals, aus drei mächtigen Stricken, Weiber-, Fürstengunst und Schmeichelei gedreht, und so hab' ich ihn hergeschleppt. (II. 51) . . . Da reisst sich kein Weisling los. (II. 49) . . . Ihr habt sein Herz geangelt, und wenn er sich losreissen will, verblutet er. (II. 53)' Um Otto wieder zu gewinnen, wird Gebhard zu ihm geschickt, wie Georg nach Bamberg; Götz warnt ihn:

'Sei vorsichtig, Knabe! Mir wäre leid, wenn dir ein Unfall begegnen sollt'.

Georg. Lasst nur! Mich irrt's nicht.' (II. 52.)

'Karl. deine Treue ist mir bekannt. . . . Und eben desswegen möcht ich dich nicht weglassen, weil dir leicht was widriges wiederfahren könnte.

Gebhard. Nichts, nichts! ich will's darnach anfangen.' (IV. 3.)

Ferner: Otto ist Lerse, Adelheide Elisabeth, denn er ist in Karls Abwesenheit der Hüter der Adelheide, wie Lerse der Hüter der Elisabeth (o. S. 56 f.); er ist Götz vornehmlich in seinem Verhältniss zu Gebhard. Wie Georg ein verjugendlichter Götz, ist Gebhard ein verjugendlichter Otto, wie Georg dem Götz nacheifert, so ist Otto das Vorbild Gebhards; wenn Otto ihm zuruft: 'werd ein Mann, werd unter die wenige rechtschafne Kerls gezählt, die für Vaterland und Freunde heiss streiten.' (II. 61), hören wir eben so deutlich den Ton des Götz, als wenn Karl ihm sagt: 'deine Treue ist mir bekannt. Du hast dich bey mir gehalten als keiner.' (IV. 3.) Es spiegelt sich also nicht nur die Figur des Götz im Allgemeinen zweimal in Klingers Drama, in Karl und in Otto, sondern auch das ganz bestimmte Verhältniss: Götz zu Georg kehrt zweimal wieder, in dem Verhältniss Karl-Gebhard, Otto-Gebhard. Ein Stück vom Götz steckt auch in Hungen; seine Gattin sagt von ihm z. B.: 'Für alle zog er aus, und freudig, Was hat er nun davon, als Leiden und Schmerzen?' (III. 1). Dass Gebhard geradezu eine Copie des Georg ist, hat bereits Gervinus erkannt (IV[5]. 654);

ich beschränke mich darauf, nur ein Motiv noch herauszuheben:

'Georg Ich .. holte meines Vaters altes Schwert von der Wand, lief auf die Wiese und zog's aus.

Götz. Und hiebst um Dich herum? Da wird's den Hecken und Dornen gut gegangen sein.' (I. 22.)

'Gebhard. Davon sagte mein Vater .... ich will meinen Arm stärken. Meinen Arm! pfuy, der muss es seyn! (Haut Aeste ab.) das ging durch, flitsch, flatsch — und so — und so nein —' (II. 6)

Wie die Figur des Götz mehreren Personen des Dramas zu Grunde liegt, so auch die des Lerse und der Adelheid. Neben Otto ist auch der junge Hungen Lerse, neben Gisella auch Gianetta Adelheid. Franz Hungen bietet dem Karl seine Dienste an, wie Franz Lerse dem Götz; jener wird durch Gebhard eingeführt, dieser durch Georg:

'Gebhard. hier ist ein edler Bursch, kommt und will dienen.'

'Georg. Er will selbst mit Euch sprechen.'

'Karl. Sey willkommen, Hungen! euer Gesicht verdollmetschet einen edlen Mann, das Feuer eurer Augen ...' (IV. 3.)

'Götz. Ihr seid mir willkommen, doppelt willkommen, ein braver Mann und zu dieser Zeit ...

Georg. es ist ein stattlicher Mann mit schwarzen feurigen Augen.' (III. 67.)

Gianetta illustrirt, wie Adelheid, das üppige und sittenlose Leben am Hofe des Bischofs, im Gegensatz zu der patriarchalischen Einfachheit an Karls Hof; sie ist eine ausländische Maitresse an einem deutschen Hof und weist so auf Figuren wie Schillers Lady Milford hin.

Die Carricaturen der pfäffischen Partei sind gleichfalls durch den 'Götz' angeregt; in den späteren Ritterdramen, z. B. in Kotzebues 'Adelheid von Wulfingen' oder Hagemanns 'Ludwig der Springer', werden ähnliche Zerrbilder von Geistlichen, in überbietender Nachahmung des 'Götz' entworfen, wird ähnlich von Pfaffen und pfäffischem Wesen geredet, wie im 'Otto'. In den Ritterromanen wird dann besonders der heimtückische und lüsterne Burgpfaffe eine beliebte Figur.

Von verwandten Situationen und Motiven seien die folgenden angeführt: Karl wie Götz sind ihrem Gegner der Zahl nach nicht gewachsen, sie wissen trotzdem den Sieg an ihre Fahne zu fesseln, da der Feind als feige sich erweist. Der Hauptmann im 'Otto' berichtet:

'Scheinen stärker, wie wir. Aber, was thuts? Was ist der Schatten gegen den Mann? ... wärs **Haasenjagd!**' (II. 7.)
'**Sickingen**. Ihr werdet gegen die Menge wenig sein.
Götz. Ein Wolf ist einer ganzen Heerde Schafe zu viel. ... soll die **Hasenjagd** angehn.' (III. 66, 71.)[1]

Die Feigheit der Gegenpartei im 'Otto' zeigt besonders der Schluss des zweiten Aktes:

'**Bischofs und Herzogs Leute**. Lasst uns hier verstecken.
Gebhard. (? der Name fehlt.) Mäuse in den Löchern ... (haut ins Gebüsche.)
(Schreyen inwendig.) Gnade! Gnade! wir wollen keine Hand anlegen zur Wehr.'

Vgl. Götz III. 70:

'**Erster Knecht**. Ich klettere auf den Baum.
Zweiter Knecht. Ich steck' mich ins Rohr. ...
Götz. Halt, Kerl, oder Du bist des Todes!
Knecht. Schont meines Lebens!'[2]

Ein anderes Motiv desselben Auftritts kehrt in einer eigenthümlichen Umwandlung im 'Otto', II. 9, wieder. Es heisst da: 'Wald. Morast. **Herzog**. (zu Veit) Gieb dein Schwerdt!.. (Wills ihm nehmen. Veit glischt ab in Morast) .. **Wo bist du? wo bist du?** ... **keine Antwort, mein armer Junge?** .. **er ist gesunken, er ist todt**'; und im 'Götz': 'Wald an einem Morast.' Der erste Knecht ruft den zweiten, der sich in's Rohr gesteckt hat: 'Michel! **Er antwortet nicht!.. O weh! er ist versunken ... er ist erstickt**'.

In ähnlicher Umwandlung kehrt ein Motiv des 'Götz' 'Otto' V. 8 wieder. Veit stürzt herein mit den Worten:

---

[1] Vgl. '**Hainz Stain**': 'Dauerst mich, guter Bursche, dass dir diese Hasenjagd dein Leben gelten musste! und '**Klara von Hoheneichen**': 'Freue dich nicht zu sehr .. wir gehen nur Hasen jagen.'

[2] Vgl. '**Klara von Hoheneichen**': 'Sie fochten nicht! baten nur um ihr Leben!'

'Der Herzog stirbt ...
Otto. Was ist ihm?
Normann. Gift in der Abendsuppe, von mir. Oh!
Veit. Gott! (rennt weg.)'

Im 'Götz' sagt Franz zu Weislingen:

'Ihr müsst sterben.
Weislingen. Ich muss?
Franz. (ausser sich.) Gift! Gift! Von Euerm Weibe! — Ich! Ich! (Rennt davon.)' (V. 107.)

Otto tödtet darauf den Normann und wirft ihn 'zum Fenster naus in Rhein'; und von Franz berichtet Maria: 'Zum Saalfenster hinaus stürzt' er wüthend in den Main hinunter.' (Auch Dietrich von Weiler wird, von den Bauern, aus dem Fenster gestürzt. V. 95.)

Endlich hebe ich von entlehnten Wendungen zwei heraus, auch hier auf Vollständigkeit verzichtend:

'... Einsiedler. So seyd ihr Prinz Konrad. Dank euch, Heiligen, die ihr mich den Mann sehen liesst, der seinen Gott liebt; Dank euch!' (II. 1.)

'... Martin. So seid Ihr Götz von Berlichingen! Ich danke Dir, Gott, dass Du mich ihn hast sehen lassen, diesen Mann, den die Fürsten hassen.' (I. 26.)[1]

'Normann. Da, lest den erbaulichen Brief.' (IV. 2.)
'Götz. Da lest den erbaulichen Brief!' (III. 65.)

Der Sturm von Boxberg. Ein pfälzisches Nationalschauspiel von Jakob Maier. Mannheim 1778.

Wenn wir es im 'Otto' mit einem Gedicht zu thun hatten, welches die Technik Goethes nachahmt, aber nicht sein Streben nach historischem Colorit, so kommen wir nunmehr, in der Betrachtung des 'Sturm von Boxberg', zu

---

[1] Dieselbe Scene schwebt in den 'Räubern' vor, IV. 3. 141 f.: 'Martin. Lasst mir diese Hand, lasst mich sie küssen! Götz. Ihr sollt nicht! Martin. Lasst mich! ...' 'Daniel. lasst mich eure Hand küssen! Moor. Das sollst du nicht, guter Alter! Daniel. Eure Hand, eure Hand! ich bitt euch. Moor. Du sollst nicht. Daniel. Ich muss!'

einem Werke, welches umgekehrt Goethen in der zweiten Hinsicht folgt, aber nicht in der ersten. Gerade bei diesem Drama wird uns das Verdienst Törrings deutlich werden, welcher zu derselben Zeit, der erste nach Goethe, beides vereinigte, obendrein aber es verstand, wie Goethe, das Ritterstück zum historischen Drama im grossen Stil zu erheben, und ihm, hierin Goethe übertreffend, eine bedeutende Bühnenwirkung zu geben.

Maiers 'Sturm von Boxberg' beschäftigt sich, wie Törrings Dramen, mit einem 'vaterländischen' Stoffe; ob Törring das Stück gekannt hat und etwa dadurch angeregt wurde zur Conception des 'Kaspar', lässt sich nicht entscheiden.[1] Es lehnt sich, im Unterschied vom 'Otto', an ein geschichtliches Ereigniss, an ein bestimmtes Local an; in dem Bestreben, den historischen Ton zu treffen, geht es schon etwas zu weit, es wird unnöthig Archivstaub aufgewirbelt, einmal findet sich sogar eine gelehrte Anmerkung.[2]

In noch höherem Maasse ist dieses unnöthige Beiwerk in Maiers zweitem Drama, dem 'Fust von Stromberg' vorhanden, zu 127 Seiten Text gibt er 144 Seiten Anmerkungen; in der Vorrede erklärt er: 'Die Dramaturgie hat bisher bei der Komödie nur die Bildung der Sitten und das Vergnügen der Leser und Zuschauer zum Hauptzwecke gehabt. Ich habe einen Versuch gemacht, den Unterricht damit zu verbinden.'

Die Technik im 'Sturm' ist, wie schon angedeutet, noch ziemlich unfrei, es wird die Einheit der Zeit beobachtet, innerhalb der Akte findet kein Ortswechsel statt; es giebt keine Massenscenen, Kämpfe werden nicht dargestellt, sondern geschildert. Dass es nicht principielle Bedenken sind, die hier walten, sondern dass der Dichter es einfach nicht wagt, die neue Richtung einzuschlagen, erhellt aus einer Um-

---

[1] Der 'Sturm' erschien zuerst in den 'Rheinischen Beiträgen zur Gelehrsamkeit'. Mannheim 1778, 6. Heft (vom 1. März) dann separat Mannheim 1778 (nicht 1777 wie Goedeke sagt, Grundriss S. 1079). Den 'Kaspar' setze ich in dasselbe Jahr. (S. 23.)

[2] Blink sagt: 'sie hangen ihnen (den Pfaffen) eiserne Schlösser an' (II. 5), der Dichter liefert den Beleg: 'Trithem in Chron. Hirs. ad. ann. 1469. T. 2. p. 470'.

arbeitung, die Maier im Anfang der achtziger Jahre mit dem Stücke vornahm; die wesentlichsten Aenderungen sind hier durch die freier gewordene Technik hervorgerufen.

Der 'Sturm von Boxberg' hat drei Aufzüge, die auf Boxberg sich abspielen in einem 'alten Burgsaal' (I, III) und in einem 'alten Burgzimmer' (II.); in den beiden ersten Akten geht die Handlung sehr langsam vorwärts, erst der dritte bringt einige lebhafte Scenen.

Marie von Detten sollte von ihrem Bruder Wipprecht wider ihr Wollen in das Kloster Neuburg geleitet werden, um 'ihrer vätterlichen Erbe' willen, sie sollte Nonne werden, ob gleich sie den Luz Schotten liebt und von ihm wieder geliebt wird.[1] Auf dem Wege zum Kloster wird der Zug von den Boxbergern, an deren Spitze von Rosenberg und dessen Sohn stehen, überfallen, weil sie glauben, dass er für die 'spännigen Händel' ausgezogen sei, die sie mit den Pfälzern und Würzburgern haben; Wipprecht, Marie und Adelheid (y), ihr Mädchen, werden gefangen (p). Alles dies wird erzählt im ersten und zweiten Aufzuge von Marie und Adelheid; ein Gespräch dieser beiden eröffnet das Stück, nach Art der französischen Tragödie. Marie berichtet einen Traum, der die Handlung des Dramas ahnungsvoll umschreibt, (vgl. Sauer 'Brawe' S. 104 f.) sie stand am Absturze vom hohen Felsen, schaute hinab tief in Gruft und Tod, ein Gewappneter riss sie zurück. Der Gewappnete des Traumes, Rosenberg der Junge, tritt hinzu und bezeugt den Gefangenen seine Theilnahme; er bittet seinen Vater um ihre Freiheit, dieser aber weist ihn in harten Worten ab, als er erfährt, dass sie von der Partei der Pfalzgräflichen sind. Die Theilnahme des jungen Rosenberg wird dadurch zur schwärmerischen Liebe gesteigert; auch Marie neigt sich halb und halb dem Ritter zu, da sie ihren Bräutigam für todt hält (e); nur dass sie eine

---

[1] Es ist ein Motiv des bürgerlichen Trauerspiels, das hier anklingt; cf. Gotters 'Mariane', Sprickmanns Klosterscenen, 'Rose oder die Nonne wider ihren Willen' von Joh. Adam Weiss, München 1778, u. A. m.; auch 'Julius von Tarent'. Innerhalb des Ritterdramas kehrt das Motiv in 'Adelheit von Teck' wieder. (Kap. 6.)

Pfalzgräfliche ist, und Rosenberg mit ihnen in 'Kriegsspennen und Zwietracht' liegt, scheint ihr bedenklich (k).

Ein Reisiger bringt die Nachricht, dass 'Rotten fähnleinweis' heranziehen; der junge Rosenberg tritt den Feinden entgegen, der alte bleibt auf der Burg zurück. Wir erfahren, dass der Kampf unglücklich für die Boxberger verläuft, die Gegner lassen durch einen Trompeter zur Uebergabe auffordern, Rosenberg der Alte verlangt freien Abzug und droht, wenn man ihn nicht gewährt, die von Detten den Feinden **vom Felsen entgegen zu stürzen**. Schotten lässt, als er die Botschaft erhält, Sturm abblasen, aber ein Theil seines Zuges hat bereits das Thor gestürmt (d); Rosenberg will Ernst mit seiner Drohung machen, der Sohn vertheidigt Marie mit dem Schwerte gegen die andringenden Gewaffneten. In dem Augenblick, wo auch der Vater das Schwert zieht gegen den Sohn, dringen Schotten und seine Reisigen auf die Bühne. Er spricht dem jungen Rosenberg seinen Dank aus für die Beschützung seiner Braut, 'sein ritterliches Kampfstück bis zum Wunder gros'; dieser meint: 'Ich that nicht mehr, als ich ihr schuldig war. **Ich bin ein Ritter.**' Er verzichtet auf sein Anrecht an Marie, wenn er dafür die Freiheit seines Vaters erlangen kann. Schotten 'steht nachdenkend da' und hält eine längere Rede. Er gibt den Vater frei und nimmt als Sündenböcke Remingen und Kolben, zwei Burgmänner, von deren 'Raubereien und Schindereien' wir viel hören, aber nichts sehen, gefangen. Er preist die Gerechtigkeit seines gnädigen Herrn, des Pfalzgrafen, der für Räuber und Mörder einen eisernen Arm hat, für rechtschaffene Ritter aber Huld und Gnade; die Schlussworte lauten: 'wo werden unsere Söhne das pfälzische Panier zu des heiligen römischen Reichs und deutscher Zunge Ehre, Ruhm, gemeinem Nutzen, Sicherheit und Gerechtigkeit einst aufstecken!'

Bei der vorstehenden Analyse habe ich eine Person des Stückes, die einen ziemlich breiten Raum einnimmt, gar nicht zu nennen gehabt, weil sie ganz episodisch ist; es ist die Figur des Laienpriesters und Schulmeisters Martin Breidmann, der mit dem Ritter von Detten von den Boxbergern gefangen wird. Wiederum haben wir eine Verspottung pfäffischen Wesens im Anschluss an den 'Götz'; dieselben Laster sind es, gegen die hier wie dort polemisirt wird, Unsittlichkeit, Völlerei, Unwissenheit u. s. w. Als z. B. Breidmann erzählt, er sei der einzige im ganzen Kapitel, der schreiben könne, meint Rosenberg: 'Sie können doch alle Wein trinken'; in 'Götz' wird ähnlich der Abt, der nicht weiss, was explicite heisst, als das 'Weinfass von Fuld' verspottet; er verlangt, als die Hiobspost von Weislingens Gefangenschaft einläuft, ganz unbekümmert 'noch einen Schluck' (I. 40 f. vgl. 36 'die grossen Pokale werden aufgetragen' 40 'Sie trinken noch Eins').

Der Einfluss des 'Götz' auf Maiers 'Sturm' ist ein sehr grosser; von einem Einfluss Shakespeares ist nichts wahrzunehmen. Die Rosenberge sind, wie Götz, den Fürsten und Pfaffen feindlich, sie sind mit dem 'Bischoff von Wirzburg in einer ehrbaren Fehde begriffen' gelten aber der Gegenpartei als Räuber (I. 5 'Götz' II. 54. IV. 86. s. u. 104). Sie kämpfen zuerst erfolgreich gegen die Feinde und nehmen einen Führer gefangen, werden aber dann auf ihrer Burg eingeschlossen und zur Uebergabe gezwungen. Diese allgemeinen Analogien, denke ich, würden einleuchten, auch wenn nicht einzelne Situationen bis ins Kleinste nachgebildet wären. So vor allem die Scenen der Belagerung. Als die Einschliessung vollendet ist, wird im 'Götz' wie im 'Sturm' ein Trompeter abgeschickt; Götz sagt:

'ein Schurke, der uns die Frage vorlegen wird, ob wir Hundsfötter sein wollen.' (III. 78.)

'v. Rosenberg d. A. Der wird uns fragen sollen, ob wir dem Pfalzgrafen Odem und Luft verdanken wollen.'

Der Begleiter des Trompeter ist 'Wierich der Bube', eine verzerrende Nachahmung des 'Buben' (I. 22) Georg, die Georgs liebenswürdige Keckheit zur Unverschämtheit steigert (cf. Gebhard im 'Otto'). Als von Remingen den Wierich erblickt, ruft er aus:

'So höhnlich und verächtlich — — — nur einen schlechten Buben schicken sie uns.

Wierich. Was schlecht? Ich bin ein edler Pfälzer, wer ihr seid, möcht ich nicht werden' u. s. w. (III. 7.)

Vgl. 'Götz' II. 56 f.:

'Georg. ... mich, einen schlechten Reitersjungen. ... Er verwunderte sich, dass Ihr ihn durch einen Reitersjungen zur Rede setzen liesst. Das verdross mich. Ich sagte, es gäbe nur zweierlei Leut, Brave und Schurken, und ich diente Götzen von Berlichingen.'

Wierich fordert, wie der Trompeter im 'Götz', dass die Belagerten sich auf 'Gnade oder Ungnade ergeben' (III. 6 'Götz' III. 78) diese verlangen, hier wie dort, 'freien Abzug' (III. 4, 7; III. 79). Als Rosenberg d. A. gemeldet wird, dass ein starker Zug ihnen entgegenrücke, erwiedert er: 'Die Haufen machen's nicht aus, die Mannskraft im Haufen muss es thun.' (II. 4); und als Sickingen die Befürchtung ausspricht: 'Ihr werdet gegen die Menge wenig sein', meint Götz: 'Ein Wolf ist einer ganzen Heerde Schafe zu viel ... Es sind lauter Miethlinge.' (III. 66. s. o. 35). Den Kampfplan entwirft Rosenberg nur im Allgemeinen, denn er glaubt, dass man 'einem das nicht all so aufs Kerbholz schneiden' kann (II. 4), ganz im Sinne des Götz, welcher sich nicht nach den Vorschriften eines Zettels richten will und der Meinung ist, dass man die Augen selbst aufthun muss, und dass der beste Ritter nichts machen kann, wenn er nicht Herr von seinen Handlungen ist. (III. 66) Rosenberg klagt über die Schwächlichkeit des jungen Geschlechts; 'die Buben', meint er, 'bringen heut ihre Vätter um Burg, Glimpf und Ehre ... uns (fand man) mehr im Stalle, als bei der Kunkel.' (III. 3.) Im 'Götz' illustrirt die Figur des Karl diese Entartung der Jugend; als er mit der Tante in den Keller geht, sagt ein Reiter: 'Der wird nicht sein Vater, sonst ging' er mit in Stall!' (I. 30.)

Von kleineren Uebereinstimmungen verzeichne ich die folgenden:

'v. Detten. ein Komet, der Bothe Gottes von Fehde, und Pest, und Tod.' (I. 1.)

'Georg. Schon seit acht Tagen lässt sich ein fürchterlicher Komet sehen, und ganz Deutschland ist in Angst, es bedeute den Tod des Kaisers ..

Lerse Und hier in der Nähe giebt's noch schrecklichere Veränderungen. Die Bauern haben einen entsetzlichen Aufstand erregt. (IV. 94. cf. 96 f.)

'Martin Breidmann. Er (der junge Rosenberg) hat seinen heiligen Patron den Ritter sanct Georg tief im Gemüthe' (I. 6.)
'Martin. Georg! da hast Du einen tapfern Patron.
Georg. Sie sagen, er sei ein Reiter gewesen; das will ich auch sein.' (I. 27.)
'Wecker. die wilden, starren, rauhen Kerls.' (III. 12.)
'Götz. Die wilden Kerls, starr und treu!' (V. 104.)

Robert von Hohenecken. Ein Trauerspiel von Ludw. Phil. Hahn. Leipzig 1778.

Hahns 'Robert von Hohenecken' erschien in demselben Jahre wie Maiers 'Sturm'. Es sprechen manche Anzeichen dafür, dass Hahns Drama durch den 'Sturm' wenn nicht geradezu hervorgerufen, so doch zum mindesten stark beeinflusst sei; nur die Chronologie macht einige Schwierigkeit. Ganz unmöglich wäre eine Beeinflussung, wenn man Hahns Datirung der Vorrede, 'in der Mitte des Wintermonats 1777', Glauben schenken wollte; ich meine aber, dass man dazu nicht verpflichtet ist, da er in der selben Vorrede eine offenbare Unwahrheit ausspricht, wenn er behauptet, die 'Skizze' zu diesem Stück wie zu seinen beiden andern seit zehn Jahren im Kopfe getragen zu haben: ein Ritterdrama sechs Jahre vor dem 'Götz' wird einem Hahn wohl Niemand zutrauen. Die Annahme liegt nahe, dass Hahn durch seine Datirung dem Vorwurf des Plagiats vorbeugen wollte; Maiers Drama war zuerst im 6. Heft der 'Rheinischen Beiträge', vom 1. März 1778, gedruckt worden,[1] es ist sehr wahrscheinlich, dass Hahn es gleich nach dem Erscheinen kennen lernte, sehr möglich, dass er es sofort nachahmte. Der umgekehrte Fall ist auch aus inneren Gründen weniger wahrscheinlich; bei Maier ist die Beschäftigung mit dem Ritterstück eine viel principiellere als bei Hahn, er macht historische Studien, er lässt dem Sturm noch ein zweites Stück derselben Art folgen, während Hahn, ähnlich etwa wie Babo und Soden, in allen

---

[1] In welchem Monat der 'Robert' erschien, weiss ich nicht zu sagen. Die 'Frankfurter Gelehrten Anzeigen' recensiren das Stück am 17. Juli 1778, den 'Sturm' am 16. Juni. Der Catalog der Oster-Messe von 1778 bringt beide Stücke in dem Verzeichniss der 'fertig gewordenen Schriften'.

Manieren arbeitet und desshalb auch in dieses Gebiet, unter Andern einmal, einen Streifzug unternimmt.

Wie Maier hat auch Hahn einen unbedeutenden Vorfall, eine Localsage der pfälzischen Heimath, seinem Drama zu Grunde gelegt, er hat, wie jener, eine Liebesgeschichte hinzu erfunden, die bei ihm fast den ganzen Raum einnimmt, und die der Darstellung des Vorgängers bis ins Einzelne entspricht. Wie im 'Sturm' um Marie Luz Schotten und Rosenberg werben, so im Robert um Bertha (y) Adelbert (y) von Willstein und Robert von Hohenecken (e). Mariens Gunst besitzt Luz, Berthas Liebe Adelbert, aber doch so, dass gewisse Schwankungen nicht ausgeschlossen sind, doch so, dass unter andern Umständen, unter veränderten Verhältnissen auch Rosenberg und Robert die Zuneigung ihrer Damen hätten erwerben können. Wie im 'Sturm' durch einen Fräuleinraub Marie auf die Burg des minder begünstigten Liebhabers, auf die Burg des Rosenberg gelangt, so kommt im 'Robert' Bertha, durch gewaltsame Entführung, auf die Burg des 'Fräuleinräubers' (II. 7, IV. 5) Robert (p), und wie dort Mariens Bräutigam das Schloss des Räubers belagert, so hier der beglückte Liebhaber Adelbert (d); dort droht der Vater des Rosenberg dem Belagerer seine Braut 'vom höchsten Bollwerk entgegenzustürzen', hier will Robert Fräulein Bertha 'über die Schanze hinabstürzen, mit dem Schwert in der Brust, mit dem ersten und letzten Kuss' (IV. 5). Obgleich die Räuber so die Thatkraft der Feinde gelähmt glauben, gelingt es in beiden Stücken den Belagerern, die Burg zu erobern, ohne das Leben der Geliebten zu gefährden; in beiden versöhnen sich die Gegner unter grossem Aufwande von gegenseitigem Edelmuth, beide Dramen endigen mit der Aussicht auf baldige Hochzeit:

'Luz ziehet mit uns gegen Heidelberg, dort . . hört unsere ewige Gelübde.'

'Adelbert. unser Weg geht nach Willstein . . Dann wollen wir morgen den vergnügtesten Tag in unserm Leben — unsern Hochzeittag feyern.'

Eine zweite Bearbeitung des 'Sturm von Boxberg', welche 1785 erschien, scheint unter dem Einfluss von Hahns Drama zu stehen; die erste Scene spielt, wie der Anfang des 'Robert' (und des 'Götz') in einer Herberge (f), die letzten Auftritte, welche in der Fassung von 1778 im Zimmer spielten, sind zum Theil geändert, es erscheinen, ähnlich wie bei Hahn, 'auf der Schanze' die Boxberger und Marie, unten Luz Schotten. Man kann aus dieser Beeinflussung Argumente sowohl für als gegen das von mir angenommene Verhältniss der beiden Dramen gewinnen; das Erwünschteste wäre, wenn sich durch ein äusseres Datum ein sicherer Anhaltspunkt ergäbe.

Vergleicht man den 'Sturm' und den 'Robert' in Rücksicht auf das Thema, so wird man dem ersten Stück einen etwas höheren Werth zuschreiben; es handelt sich hier nicht lediglich um eine kahle Liebesgeschichte, es wird der Sieg der Ordnung dargestellt über räuberische Willkür; in Rücksicht auf poetischen Werth sind die Dramen einander vollkommen würdig. Die Technik ist bei Hahn freier als bei Maier, dagegen macht er wieder einen Rückschritt was Localton und historisches Colorit anlangt. Von Anachronismen ist das Drama voll; Schlick z. B. findet, dass Klimpern zum Handwerk gehört (IV. 2) u. A. m.[1] An einigen Stellen ist die Satire auf Zustände der Gegenwart unverkennbar; so wenn Schmalenberger, ein Tripstadter Bauer, von den Streitigkeiten erzählt, in welche er wegen unberechtigten Jagens und Fischens mit dem Ritter von Hohenecken gerathen ist:

'Ich will sagen, ich oder mein Weib hätten einmal Lust nach einem Rehzimmer; ich gieng in seinen Wald und holte mir den Braten: Er käm darzu, und wollt mich drum todtschlagen. Ey davor bedankt ich mich schön.' (III. 107.)

Verhältnisse der Gegenwart in die Schilderung der Vergangenheit hineinzutragen, hatte schon den Anfängen des Ritterdramas nicht ferngelegen; Goethe brachte den Assessor Papius als 'Sapupi' in den 'Götz' (II. 60 f.), Törring dann strebte danach, 'die jezige seyn sollende Stimmung der Nation' in seinen Dramen zum Ausdruck zu bringen. Ob wir seit-

---

[1] Vgl. auch R. M. Werners 'L. P. Hahn'. Quellen und Forschungen 22, S. 58; ebenda findet sich eine ausführliche Analyse und eine Besprechung des 'Robert', S. 58 ff. 116 ff.

her grosse Fortschritte gemacht haben in der historischen Objectivität?

Der unmittelbare Einfluss des 'Götz' auf den 'Robert' ist nicht so gross, wie bei Klinger oder Maier; doch lässt sich immerhin einiges anführen. Die Exposition copirt den Anfang des 'Götz' (vgl. Werner 'Hahn' S. 58); ein Ziegler, ein Knecht Adelberts und ein Müller, der zugleich Schankwirth ist, besprechen in der Mühle oder Herberge (f) die Gefangennehmung des Schlick durch Adelbert. Die erste Scene zwischen Götz und Weislingen schwebt vor 'Robert' I. 5 (ebenso im 'Fust von Stromberg' s. Kap. 6.); Adelbert sucht, wie Götz, die alte Freundschaft wiederherzustellen (vgl. Werner 61):

'Adelbert. Du — an meinem Tische — mein Herzensfreund, meynt ich, bist mir feind? .. Lass uns doch Freunde seyn, und gute Nachbarn! ... seitdem unsere Händel vertragen und geschlichtet sind' ...

'Götz. Ich hoffte, Adelbert wird künftig meine rechte Hand sein. Und nun ... da unsere Händel vertragen sind, ich an nichts Böses denke. ... Ist nicht Alles zwischen uns geschlichtet?' (I. 34 f.)

Im 'Robert' wie im 'Götz' sind die Anstalten der Belagerer nicht planvoll und zusammenhängend genug, so dass sie trotz der Ueberzahl ('zwanzig gegen zehen', 'Robert' V. 1) im Anfang unglücklich sind. Schmalenberger und der Hauptmann sprechen dies aus:

'Schmalenberger. Er .. schiesst dir einen nach dem andern von uns übern Haufen. .. Da sind dir keine Anstalten — keine Ueberlegung — keine Mannszucht. Einer packt da, der andere dort an.' (V. 1.)

'Hauptmann. Dabei kommt nichts heraus, Ihr Herrn. Er schlägt uns einen Haufen nach dem andern. ... Wir müssen einmal für allemal ihm zu Leib gehen und das mit Ernst.' (III. 71.)

Im 'Robert' ruft Jakob dem Fuchs zu:

'Gefangen, gefangen!
Fuchs. (zum Jakob.) Gefangen. (Zum Adelbert.) Gott grüss euch, gestrenger Herr!' (III. 10.);

im 'Götz' kommt ein Reiter auf die Bühne mit den Worten:

'Wir haben gejagt! Wir haben gefangen! Gott grüss Euch, edle Frauen!' (I. 29.)

Vgl. auch 'Otto' II. 7; der Hauptmann kommt mit dem Ruf: 'Das war gejagt.' — Kerker, Köhler Kap. 7.

Johann von Schwaben. Ein Schauspiel von A. G. Meissner. Leipzig 1780.

Meissners 'Johann von Schwaben' steht weniger in der Tradition des Ritterstücks, als die bisher betrachteten Werke; es verdient aber dennoch um des verhältnissmässig frühen Jahres seines Erscheinens und um seiner grossen Beliebtheit willen unsere Aufmerksamkeit. 'Johann von Schwaben' wurde auf den meisten Bühnen mit Beifall aufgenommen, obgleich der Autor, der Vorrede zufolge, an den Zuschauer nicht gedacht hatte und nur 'dialogirte Geschichte oder dialogirten Halbroman' hatte schreiben wollen (vgl. 'Geschichte Gottfrieds von Berlichingen dramatisirt')[1]; wenn unter den Ritterdramen 'Agnes Bernauerin' und 'Otto von Wittelsbach' Zugstücke waren, so waren 'Johann von Schwaben' und etwa Sodens 'Ignez de Castro' beliebte Repertoirstücke.

Die Technik des Dramas ist äusserlich ziemlich frei gehandhabt, jeder Akt hat etwa fünf Scenen, die Einheit der Zeit ist nicht gewahrt; innerlich jedoch ist es noch der alte Stil, die meisten Auftritte spielen im Palast des Königs sich ab, im Zimmer, die erste Scene giebt ein Gespräch des Helden und seines Vertrauten, es giebt Intrigen und wieder Intrigen, aber keine Massenscenen. Man sage nicht, dass das Thema es so gefordert habe; denn einmal stand die Wahl des Themas doch bei dem Dichter, und dann hätten sich auch hier recht gut ein paar grosse Scenen anbringen lassen. Es ist z. B., wie in allen Ritterstücken, im 'Johann' so oft die Rede von Turnier, von Ritterpflicht u. A. m., es wird erzählt (II. 8.), dass Albert seinem Neffen einen Verweis gegeben habe, weil er dreimal Eleonoren, der Feindin des Königs, den erkämpften Turnierpreis geweiht habe; wie nahe lag es da, das Turnier auf die Scene zu bringen, hier Oheim und Neffe aneinander gerathen, und etwa die Liebe des Volkes zu Johann, von der ebenfalls gesprochen wird (I. 7.), in die Action eingreifen zu lassen; hatte doch zur selben Zeit Törring, in der 'Agnes', dies so glücklich verstanden,

---

[1] An vielen Orten spielte man allerdings Umarbeitungen, so in Dresden (Prölss a. a. O. 309), in Berlin (von Plümicke, Teichmann a. a. O. S. 359).

dass Anton von Klein erklären konnte: 'Ich kenne nichts auf der deutschen Schaubühne, das mit dieser Scene in Ansehung der Wirkung kann verglichen werden.' (Rheinische Beiträge IV. 1. S. 343.) Solche Umstände wollen im Auge behalten sein, wenn das Verdienst Törrings vollkommen gewürdigt werden soll.

Der Held des Dramas, 'Johann von Schwaben', verdient den Namen eines Helden eben nur in diesem Sinne, 'ich schwanke wie ein Rohr', bekennt er mit einem geschmackvollen Vergleiche; die eigentliche Führung der Handlung liegt bei Eleonore von Hennegau, die der Dichter selbst als 'Virago' bezeichnet. Ihr Vater ist durch Albert vergiftet worden; der Rache an ihm lebt sie einzig. Sie wird Johanns Gattin (k), um durch ihn den König am empfindlichsten zu treffen; sie spricht den Gedanken des Mordes zuerst aus und wirbt zum Bunde gegen den 'Tyrannen'. In seinem Garten fällt er unter den Streichen der Verschworenen; die letzte Scene zeigt Johann und Eleonore im 'düstern Wald', vor einer 'elenden Hütte, in den dürftigsten Kleidern'. Eleonorens Muth aber ist ungebrochen; der Gedanke ihres Lebens ist erfüllt, ihr Vater gerächt.

Die grossen Motive des Ritterdramas finden sich, wie erwähnt, im 'Johann' nicht sehr stark; im Einzelnen ist manches zu verzeichnen. Die allgemeinen Vorstellungen über ritterliches Wesen sind dieselben, wie im 'Götz'. Der Ritter von der Wart war in einer 'rechtmässigen Fehde' (S. 97.) mit einem Grafen begriffen, den er erschlagen hat; er wird von Albert als 'Räuber' bezeichnet (S. 97.) und in die 'Reichs-Acht' erklärt, damit 'endlich einmal diesen ewigen kleinen Kriegen mit Ernst gesteuert wird' (I. 5 und 6, cf. 'Götz' III. 63). Der Gegensatz von Miethlingen und freien Männern, den Götz, III. 66, gemacht hatte, kehrt, wie an anderen Orten, auch hier bis zum Ueberdruss wieder (II. 7, II. 10, IV. 3, IV. 10, V. 3). In Eleonore steckt ein Stück, aber nur ein Stück, von Adelheid; zuweilen argumentirt sie wie diese:

'Adelheid. Eh ich euch kannte ... (liess) ich mich überreden.., zu wünschen: Möchtest du doch .. den Phönix Weislingen zu Gesicht kriegen! ..

Weislingen. Und der Phönix präsentirte sich als ein ordinärer Haushahn.' (II. 58.)

'Eleonore. ... das .. Männergeschlecht ist .. wie der Regenbogen; schönfarbigt von weitem, in der Nähe nichts als eine trübe Regenwolke ... sein (des Mannes) grösstes Verdienst ist, ein Spielzeug in unseren Händen abzugeben, das wir aber leider! dann nicht allzeit wieder wegwerfen dürfen, wenn wir es wegzuwerfen Lust haben.' (IV. 6.)

. Johann sucht auf der Flucht Schutz bei dem Bischof von Basel, der ihn zu dem Morde ermuthigt hat, nach der That aber seinen Staat ihm verschliesst; der Bischof erscheint als herrschsüchtig, ehrgeizig, frivol, alles Züge, die im 'Götz' vorgebildet waren. Dass dieser dem Dichter selbst im Einzelnen vorschwebte, können die folgenden zwei Beispiele zeigen:

'Bischof von Basel. ... (Man hört ein Geräusch im Hofe, der Bischof eilt ans Fenster.) Was ist das für ein Reuter, der so hastig zum Thor herein sprengt? Sieh mal zu!' (V. 9.)

'Bischof von Bamberg. ... (Die Bedienten laufen an's Fenster.) Was giebts?

Ein Bedienter. Eben reit Färber .. zum Schlossthor herein.

Bischof. Seht, was er bringt!' (I. 40.)

'Königlicher Garten. Mecheln. Dies also, sagt man, sey der Ort, wo König Albert täglich und ganz allein spatzieren gehe?... Ha, da kömmt er.' (V. 2.)

'Ein Garten. Kaufmann. Hier wollen wir stehn; denn da muss der Kaiser vorbei. Er kommt eben den langen Gang herauf.' (III. 62.)

Wir konnten schon oben beobachten, dass Motive des bürgerlichen Trauerspiels, dass Satire auf Zustände der Gegenwart in das Ritterstück hineingetragen wird; das Gleiche lässt sich auch hier bemerken. Besonders das Emilia-Galotti-Motiv hat sich Meissner, wie Klinger, Törring, Spiess (Kap. 6.) zu Nutze gemacht. König Albert, 'der greise Wollüstling', liebte Helenen, die Braut Palms; sie wurde gewaltsam entführt und unterlag dem König, da ihre Arme nicht stärker waren, 'als Stricke und Bande'. Die Nachfolgerin Helenens in des Königs Gunst ist Mathilde, welche aus den 'Armen eines edlen Bräutigams' in Alberts Arme floh; man prophezeit ihr, dass sie mit eignen Augen da eine beglückte Nebenbuhlerin sehen werde, wo ehemals sie glänzte und wo nun jeder mit grausamen Mitleiden sie verspotten werde. (cf. Orsina.) Bei der Schilderung der Hofleute schweben deutlich Zustände der Gegenwart vor; die Vorstellung, die der Dichter von dem Herrscher hat, ist ungefähr die der Göttinger Tyrannenhasser. Palm ruft: 'wann fehlt es einem Höfling jetziger neuern Zeit an Entschuldigungen zu irgend einer Bosheit' (III. 4) und Eldad: 'Warum muss ich auch . . Partey ergreifen . .? Vergess im sechzigsten Jahre den Hofmann? Sass so lang zwischen zwey Stühlen; und sass gut' u. s. w. (I. 9). Eleonore wünscht, obgleich eigentlich keiner der Verschwörer von politischen Motiven geleitet ist -- einem der Führer, Palm, wird ausdrücklich bezeugt, dass er kein Brutus sei (II. 10) — Eleonore wünscht, dass Teutschland ihren Ruf zum Aufstande hören möge, man werde dann ihren Namen 'zuerst unter den Namen der Helden und der Tyrannen-Hasser nennen' (IV. 4); Eldad aber meint, dem Vólk könne es gleich sein, ob der, der sie drückt und auszieht, Johann oder Albert heisse. (I. 9).

Schwur, Unwetter, Kinder, Köhler, Namen Kap. 7.[1]

La guerre d'Alsace pendant le grand schisme d'occident terminée par la mort du vaillant comte Hugues surnommé le Soldat de Saint Pierre. Drame historique. Von L. F. E. Ramond de Carbonnières. Basel 1780.[2]

Ueber Ramond handelt Erich Schmidt, H. L. Wagner[2] 118 ff., er weist die Einflüsse des 'Götz', des 'Otto' und Shakespeares nach, S. 120. Beobachtung von Vorgängen hinter der Scene, Geister, unterirdischer Gang, Kerker, Belagerung, Unwetter, Namen Kap. 7.

---

[1] Auf eine Uebereinstimmung zwischen 'Johann von Schwaben' und Schillers 'Tell' werde ich an einem andern Ort zurückkommen.

[2] Das Original ist mir nicht zugänglich, ich benutze die Uebersetzung: 'Hugo der Siebente. Regensburg. 1781.'

FÜNFTES KAPITEL.

BAIERISCHE PATRIOTEN.

Es ist leicht erkannt, dass die bairischen National-
schauspiele eine Gruppe für sich bilden. Sie behandeln
sämmtlich bairisch-vaterländische Stoffe, sie erscheinen sämmtlich in München, in den ersten achtziger Jahren, sieben von
acht bei Joh. Bapt. Strobl, dem Verleger von Törrings Agnes.
Chronologisch folgen sie so aufeinander: 1780: Ludwig der
Bajer, in Commission bei Jos. Aloys von Crätz. 1782: Otto
von Wittelsbach, Hainz von Stain, Ludwig der Strenge, der
Bürgeraufruhr in Landshut, Ludmillen zu Bogens Brauttag.
1783: Die Schweden in Baiern. 1784: Camma. Die starke
Neigung zu dem geschichtlichen Drama, die uns hier entgegentritt, scheint einer Richtung der Baiern — und der
Pfälzer — auf das Historische zu entspringen, die schon im
zwölften Jahrhundert und besonders im sechzehnten, durch
Aventin, sich litterarisch bethätigt hat.

Törrings Dichtung, wenn ich sie kurz charakterisiren soll,
setzt sich aus zwei Momenten zusammen; das eine, das Ritterliche, ist ihn durch Goethe überkommen, das andere, das Staatliche, bringt sie hinzu. In verschiedenen Graden nun mischen
sich diese zwei Momente in den bairischen Dramen; das
erste überwiegt in 'Hainz von Stain', das zweite in allen
andern Stücken, mit Ausnahme des 'Otto von Wittelsbach', in
welchem beide ungefähr gleichmässig wirken.

Ludwig der Vierte, genannt der Bajer. Ein Nationalschauspiel von J. N. Lengenfelder. München 1780.

'Ludwig der Bajer' ist eine höchst langweilige Staatsaction, welche den Sieg der Baiern über Friedrich den Schönen und die Eheschliessung von Ludwigs Sohn mit Margaretha Maultasch behandelt; Margaretha selbst kommt in dem Drama nicht vor, das überhaupt nur eine einzige, ganz episodische Frauenrolle enthält, die einer Wirthin. Die Handlung geht 'in einem Zeitraum von zween Tagen' vor sich; häufiger Ortswechsel ist schon durch das Thema geboten. Sehr characteristisch für die ganze Gattung ist, dass im Personenverzeichniss zwischen 'Inländern' und 'Ausländern' unterschieden wird, zwischen Bajuvaren und Barbaren gleichsam; die baierische Biederkeit, Tapferkeit, Treue wird oft und oft verherrlicht, 'jeder Bajer', heisst es, 'dient seinem Herrn weit lieber um ein hölzenes paar Kruken, als einem Ausländer um goldne Berge'. (II. 3.)

Fremde Motive finden sich wenig in dem Stücke, ein paar mal fühlt man sich an den 'Götz' erinnert, ein paar mal an den 'Kaspar'. Dass Lengenfelder diesen, wie andere Münchener, bald nach der Entstehung kennen lernte, lässt sich vermuthen, nicht beweisen;[1] es sind einige Namen des 'Kaspar', die uns entgegentreten, es finden sich Uebereinstimmungen in der Technik. In 'Ludwig', IV. 2, fällt ein Pienzenauer in der Schlacht bei Mülldorf, wie im 'Kaspar', IV. 6, vor Thorring; Preysinger, im 'Kaspar' der Schwiegervater des Thorringer, der den Heldentod fürs Vaterland stirbt, ist im 'Ludwig' einer der am meisten verherrlichten. Wie in der Schlachtscene des 'Kaspar' werden auch in denen des

---

[1] Wir wissen aus dem Briefwechsel Törrings mit Dalberg, dass er das Stück Münchener Freunden bekannt machte, dass Abschriften circulirten u. s. w. Ich nehme daher keinen Anstand, überall, wo es nöthig scheint, den Einflüssen des 'Kaspar' nachzugehen, obgleich das Original später erschien als die Nachahmungen. Von persönlichen Beziehungen der bairischen Dramatiker zu Törring weiss ich nur in einem Falle; Babo, der Verfasser des 'Otto von Wittelsbach', hat ihn gekannt, einer seiner unterthänigen Briefe an Törring wird im Familien-Archiv bewahrt.

'Ludwig' zuweilen nur Handlungen dargestellt; IV. 2. heisst es z. B.:

'Ludwigs Pferd wird niedergestochen, er ficht eine Weile zu Fuss. Preisinger hebt einen jungen Hohenlohe aus dem Sattel und Ludwig schwingt sich auf dessen Pferd ... Ragozi verliert seinen Helm, springt vom Pferd, und bittet um Gnade.' u. s. w.

und III. 1: 'Man sieht .. die Kaiserlichen .. das Lager aufbrechen .. Pferde wiehern, Feuer prasselt, die Kriegsknechte jauchzen, blutig Ungestüm während die Trommeln bald da, bald dort geriert werden.'

Vgl. etwa 'Kaspar' IV. 6:

'Nach einer Weile sieht man Kasparn seine Frau .. befreien. Ebran verwundet ihn von hinten. ... Pinzenauer und Maxelrainer fallen ... Man hört Jammern der Bauern, Wiehern einiger brennenden Rosse. ... Siegstrompeten, Waffengetümmel, scheusliches Gewirre.'

Schwur, Beobachtung von Vorgängen hinter der Scene, Herberge Kap. 7.

Otto von Wittelsbach, Pfalzgraf in Bayern. Von F. M. Babo. München 1782.[1]

Babos Drama darf als das bekannteste aller Ritterstücke bezeichnet werden; es hat sich bis in die neueste Zeit auf der Bühne erhalten.[2]

Otto, Pfalzgraf in Bayern, hat dem Kaiser Philipp die Krone erkämpfen helfen; die Hand der ältesten Tochter ist ihm zugesagt, aber hinter seinem Rücken wird sie dem Böhmenherzog Ottokar verlobt, die jüngere Tochter dem Herzog von Braunschweig; Otto soll nun um des Polenbeherrschers schöne Tochter freien, an dessen Hof ihn der Kaiser mit den wärmsten Empfehlungen senden will. Durch Artenberg, seinen Günstling, bewogen, warnt er in dem Briefe, den er Otto mitgiebt, den Polenfürsten vor dem Wittelsbacher als einem allzu stolzen und zur Zwietracht ge-

---

[1] Nicht 1781, wie Goedeke angiebt, S. 1053.

[2] 1861 wurde das Stück noch in Weimar gespielt, wie mir Herr Dr. Reinhold Köhler gütigst mittheilt; mein Freund Gustav Leffmann sah, gleichfalls in den sechziger Jahren, eine Aufführung zu Aachen, u. s. w.

neigten Manne; das Siegel des Briefes schmilzt, als der Pfalzgraf bei einem alten Freunde, Friedrich von Reuss, eingekehrt ist, dieser liest ihm, da er an des 'Kaisers Wohlmeinen zweifelt', den Uriasbrief vor und erweckt dadurch seine äusserste Wuth, das heftigste Verlangen nach Rache. Friedrich will ihn bestimmen zu den Feinden des Kaisers überzugehen; er lehnt es mit Entschiedenheit ab: 'du verkennst den Bayern Otto. Soll meine Rache die schlafende Zwietracht wieder aufwecken, und das Reich mit neuen Drangsalen heimsuchen? Das Reich hat mich nicht beleidigt, sondern Philipp.' Hier spüren wir bereits den Einfluss Törrings; Klingers Otto hätte so handeln können, wie Friedrich es verlangt, dem Helden Babos aber verbietet sein Staatsgefühl, der Verlockung zu folgen. Otto lässt sich eine Rüstung geben, er erscheint mit verkapptem Visier bei dem Turnier, das der Kaiser in Bamberg veranstaltet und erringt den 'ersten Dank'; auf des Kaisers Wunsch öffnet er das Visier, Philipp sucht vergeblich sich zu fassen, 'springt auf und geht nach dem Thor. Alle stehen in Verwirrung'. 'Otto. Ho! lauf, lauf, du majestätisches Ungeheuer! Könntest du dich mit deiner Majestät in eine Haselnuss verstecken, so wollte ich dich doch finden!' Die folgende Scene spielt in des Kaisers Gemach; Philipp und sein Truchsess sitzen am Schachbrett, Otto dringt herein und hält in ergreifenden Worten dem falschen Freunde seinen Verrath vor. Der Kaiser sucht seine Würde zu wahren:

'Schweig, Rasender! ... Das letzte Wort meiner Huld zu dir ist: Fliehe! nun nimm es mit meinem Zorn auf, Ausgearteter deines Stammes! (geht .. in ein Nebengemach.)

Otto. (schlägt sich wüthend auf die Brust.) Herzog Philipp! — Was wollen die Hunde mit ihrem Gebell? (er fährt mit dem Schwert um sich, und stürzt in die Nebenthür.)'

Blass, zitternd, mit blutigem Schwerte kehrt er zurück: er hat den Kaiser gemordet.

Zu Wittelsbach ereilt ihn die Nachricht, dass die Acht gegen ihn gesprochen ist; er will sie widerstandslos über sich ergehen lassen, als er erfährt, dass auch seine Brüder als Mitschuldige seines Verbrechens verdammt sind. Jetzt erst beschliesst er, sich gegen die heranrückenden Vollstrecker der Acht, die Artenberg unter der Führerschaft des Heinrich von Kallheim abgesandt hat, zu vertheidigen; aber als Friedrich von Reuss sein Wort zum Pfand setzt, dass die Acht der Brüder gelöst werden soll und als der Pfalzgraf vernimmt, dass des sterbenden Kaisers letzte Worte Verzeihung für ihn gewesen seien und Segen, entlässt er seine Getreuen und zieht, nur von seinen Kindern und einem Diener begleitet, aus dem Haus seiner Väter. Noch einmal kehrt der Heimatlose nach Wittelsbach zurück, aber das Schloss liegt in Trümmern, die Hallen stehen leer. Er grüsst die Burg zum letzten Male, ehe er die Wallfahrt antritt nach Jerusalem; auf dem Zuge dahin, auf bairischem Boden noch, ereilt ihn die Vergeltung: hinterrücks durchbohrt ihn Heinrich von Kallheim mit dem Schwerte.

Babos Drama ist mit ausserordentlicher Bühnenkenntniss gearbeitet, es enthält eine ganze Reihe von effectvollen Scenen, in der Rolle des Titelhelden hat der Dichter eine der dankbarsten und beliebtesten geschaffen, die die Literatur seiner Zeit aufzuweisen hat, kurz in allem Theatralischen kann sich 'Otto von Wittelsbach' sehr wohl mit Törrings Stücken messen. Nicht so in Rücksicht auf den ethischen Gehalt. So bestimmt wie möglich, und als ob er geahnt hätte, was die Dichtung der Folgezeit bringen würde, hatte Törring im 'Kaspar' es ausgesprochen, dass nicht in Meuchelmord und Rebellion das Heil liege, dass in ehrlichem Kriege der Tyrann bekämpft werden müsse; die bürgerlichen Empörer im 'Kaspar' gehen ohne Nutzen für ihr Volk unter, Kaspar erst erringt im blutigen Kampfe die Freiheit. Im Gegensatz dazu verherrlicht Meissner im 'Johann von Schwaben' die Empörung aus Eigennutz (S. 106.), verherrlicht Babo den Meuchelmord, die Rache des einzelnen Mannes; mit glänzenden Sophismen täuscht er über das Verbrechen hinweg. 'Gott schuf ihn', sagt Friedrich von Reuss von dem Pfalzgrafen, 'mit feurigem Blut und grosser Seele, dadurch ward er Held und — Verbrecher!'; und der Dichter selbst nennt ihn in der Vorrede einen 'grossen Mann, der durch seine eigne Grösse fiel'. Es ist die Anschauung von dem edeln Verbrecher, die uns hier von Neuem entgegentritt (S. 86) und deren Tradition hier nicht weiter verfolgt werden kann;[1] mit wieviel Glück Babo für seinen Helden plaidirte, kann u. A. folgende Stelle aus der Besprechung des 'Otto von Wittelsbach' in Fr. Gottl. Zimmermanns 'Dramaturgie' (ed. von Georg Lotz. Hamburg 1840. Bd. I. S. 82) aus dem Jahre 1818 beweisen: 'wer in solcher Kraft der Seele lebt, in so klarem, festen Bewusstseyn eigener Rechtlichkeit .. der darf auch — Kaisermörder werden, wie Otto es ward, ob schon geächtet von Fürsten und Reich, doch geachtet und geehrt von der richtenden Nachwelt und — gerechtfertigt dort oben! — Wir haben dieses Stück nie anders, als mit ernsten und frommen Gedanken mit ansehen können.'

Trotz der eben nachgewiesenen Verschiedenheit Babos von Törring ist seine Beeinflussung durch den Vorgänger unverkennbar. Babos 'Otto von Wittelsbach' ist sein erstes (und einziges) Ritterdrama, es ist gedichtet, nachdem die 'Agnes Bernauerinn' erschienen war, und nachdem der Autor auch, wie zu vermuthen, den 'Kaspar' hatte kennen lernen; 1779 (nicht 1787, wie Goedeke angiebt) hatte er, in seinem 'Dagobert der Franken König' ein Thema aus der deutschen Geschichte noch ganz in der Weise der französischen Technik behandelt, so dass man mit aller Bestimmtheit sagen kann, dass er nicht durch den 'Götz' allein zur Conception seines Dramas angeregt wurde. Die Verherrlichung des bairischen Biedersinns hat bei ihm, im Anschluss an Törring, schon einen lästig hohen Grad erreicht; besonders beliebt ist das 'offene Bayerherz'. Daneben macht sich Teutschthümelei bemerkbar. 'Die Wahrheit', ruft Otto,

'erbebt vor dem kaiserlichen Ansehen nicht, und — auch ich nicht. Ihr werdet mir diess, als einem Bayern, zu gut halten; es liegt

---

[1] Nur zwei Beispiele aus der späteren Zeit mögen herausgehoben werden; Spiess, in seinen 'Reisen durch die Höhlen des Unglücks und Gemächer des Jammers', meint, dass 'ein geringes, von ihm und tausend Andern schon oft verübtes Verbrechen, wenn Zufall und Umstände sich mit ihm vereinigen, den redlichsten Mann zum Räuber, das gefühlvollste Herz zum Mörder' machen könne; und Kleist, wie bekannt, sagt von Michael Kohlhaas: 'die Welt würde sein Andenken haben segnen müssen, wenn er in einer Tugend nicht ausgeschweift hätte. Das Rechtsgefühl aber machte ihn zum Räuber und Mörder.'

schon in unsrer Natur. Unsrer Denkart nach gehört die Zunge dem Herzen.' (II.)

'Kunegunde. .. ist es nicht bedauernswürdig, dass ich mein Vaterland verlassen muss, um mit einem Fremdling zu leben..? Warum vergönnt man nicht einem teutschen Mädchen, eines teutschen Mannes zu seyn!' (II.)

An einigen Stellen wird, ganz in der Weise Törrings, das Vaterland über Haus und Familie gestellt; 'das letzte Lebewohl an meine Kinder', sagt Otto (V.) 'thut dem Vaterherzen nicht so wehe, als diese Trennung vom Vaterland dem Bayerherzen'. Grade darin, dass diese Anschauungen im 'Otto von Wittelsbach' nur gelegentlich zum Ausdruck gelangen, dass sie nicht, wie bei Törring, bestimmend auf den Gang der Handlung wirken, zeigt sich die Abhängigkeit Babos. Aber noch andere Einzelheiten sprechen dafür. Für die Characterzeichnung des 'Otto von Wittelsbach' ist in manchen Stücken Kaspar der Thorringer das Modell gewesen; beide sind allgewaltige Helden ohne Gleichen, das bewunderte Vorbild jedes echten Ritters, beide haben von Jugend auf für das Recht gestritten. Kaspar nennt sich einen alten Ritter, 'der 34 Fehden ausgehalten hat' (I. 2.), Otto ist 'seit seinem achtzehnten Jahre an das wandernde, unstäte Leben gewöhnt'. (II.) Vor Hof und Höflingen haben beide Helden wenig Achtung; wie für Kaspar, so ist auch für Otto 'Höfling' und 'Schurke' ungefähr gleichbedeutend ('Kaspar' III. 6. 'Otto' I.). Auch andere Personen des Stückes denken wie Kaspar; Friedrich von Reuss z. B. sagt: 'Ein teutscher Ritter lässt sich auch von einem Kaiser nicht verächtlich anblicken, denn er ist Kaiser, weil wir wollen, dass er unser Kaiser seyn soll.' (III.) Aehnlich hatte Kaspar dem Herzog zugerufen: 'Denkt .. daran, dass Ihr ein Wittelsbacher seid, eines Ritters Sohn, wie wir; der .. nicht als .. der Mächtigste, sondern als der Beste unser Herzog geworden ist.' (V. 11.) In der letzten Scene des 'Kaspar' erscheint Kaspar auf Thorrings Ruinen, in der vorletzten Scene des 'Otto' der Pfalzgraf auf den Ruinen von Wittelsbach; in den Schlussworten des 'Otto' schwebt das Ende der 'Agnes Bernauerinn' vor:

'Heinrich von Andechs. (ihr) sollt alle Zeugen seyn, wie Ludwig sich versöhnen wird mit dem Leichnam... Das Reich wird ihn wieder aufnehmen in die Zahl seiner Fürsten, das teutsche Volk in die Zahl seiner Edeln!

Eckbert. Und Bayern wird sagen: Er war mein!

Wolf. Und wird dankbarlich seiner gedenken, denn er liebte es mehr als sein Blut, und sein letztes Wort war: Bayern!

(Heinrich von Kallheim wirft sich reuvoll bey dem Leichnam nieder. Alle erstaunen.)'[1]

Vgl. in der Bernauerinn:

'Ernst. Priester will ich stiften .. die .. mich aussöhnen mit der Seele der Verbleichten. . .

Gundelfingen. Und nennt sie Frau in der Urkunde ..

Sandizeller. Und Meistersänger sollen ihr ein Lied singen.

Albrecht. Und der Vicedom soll sterben hier ..

Alle. Vergebung!

Albrecht. Was wäre dann mein Trost?

Ernst. Bayern.

(Er umarmt halb seinen Sohn, der an den Baum über den Leichnam sich stützt. Die andern umher gruppirt.)'

Neben der Einwirkung Törrings ist Einfluss Shakespeares und des 'Götz' zu beobachten, der letztere besonders in der Scene, wo Kallheim vor das Schloss rückt (d). Kinderscenen, Pilger, Namen Kap. 7.

Ludwig der Strenge, ein vaterländisches Trauerspiel. München 1782.[2]

'Ludwig der Strenge' ist eine Eifersuchtstragödie, die ihrem eigentlichen Thema nach wenig von einem vaterländischen Trauerspiel hat und erst durch die eigenthümliche Behandlung des Dichters dazu wird: gerade dadurch aber erscheint das Werk characteristisch für die Gattung. Der Anfang des Dramas zeigt Herzog Ludwig als strengen Richter gegen Raubritter und adelige Schnapphähne, er will Ruhe und Frieden in seinem Lande wiederherstellen und sollte der dritte Theil

---

[1] Die ganze Stelle fehlt in der Bearbeitung von J. J. Engel, die u. A. auch der Reclam'schen Ausgabe zu Grunde liegt.

[2] Der Stoff wurde schon früher von Ludw. Wilh. v. Langenau behandelt; sein 'Ludwig der Strenge', ein unglaublich talentloses Stück, erschien Breslau und Leipzig 1766 (auch im Theater d. Deutschen Bd. 4). Fragmente eines 'Ludwig des Strengen' besitzen wir von Maler Müller, vgl. Seuffert 'Maler Müller' 140 f. 511 ff.

des Volkes darüber verbluten. Vergeblich räth Ludwigs Heerführer Otho, ein Abkömmling des Otto von Wittelsbach, zur Milde; des Herzogs Kämmerling, Faber, bestimmt ihn die peinlichste Gerechtigkeit walten zu lassen, er verdächtigt Otho des geheimen, sträflichen Einverständnisses mit Maria, Ludwigs Gattin. Ein Brief Mariens an Otho, in welchem sie ihm mittheilt, dass sie gleichfalls ihren Gemahl um Milderung der Strafen angehen will, geräth durch einen Zufall in Ludwigs Hände, der zweideutige Inhalt steigert seinen Verdacht; und als Faber dem Herzog ein Porträt Othos überbringt, das er auf dem Schreibpult Mariens gefunden hat — es ist ebenfalls durch einen Zufall dorthin gelangt und gehört nicht der Herzogin, sondern ihrer Gesellschafterin, dem Fräulein von Brennberg, der Braut des Wittelsbachers — hält der Herzog die Schuld seiner Gattin für erwiesen und lässt sie und die 'Gehülfen ihrer Schande', das Fräulein von Brennberg und Adelheit (y), die Oberhofmeisterin, zum Tode führen. Zu spät enthüllt sich ihre Unschuld; in dem Heile seines Volkes will Ludwig Sühne suchen des Verbrechens.

Der glühende Patriotismus des Baiern tritt auch in diesem Werke oft und oft hervor; als Otho erfährt, wessen man ihn anklagt, meint er: 'könntet ihr wohl denken, dass **ich das Weib eines baierschen Mannes** zu verführen Satans genug wäre?', die Bürger beklagen Mariens Tod vorzüglich als eine 'Schande vor den Ausländern' (ein 'Ausländer' muss auch der schwarze Intrigant, Faber sein, denn in Baiern giebt es bekanntlich keine solchen Bösewichte), Ludwig rächt nicht so sehr seine eigene persönliche Ehre, als die seiner Nation. 'Lasst euch', ruft er,

'die Geschichten meines Volkes . . erzählen! staunet über die züchtige, reine, unverdorbene Sitte der baierischen Weiber . . . Und ich, ich der Vater und Führer dieses unschätzbaren Volkes soll nun zur Fabel meiner Nachkommen und zum Gespötte der Ausländer . . werden? . . . **Ich muss in meiner Gemahlinn Baierns Schande rächen!**'

Otho, der seine Braut verloren hat, wie Kaspar der Thorringer die Gattin, wie Albrecht seine Agnes, unterdrückt, wie jene, das Rachegefühl gegen den Herzog aus Liebe zu seinem Volke; am Schluss des Werkes schwört er ihm von Neuem Treue: 'Und du Verklärte .. nimm meinen .. Eid .. Ich will sie nicht verbannen aus diesem Herzen die Liebe .. sondern ich will sie verdoppeln, vervielfältigen gegen das, was lange das Theuerste meinem Herzen war — gegen meine Nation.' Auch sonst lässt sich Otho mit dem Thorringer vergleichen; er ist der edelste Ritter, der namhafteste Mann in Baiern, der Adel gehorcht auf seinen Wink, das Volk liebt, die Geistlichkeit fürchtet ihn. Die Drohungen des Herzogs machen ihm geringen Eindruck; 'obschon Ludwig Fürst', meint er, 'so sind wir doch beide Ritter'. (S. 113.) Ludwig verwickelt sich ihm gegenüber, durch Faber verleitet, in Schuld, wie Heinrich gegenüber dem Thorringer; zu Ludwig sagt Graf Leiningen: 'Lasst Eure Jugend nicht von solchen Schurken missbrauchen', von Heinrich Kaspar: 'Schlechte Kerle missbrauchen seine animose Jugend'. Othos Kommen erweckt Ludwig Schrecken, wie das Erscheinen Kaspars in Landshut dem Heinrich:

'Wache. Otho der Raubgraf jagte eben über die Thorbrücke herein.
Ludwig. Ganz allein?
Wache. Sein Schildknappe folgt ihm von ferne.' —
'Ebran. Der Thorringer reitet zur Stadt herein! ...
Heinrich. Alleine?
Ebran. Mit zween Knechten.'

In 'Ludwig dem Strengen' bezeugen drei Bürger im Vorhofe des Schlosses ihre Trauer über den Tod der Herzogin, die Särge der Ermordeten werden über die Scene getragen; im 'Kaspar' bezeugen drei Bürger auf einem Platz in Landshut ihre Trauer über den Tod des Preysinger, seine Leiche wird 'von Weitem vorbeigetragen'. Aus der 'Agnes' scheint der Dichter des 'Ludwig' den Gegensatz zwischen Ritter und Höflingen nachgebildet zu haben (S. 52 f.); Faber, ein alter Hofmann, ein Bürgerlicher, wie Tuchsenhauser, wird von Otho geringgeachtet und verspottet, wie der Kanzler von dem Vicedom und den Rittern. Am Schluss des Dramas will Herzog Ludwig die Verstorbene sich versöhnen, wie Herzog Ernst:

'Ludwig. Ein Ungeheuer von einem Bösewicht verleitete mich .. zu dieser schrecklichen That, und ich will den Geist der Verklärten mit seinem Blut versöhnen.'

'Ernst, nur der Vicedom entriss sie dir so ... Priester will ich stiften .. die .. mich aussöhnen mit der Seele der Verbleichten ... Albrecht. Und der Vicedom soll sterben hier ..' Schwur, Kerker, Kinder Kap. 7.

Eine ziemlich unverhüllte Copie dieses Dramas hat 1793 [1] F. W. Ziegler in seinem Drama 'Weiberehre. Ein Sittengemählde des dreyzehnten Jahrhunderts' geliefert, dessen Besprechung ich hier einschalte. Die Räthe des Herzogs Ludwig von Bayern, Herrwald und Gliesenheim, verdächtigen seine Gemahlin Marie des Einverständnisses mit Wallo von Ortenburg. Ein gleichgültiger Brief Mariens an Wallo steigert, durch seinen zweideutigen Inhalt, Ludwigs Verdacht, man zwingt Marie zur Feuerprobe. Sie besteht sie nicht und soll auf dem Schaffot sterben — wie im 'Kaspar' wird die Henkersbühne auf die Scene gebracht — als durch Gottfried, den Bräutigam Wendelinens von Brennenberg (S. 115) ihre Unschuld entdeckt wird. Herrwald wird von Gottfried zum Gottesgericht (v) herausgefordert, besiegt und entehrt (u); allgemeine Versöhnung. 'O Menschen!' schliesst Gottfried, 'schonet Menschenblut! — denn der grösste Verbrecher ist nur der schwächste Mensch'. (S. 86, 111 f.)

Wie die Handlung 'Ludwig den Strengen' und damit indirect auch Törrings Dramen nachahmt, so auch die Characteristik; Wallo ist der stolze Ritter, der auch den Herzog nicht fürchtet, der den Hof hasst, Gliesenheim der alte Truchsess, der nur mit der Feder, nicht mit dem Schwerte umzugehen weiss u. s. w. Von dem specifisch Törring'schen Staatspathos hat dieses Drama, das eben nur eine äusserliche Copie giebt, nicht von einem Baiern herrührt und auch chronologisch ausser der Reihe steht, — von Staatspathos hat das Drama nichts. Kerker Kap. 7.

Gleichfalls unter dem Einfluss 'Ludwig des Strengen' steht Gustav Hagemanns Schauspiel 'Ludwig der Springer' das in demselben Jahre wie Zieglers Drama, 1793, erschien.[2]

---
[1] Nach Kaysers Index. Ich benutze den vierten Band der dramatischen Werke, Wien 1824
[2] Goedekes Angabe: 1792 scheint irrig.

Adelheid (y) von Stade ist durch Zwang die Gattin des Pfalzgrafen Friedrich geworden (x); ihr Jugendgeliebter, Ludwig von Thüringen, wird von Friedrich des geheimen Einverständnisses mit ihr bezichtigt. Man zwingt sie zur Feuerprobe, die sie siegreich besteht; Ludwig tödtet im Zweikampf den Pfalzgrafen.

Hagemann ist im Einzelnen weniger von dem Vorgänger beeinflusst, als Ziegler; im Gegensatz zu diesem hat er jedoch sein Staatspathos herübergenommen. Als man Ludwig räth, auf Kosten seines Landes die Geliebte zu erwerben, lehnt er es entrüstet ab: 'Pflicht', ruft er, 'ist noch mehr als Liebe, das Vaterland mehr als ein Weib.' Auch die Teutschthümelei der bairischen Dramen findet sich in 'Ludwig dem Springer'; 'der teutsche Mann', heisst es, 'baut auf Gott . . . Verhöhnt eines teutschen Mannes teutsche Redlichkeit nicht', u. s. w. An einer andern Stelle schwebt ein Motiv des 'Götz' vor; der Herold, der die Ausforderung Ludwigs an den Pfalzgrafen bringt, spricht 'von aussen' wie der Trompeter im 'Götz' (III. 78); die Scene endigt damit, dass, wie Götz, auch Friedrich 'das Fenster zuwirft' — glücklicherweise ohne die bekannten kräftigen Worte. Beobachtung von Vorgängen hinter der Scene, Schwur, Kerker, Vehme, Belagerung Kap. 7.

Der Bürgeraufruhr in Landshut. Von Anton Nagel. München 1782.

Das Thema des 'Bürgeraufruhrs' ist die im 'Kaspar' episodisch behandelte Empörung der Landshuter gegen Herzog Heinrich. Bei Törring giebt die Rebellion der Bürger den Hintergrund ab, von dem der offene, ehrliche Kampf der Ritter hell sich abhebt; bei Nagel ist sie die Hauptsache, die Ritter treten mehr zurück. Die Technik ist, wie in allen Stücken dieser Gruppe, ziemlich frei, es giebt häufigen Ortswechsel, grosse und lebhafte Massenscenen; alles, auch das Crasseste, wird auf die Bühne gebracht. In einer Scene wird z. B. der Schädel Leutgebs mit Hämmern an einem Pfahl befestigt; Nagel bemerkt dazu in einer Anmerkung, der Auftritt sei grausam, aber wahr¹, er will des Horaz: 'Nec pueros coram populo Medea trucidet' aufgehoben wissen. Weder Scenen noch Akte zählt der Dichter; einzelne Abschnitte werden durch Punkte und Doppelstriche angedeutet. Dagegen ist die Einheit der Zeit gewahrt, 'die Handlung beginnt am Vorabend des Charfreytags, und endigt sich am Anbruch des Ostersamstags'. Eine grosse Zahl gelehrter Anmerkungen begleitet, wie in modernen historischen Romanen, den Text; vor all den gelehrten und patriotischen Tendenzen entflieht das Poetische, das Stück ist voll von den gröbsten Geschmacklosigkeiten.

Figuren und Situationen sind vielfach denen des 'Kaspar' nachgebildet, zum Theil sind es dieselben Personen, welche erscheinen, Herzog Heinrich, Ahamer und Ebran, seine Günstlinge, Preisinger, Kaspar. Von den Bürgerlichen entspricht Reckel dem Kaspar, Susanne, seine Gattin, der Margarethe, Asch, sein Schwiegervater, ein Greis von achtzig Jahren dem Preysinger, Kaspars Schwiegervater, einem Greis von siebenzig Jahren. Reckel, einer der Angesehensten unter den Bürgern von Landshut, ist gleich Kaspar der Führer der Verschwörung; er erschlägt den Ahamer, den bei Törring Kaspar tödtet, er beruft die Bürger zur Berathung, in seinem 'Keller' wird der Aufruhr beschlossen, wie in Kaspars 'Gewölbe' der Krieg (b). Er theilt Kaspars Staatsfanatismus, ordnet sich und die Seinen dem Vaterland unter; 'ich liebe dich', ruft er seiner Gattin zu, 'stürztest du aber heute neben dem Herzog von der Thurmspitze: ich hätte dich flattern lassen, und nach dem Ermel meines Fürsten gegriffen.' Seiner Gattin stellt hier Ebran selbst nach, der bei Törring seinen Herrn für Kaspars Gattin einzunehmen sucht; sie stirbt, wie diese, in den Unruhen des Aufruhrs. Abweichend vom 'Kaspar' fällt auch ihr Gemahl im Kampfe; aber wie dort Kaspar sein persönliches Leid vergisst und dem bereuenden Herzog sich versöhnt, so thut hier Asch, Reckels Schwiegervater; er bittet für ihn, als alle ihn

---

¹ Dasselbe führten Törring und Soden zur Vertheidigung an, als man ihnen Grausamkeit verwarf. Vgl. Baierische Beyträge III. 1. 1781; Vorrede zur zweiten Auflage der 'Ignez de Castro'.

verlassen, selbst Preisinger und Thorringer und vertröstet ihn auf das heranwachsende Geschlecht:

'Sohn Reckels! .. da deinen Fürsten Alles, Alles verlässt! — Sey, bleib du sein Unterthan! — Werde sein Bürger, sein Baier!'
'Kaspar. Ich .. schwör Euch, dass mein letzter Wunsch .. ist, die erste Stütze Euers Throns zu sein, und eine andere heranzuziehen in diesem Knaben. Seht! Er hat schon geblutet fürs Vaterland!'

Neben den Motiven des 'Kaspar' finden sich auch Motive des 'Götz'; sie treten aber, wie in den meisten Dramen dieser Reihe, hinter denen Törrings zurück; in einigen Volksscenen glaubt man den Einfluss Shakespeares zu erkennen. Erstürmung, Vehme Kap. 7.

Die Schweden in Baiern oder die Bürgertreue. Ein Schauspiel von Max Blaimhofer. München 1783.

'Die Schweden in Baiern', eine Staatsaction wie 'Ludwig der Bajer' und der 'Bürgeraufruhr' verherrlichen die Tapferkeit und den Opfermuth der Landshuter während des dreissigjährigen Krieges. Gustav Adolph belagert die Stadt, die sich heldenmüthig vertheidigt; als alle Hoffnung auf Entsatz schwindet, entwaffnen die vornehmsten Bürger durch ihre Bereitwilligkeit, als Geisseln dem König zu dienen und alles für ihre Mitbürger zu leiden, den Zorn des Fürsten und erlangen seine höchste Bewunderung: 'Ihr seyd würdig', ruft er, 'das Muster aller Bürger, das Muster aller Unterthanen zu seyn. . . . Gott! nun fühl ich erst, welch einen kostbaren Schatz derjenige Fürst in seinem Lande besitzet, der solche Unterthanen aufweisen kann, wie diese rechtschaffenen Bürger sind.'

Dass auch dieses schwerfällige Drama der Patriotismus des Baiern hervorgerufen hat, braucht nicht gesagt zu werden; auch hier wird das Baierherz gepriesen, auch hier Unterordnung unter das Staatsinteresse gepredigt. Z. B.:

'Spitzelberger. Sagt nun, Bürger! ohne Verstellung, und mit redlichem Herzen, wie es die Gewohnheit aller wahren Baiern ist ... Komm .., ich will .. den herzdurchdringenden Schmerz, den marternden Gedanken über den Verlust meines Sohnes hintansetzen, das Gefühl

der Natur ersticken, um unerschrocken auszusehen, um jedem Bürger ..
Muth und Unerschrockenheit einzuflössen.'
Kinder, Schwur Kap. 7.

Ludmillens zu Bogen Brauttag mit dem Herzog
Ludwig in Baiern. Ein vaterländisches Original-
lustspiel von Einzinger von Einzing. München
1782.

Der 'Brauttag' ist ein ausgezeichnet langweiliges Stück,
voll von Archivgelehrsamkeit, das nur als das einzige Lustspiel dieser Gruppe beachtenswerth ist; es behandelt die
Vermählung Ludmillens mit Herzog Ludwig, die allerlei
Intrigen zum Trotz glücklich zu Stande kommt. Wie der
'Bürgeraufruhr' einen Ausschnitt aus der Handlung des 'Kaspar'
zur Hauptsache macht, so der 'Brauttag' einen Ausschnitt des
'Otto von Wittelsbach'; und wie die Hauptpersonen des 'Kaspar'
im 'Bürgeraufruhr' Nebenpersonen sind und umgekehrt, so
sind Nebenpersonen des 'Otto von Wittelsbach', Ludwig und
Ludmille, im 'Brauttag' die Helden. Es offenbart sich auch
hierin der enge Zusammenhang, der zwischen den Dramen
dieser Reihe existirt; die Stoffe stehen untereinander in Beziehung, die dichterische Behandlung eines Ereignisses ruft
die Erinnerung an ein anderes wach, die Personen des einen
Stückes reden von denen des anderen. So ist in 'Ludwig
der Bajer' von Ludwig dem Strengen die Rede, im 'Bürgeraufruhr' von Ludmille, Herzog Ludwig und Otto von Wittelsbach, in 'Ludwig dem Strengen' ebenfalls von den Wittels-
bachern.

So plötzlich wie diese Litteratur emporschiesst, so
schnell nähert sie sich auch wieder ihrem Ende, wir kommen
bereits zu dem spätesten Stück:

Camma die Heldinn Bojoariens. Ein vaterländisches
Schauspiel von Prof. Lorenz Hübner. München
1784.

Das Drama fällt dadurch aus dem Schema der bisher
besprochenen Werke heraus, dass die Handlung in eine halb
fabelhafte heidnische Zeit zurückverlegt ist; der Grund dafür

ist ein äusserlicher, nämlich das Verbot, 'welches die Scenen einheimischer Heldenthaten von Baierns Bühnen verdrängte'. (S. 62.) Das Stück gehört zu denjenigen, welche die freiere Technik in einigen Aeusserlichkeiten sich angeeignet haben, innerlich aber noch auf das Engste mit der alten französischen Intrigentragödie zusammenhängen. Katumer hat seinen Freund Childerich durch einen Diener ermorden lassen, um die Hand seiner Gattin Camma erwerben zu können (1). Das Verbrechen entdeckt sich, Katumer stirbt durch Gift.[1]

Auch Camma vergiftet sich, — zum mindesten in der einen Fassung; denn mit köstlicher Naivität hat der Dichter seinem Drama einen Anhang gegeben mit der Ueberschrift: 'Abänderungen für diejenigen, welche der Heldin einen glücklichen Ausgang wünschen'; hier bleibt sie am Leben und heirathet im Interesse des Landes zum zweiten Male.[2]

Die Teutschthümelei und die Verherrlichung Baierns, die in allen diesen Stücken begegnet, tritt uns auch hier entgegen, Camma z. B. betet: 'erhaltet Bojoarien in seiner fürchterlichen Macht, um nicht auswärtigen Halbmännern zinsbar zu werden!' u. s. w.

Kinder, Belagerung, Schwur, Einsiedler, Geist, Vehme Kap. 7.

Ein zweites Stück desselben Autors 'Hainz von Stain' ist bereits zwei Jahre vor der 'Camma', 1782, erschienen; es behandelt gleichfalls einen bairischen Stoff, ist von Törring, wenn auch nicht sehr stark, beeinflusst; da es jedoch der Hauptsache nach in einem andern Zusammenhange steht, als die bisher besprochenen Dramen, komme ich besser weiter unten darauf zurück.

---

[1] Vgl. Ariosts 'Rasenden Roland', 37. Gesang.

[2] Schwankungen solcher Art, so auffallend sie uns erscheinen, sind im vorigen Jahrhundert nichts Seltenes; es wäre interessant einmal im Zusammenhang sie zu betrachten. Vgl. auch Archiv für Litteratur-Geschichte 9, 207 f.

SECHSTES KAPITEL.

RITTERDRAMEN NACH TÖRRING.

Wenn die vorhergehende Gruppe einen durchaus einheitlichen Zug aufzuweisen hatte, so ist das in der nun zu besprechenden keineswegs der Fall. Törring, der als der Schöpfer des bairisch-vaterländischen Dramas den Werken jener Reihe die entscheidenden Merkmale aufgeprägt hatte, verliert hier an Bedeutung: er muss seinen Einfluss mit Goethe, Maier, Hahn theilen. Besonders Maier und Hahn treten jetzt als wichtig hervor, das Schema ihrer Stücke ist es, das die meiste Nachahmung findet, während die grossen Themen Goethes und Törrings mehr und mehr vernachlässigt werden: es sind die Thaten und Erlebnisse, die Leiden und Freuden des Einzelnen, die jetzt fast ausschliesslich zur Darstellung gelangen. Es begreift sich daher, wenn von nun an Törrings Einwirkungen nicht mehr im Grossen und im Kleinen, sondern nur noch im Kleinen wahrnehmbar sind.

Um wenigstens einigen Zusammenhang in die Betrachtung zu bringen, wird es nöthig sein, von der rein chronologischen Reihenfolge erheblich abzuweichen.

Ignez de Castro. Trauerspiel von Julius Freiherr von Soden. München 1784.[1]

Pedro, Infant von Portugal, heirathet wider den Willen seines Vaters Ignez de Castro; dieser, durch seine Günstlinge aufgestachelt, lässt Ignez tödten.

---
[1] Nach Goedeke. Ich benutze die Ausgabe 'Berlin 1787'.

Sodens Drama hat eine so grosse Aehnlichkeit mit Törrings 'Agnes', dass schon bei dem Erscheinen des Stückes man ihn des Plagiats beschuldigte; in der Vorrede zur zweiten Auflage erklärte er, dass er die 'Agnes' nicht gekannt hätte, und dass die Aehnlichkeit lediglich aus der Uebereinstimmung im Sujet fliesse. Da ein Vergleich mit seiner Quelle, der Chronik des Duarte Nunez de Liam (vgl. Bertuchs 'Magazin der Spanischen und Portugiesischen Literatur' III. 403 ff.) ergiebt, dass diese Behauptung nicht Stich hält und da es obendrein äusserst unwahrscheinlich ist, dass ein Mann wie Soden, der mit dem Theater in reger Verbindung stand, ein Werk, das so grosses Aufsehen machte, wie die 'Agnes', nicht sollte gekannt haben, so müssen wir trotz seiner Angabe die Uebereinstimmungen zwischen beiden Dramen aufsuchen.

Am deutlichsten scheint die Beeinflussung in den Figuren der Höflinge, des Alvaro und Coelho, die dem Vicedom gleichen, und des Pereira, der dem Thorringer und Tuchsenhauser entspricht. Alvaro ruft:

'Ignez soll aus einer gemeinen Beyschläferin unsre Königin werden? Beym Himmel! eh' soll ewige Nacht über Portugall herrschen, eh' das geschehen soll. (II. 5.)

Vicedom. wenn der Herzog, und seine fürstliche Ehre beleidigt sind, so mag alles zu Grunde gehen! (I. 7.) —

Coelho. Wählt! Soll Ignez sterben, oder ihr und euer ganzes Reich mit Schmach untergehen? (III. 1.)

Vicedom. was ist da noch zu überlegen? Sterben, oder bürgerlicher Krieg? (V. 4.) —

Alvaro. Das Wohl des Volks, des ganzen Reichs fordert ihren Tod. (III. 1.)

Ernst. Ehre und Vaterland fodern ein Opfer.' (III. 7.)

Pereira ist gerade so lose in die Handlung verwickelt, wie Thorringer; er kommt 'gleich den guten Engeln, wenn man seiner am meisten bedarf' (II. 13.); er soll Ignez zum Verzicht bringen, wie Tuchsenhauser die Agnes, er soll Vater und Sohn einigen, wie Thorringer. Gleich diesem ist er ein Graukopf und 'einer der edelsten Sterblichen' (III. 7.); gleich diesem ist er bei Hofe nicht beliebt: 'ich krieche nicht vor dem Günstling; das ist nun Hof-Sitte; dass weiss Eure Majestät.' (II. 13.) Er erscheint als Ritter, obgleich er in Wahrheit

Erzbischof war, seine Aehnlichkeit mit dem Thorringer wird dadurch vermehrt. In seiner Unterredung mit Ignez spricht er äusserst bieder und das Opfer seiner Beredsamkeit ist daher 'äusserst bewegt'. Dass seine Vermittlung keine Folge hat, dass die ganze Figur überflüssig ist, gibt einen neuen Beweis der Nachahmung ab.

Wie bei Törring Agnes den scheidenden Gatten, von Todesahnungen erfüllt, zurückzuhalten sucht, so thut bei Soden Ignez (t. Kap. 7.) Der König, Affonso, schwankt und lässt sich von seinen Höflingen leiten, wie Herzog Ernst; gleich nachdem sie geschehen, bereut er die That. Auch die Königin sucht sie zu verhindern; ihr Abgesandter kommt, wie der Bote des Herzogs Ernst, zu spät:

'Pereira. Die Königin schickt mich eilig und lässt euch bitten, nichts gegen Ignez zu beschliessen, bis sie euch spricht; Ihre Maulthiere folgten mir auf dem Fusse!' (IV. 10.)

'Reuter. Herzog Ernst kömmt in einer halben Stunde; sollt warten!' (V. 6.)

In beiden Dramen treffen Vater und Sohn an der Leiche der Ermordeten zusammen:

'Pedro. (stürzt hin auf ihren Sarg und bleibt stumm und sprachlos liegen ... er erblickt den König und greift ans Schwerd) .. Wie? vor ihrem Leichnam? (V. 9.)

Albrecht. (starrt im höchsten Grade des Schmerzens über den Leichnam stehend. Alle schweigen ... [er] fährt mit der Hand an den Plaz des Schwertes.) Zum Spotte kommst du, Tyrann? (V. 8.) —

König. Man wird dir Rechenschaft geben; bis dahin sey ruhig.

Gundelfingen. Wir wollen es euch morgen beweisen bey kühlerm Blute. —

Pedro. Fluch euch und eurem ganzen Reich! Heraus aus diesem Herzen Vater-Landslieb! ... Rache! Rache! Rache, wild, wie die Wogen des wüthenden Meeres ..

Albrecht. Rache muss ich haben; Rache! blutige Rache! und sollte Vater und Vaterland darüber verbluten. —

Pedro. (Die Mörder) sollen .. an Ignez Leiche bluten. (V. 6.)

Albrecht. der Vicedom soll sterben hier.'

In Sodens Quelle ist von all den im Vorstehenden herausgehobenen Zügen nichts überliefert; und wenn auch im Allgemeinen zuzugeben ist, dass Aehnlichkeiten in der Fabel leicht zu Aehnlichkeiten in Charakteren und Motiven führen können, so scheint doch hier eine zu grosse Anzahl von Uebereinstimmungen stattzufinden, als dass man lediglich aus der Verwandtschaft im Sujet sie sollte herleiten können; ich glaube daher: Soden hat Törrings 'Agnes' gekannt und sich von ihr beeinflussen lassen. Schwur, Unwetter, Geist Kap. 7.

Sodens Drama hatte einen ziemlich grossen Erfolg, den grössten, wie er selbst bezeugt (in der Vorrede zur zweiten Auflage) von allen seinen Werken; der Pedro wurde nach Tieks Bericht ('Phantasus' Werke V. 467.) eine Glanzrolle Flecks.

Otto der Schütz, Junker von Hessen. Ein vaterländisches Schauspiel von Gustav Hagemann. Cassel 1791.[1]

Die Fabel des Dramas ist allbekannt: Otto der Schütz, der dem Grafen Adolf von Cleve dient, erringt im Turnier den Preis; Elisabeth, des Grafen Tochter, wird die Seine.

Das Turnier findet, wie im 'Otto von Wittelsbach', nicht auf der Bühne statt; wie Otto von Wittelsbach so erscheint auch Otto der Schütz in geschlossenem Visier. Bei Babo meldet der Truchsess:

'Gnädigster Herr! es ist ein unbekannter Abentheurer vor den Schranken erschienen und hat die Richter um Schwert und Lanze gebethen. Die Ehrenholden begehrten seinen Namen .. allein er wollte unerkannt bleiben. Dem einzigen Ehrenhold Wallrich öffnete er sein Visier; darauf versicherte dieser die Richter auf Ehr und Leben, dass der Ritter von sehr edler Herkunft wär. Da öffnete man ihm die Schranken .. —

Geheimschreiber. Gnädiges Fräulein .. Ein fremder Ritter erschien vor den Schranken und begehrte Einlass..; als der 'Greiswärtel nach seinem Namen fragte, sagte er: den Namen meines Geschlechts werde ich beym Ausreuten nennen ... Gilt aber mein Wort nicht, so wird sich Graf Heinrich von Homberg für mich verbürgen.

Elisabeth. Hat man ihn denn angenommen?

Geheimschreiber. Versteht sich.

Reich-Ehrenhold. Gnädigster Kaiser! das Turnier ... ist

---

[1] Nach Goedeke S. 1065 und Kaysers Index. Mir liegt durch die Freundlichkeit des Herrn Hofrath Dr. Pabst in Dresden das Souffleurbuch des Dresdener Theaters vor.

nach geziemender Art vollbracht ... Der erste Dank der Lanze dem tapfern unbekannten Ritter ..!

Geheimschreiber. Gnädiger Herr, das Turnier ist geendigt. Der Unbekannte ist Sieger.

Kunegunde. der Fremde hat viel ähnliches mit dem Pfalzgrafen; so fasst er seine Lanze, und so schwingt er sein Schwert, auch seine Gestalt hat viel ähnliches.

Elisabeth. Ja, ja, er ists! er selbst! Seine Gestalt, seine Gewandheit, sein Muth — Er ists! er ists!'

Geist, Gefängniss, Entehrung, Einsiedler, Namen Kap. 7.

Fust von Stromberg. Ein Schauspiel von Jakob Maier. Mannheim 1782.

Der Hauptton in dem Drama liegt auf dem Gegensatz zwischen Ritter und Pfaff. Fust von Stromberg und der Abt von Sponheim sind in der Fehde begriffen. Die pfäffische Partei behauptet, der Ritter sei der Sohn einer ihrer Leibeigenen, sei ihr Knecht. Steinach, der Liebhaber von Fusts Tochter Bertha (y) fordert den Abt zum Gottesgericht (v), der Sohn seines Vicedoms nimmt es an; der Kampf wird aber unterbrochen durch den Vicedom, weil der Ritter niemand 'kämpflich begrüssen' dürfe: er habe den Burgfrieden gebrochen. Die Pfaffen schicken einen Fehdebrief und rücken vor das Schloss (d); Bertha haben sie, als sie in der Kapelle betete, geraubt (p). Durch einen braven Nebenbuhler, Flörsheim[1], der, als der minder geliebte, edelmüthig verzichtet (l), wird sie zurückgebracht; Steinach beharrt darauf, trotz ihrer vermeinten niedern Geburt sie zu heirathen, die Entdeckung eines Grabsteines lässt aber die Leibeigenschaft Fusts als einen Pfaffentrug erscheinen und alles löst sich glücklich.

Mit dem Thema des Standesunterschiedes hat Maier, ähnlich wie vorher Diderot, wie später Kotzebue, nur gespielt; die niedrige Geburt des Mädchens ist nur Schein, in Wahrheit ist sie dem Geliebten ebenbürtig. Auch innerhalb des Ritter-

---

[1] Der Name begegnet auch in Hahns 'Robert von Hohenecken' und Maler Müllers 'Schaaf-Schur' (Werke I. 259 ff.); ferner in Zieglers 'Liebhaber und Nebenbuhler in einer Person' (S. 137). Flörsheim liegt in der Nähe von Trippstadt, dem Geburtsorte Hahns, vgl. Werner 'Hahn' 68.

dramas kehrt eine ähnliche Halbheit, oder eigentlich eine noch schlimmere, wieder, im 'Käthchen von Heilbronn'; nicht das Bürgermädchen, erst der Bastard des Kaisers darf des Grafen Gattin werden. Den Conflict tragisch zu nehmen, wie u. A. Törring es in der 'Agnes' that, dazu hat Maier sich nicht erhoben, wie denn überhaupt die wahre Tragik diesem spätern Ritterstück so ziemlich fern bleibt; 'alles löst sich glücklich', 'allgemeine Versöhnung', so darf ich von jetzt an fast jede Analyse beschliessen. Es ist eine treffende Bemerkung von Goedeke, dass auch das Ritterdrama — das spätere — vielfach dem Rührstück sich annähere.

Wie im 'Sturm von Boxberg', so hat Maier auch in seinem zweiten Drama Motive des 'Götz' bis ins Kleinste nachgebildet. Fust und Steinach sind in einen Conflict gerathen, Fust zieht aus, um ihn gefangen zu nehmen, 'auf seiner Burg will er ihn bessern', wie Götz den Weislingen. Er behandelt ihn wie einen Freund, nicht wie einen Gefangenen und sucht ihn zu erheitern:

'Steinach. Ritter, dein Gefangener.
Fust. Was, Gefangener! . . . nur munter!

Weislingen. Ich bin gefangen ..
Götz. Ich bitt' Euch, seid aufgeräumt!' (I. 31).

Als Worte nichts helfen, bringt Fusts Bube 'Wein und einen Becher', wie im 'Götz' der Hausherr selbst, u. s. w.

In der Scene des Gottesgerichts scheint das Turnier in Törrings 'Agnes' vorzuschweben; der 'Vogt oder Vicedom' des Abtes ruft: 'Landschaden von Steinach kann hier niemand kämpflich begrüssen', wie der Marschall bei Törring: 'Albrecht der Pfalzgraf und Graf zu Vohburg kann nicht turnieren'; als der Vogt den Fust beleidigt, führt dieser einen Hieb nach ihm, wie Albrecht nach dem Vicedom; in der 'Agnes' nehmen 'Ritter und Volk' für den Herzog Partei, im 'Fust' die 'Ritter und ihre Leute' für den Fust. Gleich Agnes, sucht auch Bertha den scheidenden Geliebten zurückzuhalten (t. Kap. 7.); am Schluss des Dramas werden Herzog und Abt entlastet, wird der Vicedom als der eigentliche Schuldige gebrandmarkt:

'Albrecht. der Vicedom soll sterben'.
'Artimes. Er (der Abt) ist in der Sache ganz rein und unschuldig .. Aber sein Vogt —
Fust. Der soll es erschrecklich büssen!'

In der zweiten Bearbeitung des 'Sturm von Boxberg' scheint ein Conflict zwischen Liebe und Staatsgefühl im Anschluss an Törring hinzu erfunden zu sein; Schotten ist im Zweifel, ob er durch seinen Abzug die Geliebte retten soll oder die begonnene Belagerung zu Ende führen:

'Meine Detten! Gott! Weib und Pflicht und Treu und Ehr! Das wird mir Gott und mein gnädiger Herr verzeihen. Blast Sturm ab! — Nein, nicht ab! Kronberg, nimm das Panier, eh' ichs entehre, und pflanz es auf meine und ihre Leiche.'

Gewölbe, unterirdischer Gang, Beobachtung von Vorgängen hinter der Scene, Schwur, Namen Kap. 7.[1]

Rache für Weiberraub. Ein Gemählde der Barbarey des eilften Jahrhunderts von F. W. Ziegler. Wien 1791.[2]

Die Grafen Toggenburg und Wildgan sind von altersher Feinde. Bei dem Tode von Toggenburgs Gattin Kunigunde (y) hat Wildgan aus gefälschten Zeugnissen beweisen wollen, dass die Verstorbene durch einen Leibeigenen des Abtes erzeugt sei (s. o. 'Fust'), Toggenburg hat ihn zum Gottesgericht herausgefordert, der Kampf kam jedoch nicht zur Entscheidung (s. o. 'Fust'). Seine zweite Gattin, Marie, hat ihm Wildgan gewaltsam geraubt (p), sie gilt für todt. Toggenburg seiner-

---

[1] Es sei erwähnt, dass im 'Fust' eine Variation der von Erich Schmidt 'H. L. Wagner'[2] S. 2 besprochenen Phrase begegnet; ebenso in 'Mathilde von Altenstein'. Sie lauten: '(ich) will von Burg zu Burg mit ihm wallen, mich zu ihm, an meine Gemälde stellen, und um eine Brod-Kruste alle Bettel-Lieder von der Sarazenen Grausamkeit gegen die Christen dazu singen — eine Gruppe des hülflosen Elends und Jammers, zum Erbarmen für Gott und alle Menschen.' '(ich) will meine Geschichte in Reime bringen, und sie den Menschen erzählen, damit sie in sich gehn, und Gott fürchten. Mancher schenkt mir dann ein Almosen ..'

[2] Nach Kayser. Goedekes Angabe S. 1066: 1796 wohl irrig. Ich benutze den 2. Band der 'dramatischen Werke'.

seits hat Wildgans Sohn aufgefangen, ihn in Unwissenheit seiner Geburt erzogen und seiner Tochter Adalberta (y) verlobt (k). Auf Toggenburgs Verlangen muss er dem Vater Rache schwören (c, vgl. auch Brawes Brutus, Sauer a. a. O. S. 54) und ihn zum Gottesgericht (v) herausfordern, Wildgan wird besiegt und gefangen, sein Schloss zerstört (d). Er rühmt sich, in der Umarmung von Toggenburgs Gattin Marie glücklich gewesen zu sein (l), bei der Erstürmung seiner Burg wird aber Marie in einem Kerker (b) aufgefunden, in den sie Wildgan geworfen hat, weil sie sich ihm nicht ergeben wollte. Noch einmal wird ein Gotteskampf eröffnet zwischen Vater und Sohn — der erste in diesem Drama, der auf der Bühne sich abspielt; inmitten des Kampfes stürzt ein Knecht auf die Scene und ruft: 'Haltet ein! (s. o. 'Fust') er ist dein Sohn.' Wildgan bereut und tödtet sich vor Mariens Leiche. Unwetter Kap. 7.

Kunigunde von Rabenswalde. Ein Schauspiel nach der Geschichte gleichen Namens. Von Joseph Nissl. Augsburg 1791.

Berthold zum Badenthale zieht ins Feld für Heinrich den Löwen; er vertraut seine Braut Kunigunde (y) dem Schutze des Ritters Ulrich von Ziegenbeil an. Dieser täuscht sein Vertrauen (n); da er selbst das Fräulein liebt, giebt er vor, Berthold sei gefallen (o), und als dieser aus dem Kriege zurückkehrt, verschliesst er ihm sein Schloss und birgt Kunigunde (l) im Kerker (b, p). Berthold fordert ihn zum Gottesgericht (v), ein Knappe unterbricht den Kampf (cf. 'Fust') und entdeckt die Verbrechen des Ritters; Ulrich wird entehrt (u).

Mehrere Situationen des Dramas sind Törrings 'Agnes' nachgebildet, zum Theil so stark, dass man nicht mehr von Anklängen, sondern nur noch von Plagiat sprechen kann. Ob schon in der 'Geschichte gleichen Namens' die fraglichen Motive erscheinen, weiss ich nicht zu sagen, es kommt auch wenig darauf an; nur die Thatsache der Entlehnung, nicht der Entlehner, interessirt uns.

Als Berthold sie verlässt, ist Kunigunde, gleich Agnes,

von bangen Ahnungen erfüllt (t); in der Abwesenheit des Geliebten meint all ihr Fühlen nur ihn:

'O Liebe! Liebe! schenk mir meine vorige Ruhe wieder!.. O Liebe gieb mir meine Ruhe wieder, oder Bertholds Umarmung! — Ach! seit ich ihn sah, seit ich ihn sprach, seit es mir mein Vater zuerst sagte und er mirs wiederholte, dass er mich liebe — o seitdem leb ich nur für ihn, durch ihn, kann mich nicht denken ohne ihn! O Liebe! Liebe! gieb mir meinen Berthold wieder! — Auch meinen lieben Vater mit ihm wieder.'

'Agnes. Liebe! Liebe! gieb mir meine Ruhe wieder .. Gieb sie mir wieder, oder meines Albrechts Umarmung! — Ah! seit ich ihn sprach; seit er mir sagte: 'Agnes! ich liebe dich', seitdem leb ich nur für ihn, durch ihn, kann mich nicht denken ohne ihn: Liebe! gieb mir ihn wieder!' (II. 1.)

Ulrich sucht, gleich Zenger, die Trauernde zu trösten:

'Ulrich. Guten Morgen, holdes Fräulein! Immer noch so ganz in trüben Gedanken?'

'Zenger. So ganz in trüben Gedanken, gnädige Frau?' (II. 2. o. S. 56.)

'Ulrich. Wird euer Kummer nie versiegen?
Kunigunde. Wie kann er das, edler Ritter!'
'Zenger. Geht's nun besser gnädige Frau?
Agnes. Ach! mein Zustand kennt keine Besserung!' (IV. 7.)

Pilger, Schwur, Belagerung, Vehme Kap. 7.

Ritterschwur und Rittertreue. Ein vaterländisches Schauspiel von Joh. Heinr. Bösenberg. Dresden und Leipzig 1791.[1]

Elsbeth von Sendhorst soll durch Zwang dem Ritter von Steinburg vermählt werden (x); sie wird von Gottfried zum Felde, ihrem Geliebten, entführt, weil die Geschlechter der Liebenden einander feindlich sind (k). In seiner Abwesenheit vertraut Gottfried dem Ritter von Hardenburg die Braut an; dieser täuscht sein Vertrauen (n) und bewirbt sich selbst um Elsbeths Liebe. Da sie ihrem Verlobten die Treue wahrt, schleppt er sie in einen Kerker (p, b) und droht sie

---

[1] Nach Goedeke und Kayser. Ich benutze das Dresdener Souffleurbuch

zu tödten; im letzten Augenblick wird sie von Gottfried erlöst (l), der Vater giebt seinen Segen.

Schwur, Herberge, Pilger, unterirdischer Gang, Vehme, Gottesgericht, Abschied, Entehrung, Namen Kap. 7.

Mathilde von Altenstein. Ein ritterliches Schauspiel von Johann Aloys Senefelder. München 1793.

Hermann von Altenstein hat einst Mathilde (y), die Tochter des Fust von Schwarzenberg (cf. Fust von Stromberg) ihrem Vater entführt, da die Geschlechter der Liebenden einander feindlich sind (k); der Vater zog ins heilige Land. Hermanns Freund, Konrad von der Traufe, entführt Kunigunde (y) ihrem tyrannischen Oheim, der sie zwingen wollte, dem Till Klotten von Stain ihre Hand zu reichen (x, cf. 'Hainz Stain der Wilde'. Auch ein 'Heinz der Starke' kommt in der 'Mathilde' vor). Hermann und Konrad siegen glorreich über die sie bedrängenden Feinde; der Vater Mathildens kehrt aus dem Morgenlande zurück (w) und verzeiht. Beobachtung von Vorgängen hinter der Scene, Unwetter, unterirdischer Gang, Kinder, Schwur, Vehme, Namen Kap. 7.

Jakobine von Baiern. Ein Ritterschauspiel aus dem 14ten Jahrhundert von A. J. von Guttenberg. München. (Ohne Jahr.)[1]

Jakobine von Baiern und Philipp von Burgund kämpfen um den Besitz von Holland; Jakobine und ihre biedern Baiern erringen den Sieg. Ihrem Thema nach gehörte 'Jakobine' zu den bairischen Staatsactionen; in einer grossen Anzahl von Motiven des jüngeren Ritterstücks offenbart sich jedoch der spätere Ursprung des Stückes. So trägt auch bei dem, der auf den Boden des älteren Dramas sich stellen wollte, das Ritterliche über das Staatliche es davon. Pilger, Schwur, unterirdischer Gang, Vehme, Kerker, Herberge, Gottesgericht, Weiberraub, Unwetter, Namen Kap. 7.

---

[1] Die Vorrede ist datirt 'Hornung 1800'.

Golo und Genovefa. Ein Schauspiel von Mahler
Müller. Heidelberg 1811.[1]

Seuffert, 'Maler Müller' 147 ff., giebt eine ausführliche
Analyse des Dramas und weist, 160 ff., die zahlreichen Motive
des 'Götz' auf. Die Ausarbeitung des Dramas setzt er in die
Jahre 1775 bis 1781. Die für uns wichtigste Scene enthält
der vierte Akt; Golo bringt der gefangenen (b) Genovefa
die Nachricht, dass ihr Gatte im Kampf gefallen sei (o),
er entreisst ihr ihr Kind und droht es zu tödten, wenn sie
sich ihm nicht ergiebt. (m) Dieselbe Situation hat Müller
1776 in der Ballade 'Genovefa im Thurme' behandelt; durch
ihn vielleicht war Hübner im 'Hainz Stain' angeregt worden,
dem dann, wie gleich gezeigt werden soll. Spiess, Ziegler,
Elise Bürger und Kotzebue folgen. Neu ist das Motiv durchaus
nicht; es begegnet schon bei Shakespeare in 'Maass für Maass',[2]
dem siebzehnten Jahrhundert ist es nicht fremd, im achtzehnten kehrt es u. A. wieder in Weisses 'Richard III.',
Martinis 'Rhynsolt und Sapphira', Sprickmanns 'Eulalia', im
neunzehnten in Kleists 'zerbrochnem Krug' und Victor Hugos
'Marion Delorme'; es wirkt fort in Verdis 'Troubadour' und,
anders gewendet, in Meyerbeers Prophet (II. Akt).

Streit zweier Männer um eine Frau, falscher Freund,
Gottesgericht, Einsiedler, Namen Kap. 7.

Hainz von Stain der Wilde. Ein vaterländisches
Schauspiel von Lorenz Hübner. München 1782.

Hainz Stain raubt Walltraud, die Braut Siegfrieds (p, l);
er will ihren Vater tödten, wenn sie sich nicht ihm ergiebt (m).
Siegfried erstürmt die Burg (d) und tödtet Hainz, in welchem
er zu spät seinen Vater erkennt (S. 78.); auch Walltraud
geht unter.

Der Einfluss Törrings zeigt sich, ausser in der Wahl des
bairischen Themas, besonders darin, dass Hainz als 'Verräther
des Vaterlandes' erscheint, ein Zug, der in den verwandten
Dramen vollständig fehlt. Im zweiten Akt wird ein Lied

---

[1] Werke. Bd. 3.

[2] Das Drama wurde von Brömel bearbeitet und in Berlin und
anderswo aufgeführt, so dass es auch direct gewirkt haben mag. S.
Teichmann a. a. O. S. 360.

von Kunz Thorringer gesungen; bei der Erstürmung der Burg gehen dem Dichter die Worte aus, wie Törring, 'Kaspar' IV. 6. (S. 109.) Kerker Kap. 7.

Klara von Hoheneichen. Ritterschauspiel von C. H. Spiess. Prag und Leipzig 1790.

Das Drama trägt eine ungewöhnlich grosse Zahl von fremden Motiven zusammen; 'Emilia Galotti', 'Götz', 'Kaspar', 'Sturm von Boxberg' (oder 'Robert von Hohenecken'), 'Hainz Stain' haben eingewirkt.

Klara, die Jugendgeliebte Ursmars von Adelungen, ist gezwungen worden, einem ungeliebten Manne, dem Ritter von Hoheneichen, ihre Hand zu reichen (x); Heinrich, Landgraf von Thüringen, ein wollüstiger Tyrann, überfiel die Burg des Hoheneichen um seines schönen Weibes willen und tödtete ihn. Klara entfloh zu Otto von Schönborn, Heinrich zog vor seine Veste und belagerte sie. Otto ruft die Hilfe des mächtigen Adelungen an, in seiner Abwesenheit wird die Burg erstürmt (d, p). Da die Feinde die geliebten Personen, Klara, Ottos Weib und seine Kinder, in ihrer Gewalt haben, sollen sie nicht offen angegriffen, sondern überrumpelt werden (cf. 'Sturm von Boxberg', 'Robert von Hohenecken'); der Plan misslingt, die Burg Ottos wird zwar zurückgewonnen (d), Heinrich besiegt, aber Klara bleibt in der Gewalt des Räubers; auch Adelungen wird, an einer einsamen Stelle von der Menge überwältigt, Heinrichs Gefangener (l). Bruno, der Günstling des Landgrafen, droht den Adelungen zu tödten, wenn Klara sich nicht seinem Herrn ergiebt (m); sie willigt, zum Scheine, ein und will, wenn der Geliebte frei ist, untergehen. In der höchsten Noth bringt Otto Hilfe; er dringt durch einen unterirdischen Gang (r) in die Burg und befreit Adelungen und Klara; mit der Aussicht auf baldige Hochzeit schliesst das Stück (cf. 'Sturm von Boxberg', 'Robert von Hohenecken'; auch 'Käthchen von Heilbronn'.)

Die Charakteristik in 'Klara von Hoheneichen' ist von 'Emilia Galotti' und 'Kaspar der Thorringer' abhängig; Landgraf Heinrich ist Hettore Gonzaga plus Herzog Heinrich, Adelungen Kaspar; Bruno, der pechkohlrabenschwarze Bösewicht, des Landgrafen Günstling, gleicht Ahamer und Ebran. Heinrich ist tyrannisch, wollüstig, wankelmüthig; bald hat er sentimentale Anwandlungen, bald lässt er sich willenlos von Bruno leiten. Er ist, gleich Herzog Heinrich, besserungsfähig, sein Günstling nicht. Dieser wird durch Adelungen getödtet, wie Ahamer von Kaspar; an dem Landgrafen, dem Gesalbten, will er sich nicht vergreifen, er verzeiht ihm, wie Kaspar dem Herzog. In der ersten Unterredung, die Adelungen mit dem Landgrafen hat, begegnet er ihm so verächtlich, wie Kaspar dem Herzog in Landshut (II. 8); er mahnt ihn, gleich Kaspar, an seinen braven Vater, dessen Andenken er schändet. Die Vasallen des Landgrafen rufen, wie die Stände im 'Kaspar', den Kaiser gegen den tyrannischen Herrscher zu Hilfe; er verdiente, meint Adelungen, 'dass die Ritter sein Schild zerbrächen und das Gericht Reichsacht über ihn ausriefe.'

Dass der 'Kaspar' (oder 'Götz') auch im Einzelnen vorschwebt, zeigen kleinere Uebereinstimmungen; die Jagd erscheint nur als Ersatz für den Krieg (S. 34), von den Feinden soll keiner entkommen, der Bericht erstattet (S. 35.) u. s. w. Von dem Staatspathos Törrings ist Spiess nicht beeinflusst; der Landgraf will nicht, wie Heinrich oder Ludwig der Strenge, in der Sorge für sein Volk die Schuld sühnen, sondern geht ins Kloster; Ludwig der Strenge hatte, im Gegensatz dazu, ausdrücklich erklärt, dass es dem Fürsten nicht erlaubt sei 'den Hut seiner Würde wegzulegen', dass er dem Wohle der Nation seine Wünsche unterzuordnen habe.[1]

Schwur, Gefängniss. Geist, Namen Kap. 7.

'Klara von Hoheneichen' wurde oft gespielt, es galt, nach Tieck (Vorrede zum 11. Bande der Schriften, S. XL.), für ein vortreffliches Schauspiel; Adelungen war eine der Lieblingsrollen Flecks (Brachvogel, a. a. O. S. 275); in Hamburg wurde das Drama, wie ich aus den Hamburger Comödienzetteln ersehe, noch im Jahre 1824 aufgeführt.

---

[1] Vgl. noch den Schluss des 'Julius von Tarent'; Constantin von Tarent geht ins Kloster, trotz der Mahnung seines Bruders: 'bedenke, was du deinem Lande schuldig bist und die harte neapolitanische Regierung!' Der Gegensatz zu Törring springt in die Augen.

Mathilde, Gräfinn von Giessbach. Ein Trauerspiel von F. W. Ziegler. Wien 1791.[1]

Seewald von Homburg hat den Grafen von Giessbach, den Feind seines Vaters Wulfried, getödtet; die Tochter des Grafen, Mathilde (y), lebt, unter dem Namen einer Edlen von Steinach (cf. Landschaden von Steinach in 'Fust von Stromberg') auf seinem Schloss; sie wird seine Gattin (k). Der Sohn des Erschlagenen, Conrad, erstürmt die Burg Seewalds (d), dieser sinkt im Kampfe und gilt für todt. Schwur, Streit zweier Männer um eine Frau, Kerker, Namen Kap. 7.

Die Pilger. Ein Schauspiel aus den Zeiten des Faustrechts von F. W. Ziegler.[2]

Das Drama ist eine Fortsetzung der 'Mathilde von Giessbach'; nur um dieses Zusammenhanges willen wurde die 'Mathilde' an dieser Stelle besprochen. Conrad von Giessbach ist mit Ludmille von Firnestein verlobt; er kehrt von einem Heidenzuge zurück (w) und findet in dem Grafen von Schreckenstein, dem er seine Braut anvertraut hatte, seinen Nebenbuhler und Feind (n). Schreckenstein bezichtigt ihn, seine Schwester Mathilde getödtet zu haben; er entdeckt, dass Ludmille die Schwester des, wie man glaubt, von Conrad erschlagenen Grafen Seewald sei, die Tochter Wulfrieds (k). Ludmille will ins Kloster gehen, wird aber auf dem Wege dahin von Schreckenstein geraubt (p) und auf sein Schloss gebracht. Schreckenstein fordert Conrad zum Gottesgericht (l, v), der Kampf wird unterbrochen (cf. 'Fust'), Conrad schleicht in einer Verkleiduug durch die Oeffnung der Mauern in die Burg Schreckensteins, um seinen Freunden den Weg zu bahnen (cf. 'Robert von Hohenecken', 'Klara von Hoheneichen'); er wird erkannt und mit dem Tode bedroht. Ludmille verspricht, sich dem Grafen zu ergeben und rettet so den Geliebten (m). Die Freunde Conrads, an ihrer Spitze der mit seiner Gattin aus dem Morgenlande heimkehrende (w) Seewald erstürmen die Burg (d); allgemeine Versöhnung.

---

[1] Nach Goedeke S. 1066. Dramatische Werke, Bd. 7.
[2] Dramatische Werke, Bd. 7.

Einige Motive sind aus der 'Agnes' herübergenommen; das Gottesgericht endigt unter Tumult und Lärm, die Schranken werden eingestossen wie auf dem Turnierplatz zu Regensburg, 'Agnes' II. 3. (Kap. 7, r); Schreckenstein wird von Conrad entehrt (n), wie der Vicedom von Albrecht; in der Scene, wo Conrad und Ludmille zum ersten Male nach der Trennung sich wiedersehen, schwebt 'Agnes' III. 2. vor:

'Ludmille. (mit unterdrückter Zärtlichkeit und gezwungener Zurückhaltung.) ...

Agnes. (will in Albrechts Arme laufen: sieht die Menge, erschrickt; haltet beschämt.) —

Friedrich. Deine Vasallen und Waffenbrüder sind noch hier, und erwarten Deine Befehle.

Zenger. Sollen die Ritter bleiben, gnädiger Herr? —

Conrad. (ich) bitte Euch, meine Waffengenossen! Geht heim zu Euern Weibern .. und bleibt, was Ihr waret, meine Freunde. Wer aber morgen mein Beylager feyern helfen will, sey mir ein willkommener Gast!

Albrecht. Liebe Landsleute und Waffenbrüder! ich dank euch für euer Geleit und eure Liebe. Wenn euch meine Ehre lieb ist, kommt gerüstet in vier Tagen wieder.'

Erdichtete Todesbotschaft, Schwur, Kerker, unterirdischer Gang, Namen Kap. 7.

Ziegler hat die Motive des Ritterdramas auch in das Lustspiel hineingetragen in seinem 'Liebhaber und Nebenbuhler in einer Person', das in einigen Punkten mit E. T. A. Hoffmanns 'Meister Martin' sich berührt und in den 'Liebhabern im Harnisch'. In dem ersten Drama kommt der Name Flörsheim vor (S. 127), in dem zweiten ein unterirdischer Gang, ein Schwur. Kap. 7.

Adelheit Gräfin von Teck. Ritter-Schauspiel von Elise Bürger, geb. Hahn. Hamburg und Altona 1799.

Adelheit (y), die Jugendgeliebte Georgs von Hechingen, ist gezwungen worden, einem ungeliebten Manne, dem Grafen von Teck, ihre Hand zu reichen (x); nach des Grafen Tod bewirbt sich Jobst von Stauffeneck um sie, er raubt, da die Gräfin ihn nicht erhört, ihren Bruder Hans und belagert in ihrer Abwesenheit ihr Schloss (d), um auch ihres Sohnes Karl sich zu bemächtigen. Adelheit, die zur Vertheidigung ihrer Burg herbeieilt, wird die Gefangene Stauffenecks; er lässt ihr die Wahl, sein Weib zu werden oder ihren Bruder sterben zu sehen (m). Im letzten Augenblick dringt Georg, von Wenigen begleitet, in das Lager des Feindes (l), befreit die Geliebte und entflieht mit ihr. Durch einen unterirdischen Gang (r) gelangen Georg und Adelheit in die Burg und vertheidigen sie, bis Entsatz kommt; alles löst sich glücklich.

Kinder, Pilger, Einsiedler, Schwur, Beobachtung von Vorgängen hinter der Scene, Namen Kap. 7.

Johanna von Montfaucon. Ein romantisches Gemälde aus dem vierzehnten Jahrhundert von August von Kotzebue. Leipzig 1800.[1]

Um Johanna warben die Ritter Adalbert (y) und Lasarra; Adalbert errang ihre Liebe und wurde ihr Gatte. Lasarra glaubt, dass nur Zwang zu Gunsten des verhassten Nebenbuhlers entschieden habe (x); er erstürmt die Burg Adalberts (l, d) und nimmt Johanna und ihren Sohn Otto gefangen (p); ihr Gemahl entflieht. Lasarra giebt vor, Johannens Gatte sei gefallen (o), er bedroht das Leben ihres Kindes und zwingt so Johanna zu dem Versprechen die Seine zu werden (m). Im letzten Augenblick kehrt der Todtgeglaubte mit einem tapfern Heere zurück und erstürmt die Burg (d); alles endet glücklich. Pilger, Kinder, Einsiedler, Schwur, unterirdischer Gang, Namen Kap. 7.

Das Drama ist eines der wenigen Ritterstücke, die nicht in Deutschland spielen.

Der Harfner. Ein Ritterspiel von A. F. Graf von Brühl. Hamburg 1786.[2]

Die Grafen Ihser und Zoblingen warben um Eleonore (e); sie ward Ihsers Gattin. Beide Ritter zogen ins Morgenland.

---

[1] Nach Goedeke. Mir steht nur eine 'neue Auflage', Leipzig 1809 zu Gebote.

[2] Nach Kaysers Index. Goedeke 1089 giebt an: 1794. Das Drama wurde, nach Prölss 'Gesch. d. Dresdener Hoftheaters' 1792 in Dresden gespielt. Mir liegt eine Ausgabe vor: Pförten, bei Daniel Häntzsch. (Ohne Jahr.)

Zoblinger verkaufte Ihser an die Sarazenen und überbrachte Eleonore die Nachricht seines Todes (o); er wirbt von Neuem um sie, doch sie wahrt dem Gatten die Treue. Ihser kehrt zurück (w), der Verräther wird entlarvt. Köhler, Gottesgericht Kap. 7.

Erwine von Steinheim. Ein Trauerspiel von Aloys Blumauer. Köln und Leipzig 1790.

Urach, der Gemahl Erwinens von Steinheim ist, wie man glaubt, im Morgenlande gefallen, Graf Henneberg wirbt, von ihrem Vater unterstützt, um ihre Hand. Erwine kämpft lange, des Nachts weint sie in solchen Quantitäten, 'dass sie kein trocknes Plätzchen im Bette mehr finden kann', endlich weicht sie der Ueberredung und verlobt sich mit Henneberg (x). Der todtgeglaubte Gatte kehrt zurück (w) und fordert den edelmüthigen Gegner zum Gottesgericht (l, v); Henneberg muss wider seinen Willen darauf eingehn, wider seinen Willen Urach tödten. Schwur Kap. 7.

Adelheid von Wulfingen. Ein Denkmal der Barbarey des dreyzehnten Jahrhunderts von August von Kotzebue. Reval und Leipzig 1789.[1]

Adelheid (y) und ihr Gatte Theobald leben unwissentlich in Blutschande; Hugo, der aus dem Morgenland heimkehrende (w) Vater will, im Sinne des Dichters (cf. Lenz' 'neuen Menoza'), die Ehe bestehen lassen, ebenso Theobald, Adelheid aber, als sie durch den rachsüchtigen Pfaffen das Entsetzliche erfährt, tödtet ihre Kinder (g) im Wahnsinn. Schwur, Beobachtung von Vorgängen hinter der Scene Kap. 7.

Das Drama gehört nur zum Theil unter die Ritterstücke; es wird zwar von Gottesgericht, Turnier, Fehde gesprochen, sie greifen aber nicht in die Handlung ein.

Das heimliche Gericht. Ein Trauerspiel von L. F. Huber. In Schillers Thalia 1788/89.[2]

Konrad von Sontheim war mit Mathilde (y) von Landsberg, deren Gatte im Morgenlande gefallen sein sollte, ver-

---

[1] 1789 giebt Kotzebue selbst an im 'Theater', Leipzig und Wien 1840/1, Bd. 31; Goedeke S. 1059: 1788.

[2] Ich benutze die erste Ausgabe, Leipzig 1790.

lobt, der todtgeglaubte kehrte zurück (w, 1) und wurde durch einen Knappen Mathildens ermordet; Konrad heirathete die Wittwe. Sein Freund, Heinrich von Westhausen, erhält Kunde des Verbrechens; als Mitglied des heimlichen Gerichts wäre er gezwungen, Konrad der Vehme zu überliefern (a), doch er opfert der Freundschaft die Pflicht und sucht ihn zu retten. Die allwissenden Brüder vereiteln sein Vorhaben; Konrad fällt unter ihren Dolchen, Heinrich tödtet sich selbst.

Die starke Beeinflussung Hubers durch den 'Götz' springt in die Augen; Mathilde hat, wie Adelheid, durch ihren Knappen ihren Mann tödten lassen, die Vehme rächt den Gattenmord. Der Dichter begnügt sich nicht damit, das Motiv einmal zu copiren; auch eine andere seiner Personen, der Bube Georg, der Sohn des Franz, der das Weib seines Nachbarn liebte und den Ehemann 'durch unmerkliches Gift' aus dem Wege räumte, wird von der Vehme gerichtet. 'Er (Georg) war der beste Junge von der Welt' sagt seine Mutter, wie Götz (V. 112.): 'Er (Georg) war der beste Junge unter der Sonne'. Mathildens Gatte, Konrad, ist Weislingen, sein 'Waffenbruder' Heinrich Götz. Dieser ist der unerschrockene, thatendurstige Ritter, der Feind der Fürsten, jener der Höfling und Weiberknecht; 'Fürstengnade und Weiberliebe, die lächelnden Teufel' verleiteten ihn, wie den Weislingen 'das unglückliche Hofleben und das Schlenzen und Scherwenzen mit den Weibern'. (I. 34.) In Mathildens Reiz birgt sich für ihn, wie für Weislingen in Adelheid, 'eine geheime teuflische Macht, die den starken Geist des Mannes an sich zaubert und unempfindlich macht für den Ruf der Ehre'; u. s. w. Heinrich spottet über die 'verbrämten Buben' Konrads, wie Georg über die 'seidenen Buben' Weislingens (II. 57.); zu Ulrich Zoller, einem bürgerlichen Truchsess, steht der Ritter in demselben Gegensatz, wie die Ritter in der 'Agnes' zu dem bürgerlichen Kanzler Tuchsenhauser, wie die Ritter in 'Ludwig der Strenge' zu dem bürgerlichen Kämmerling Faber; 'die Herren Ritter', meint Zoller, 'verachten uns, die wir in Hofdiensten grau geworden sind'. Schwur, Einsiedler, Namen Kap. 7.

Hubers Drama machte Aufsehen und rief eine ansehnliche Zahl von Nachahmungen im Roman hervor; vornehmlich das Thema von der geheimen Gesellschaft, die ausserordentlich grosse, aber ausserordentlich dunkle Zwecke verfolgt, wurde aufgegriffen (vgl. auch Goethes 'Wilhelm Meister' und Schillers 'Geisterseher'). Im Drama fand Huber gleichfalls einige Nachfolger.

Ida oder das Vehmgericht. Ein historisches Schauspiel von J. N. Komareck. Pilsen und Leipzig 1792.[1]

Unter den vielen schlechten Ritterstücken der neunziger Jahre eines der schlechtesten. Ida wird von teuflischen Intriganten der Zauberei angeklagt, das Vehmgericht (a) erkennt nach langem Hin und Her ihre engelreine, weissgekleidete Unschuld. Schwur, Namen Kap. 7.

Karl von Berneck. Trauerspiel von Ludwig Tieck. Berlin 1797.[2]

In 'Karl von Berneck' mündet das Ritterdrama, so zu sagen, in die Schicksalstragödie, Ritterdrama und Schicksalsstück treten uns hier in der engsten Verbindung entgegen; dieser Umstand mag um so mehr hervorgehoben werden, als der Zusammenhang der Romantik mit dem Sturm und Drang in den meisten bisherigen Darstellungen nicht genügend betont erscheint.

Nur ein Theil der Fabel braucht hier erzählt zu werden, derjenige, der durch 'das heimliche Gericht' beeinflusst ist. Leopold von Wildenberg bewirbt sich um die Gunst Mathildens (y), deren Gatte im Morgenlande gefallen sein soll; der todtgeglaubte, dem sie einst durch Zwang vermählt ward (x), kehrt zurück (w) und zwingt Leopold zum Zweikampf (l, cf. 'Julius von Tarent' I. 3., 'Karlos' II. 5., 'Tasso' II. 3.); Mathilde fällt den Kämpfenden in die Arme und führt dadurch ihres Gatten Tod herbei (cf. 'Romeo und Julia' III. 1.). Leopold wird der Geliebte der Wittwe; Karl von Berneck, des Ermordeten Sohn, rächt das Verbrechen, er tödtet Leopold und Mathilden (cf. Orest, Hamlet).

---

[1] Goedekes Angabe S. 1067: 'Leipzig 1791' irrig?
[2] Ich citire nach dem elften Band der Schriften.

Der 'Götz' schwebt nicht nur indirect, er schwebt auch direct vor; wie der erste Akt des 'Götz' die bischöfliche Partei im 'Speisesaal, an Tafel' zeigt, als 'der Nachtisch und die grossen Pokale' aufgetragen werden, so zeigt der erste Akt des 'Karl von Berneck' Mathilde und Leopold im 'erleuchteten Saal' an 'grosser Tafel', als 'nur noch die Pokale auf dem Tisch' stehen; wie dort Liebetraut ein Lied singt, so hier ein Minnesänger. Auch der Gegensatz der Knappen Georg und Franz kehrt im 'Karl' ähnlich wieder:

'Georg. Du bist ein wilder Bursch, ich könnte nicht so sein.
Franz. Und du bist ein frommes, gutherziges Kind, ein wahres Schaaf.'

Geist, Unwetter, Namen Kap. 7.

Das Vehmgericht. Ein dramatisches Gemälde von August Klingemann.[1]

Klingemann wird, gleich Tieck, in der Regel den Romantikern zugerechnet. Sein Drama ist das einzige unter allen besprochenen, welches durchgehend in Versen, in fünffüssigen Jamben, gedichtet ist; im 'Käthchen von Heilbronn' wechseln, wie bekannt, Vers und Prosa, die andern Ritterstücke sind sämmtlich in Prosa geschrieben.

Das 'Vehmgericht' gehört zu den besseren Ritterdramen; es ist kräftig, schwungvoll und originell in der Sprache, die Fabel steht durchaus auf dem Boden der Ueberlieferung.

Adelheid (y) war durch Zwang einem ungeliebten Manne, Veit von Hohenau, vermählt (x). Als Hugo, ihr Jugendgeliebter, aus einem 'Heidenzug' zurückkehrte (w), wollte Veit ihn meuchlings tödten (1); ein treuer Diener Adelheids vergiftete (cf. 'Götz') den Hohenauer, Hugo heirathete die Wittwe. Nach Jahren erst erhält er Kunde des Verbrechens; als Mitglied des heimlichen Gerichts ist er gezwungen, Adelheid der Vehme zu überliefern (a), sie stirbt durch die Bundesbrüder des Gatten. Schwur, Unwetter, Namen Kap. 7.

---

[1] Das Drama wurde 1810 in München (Grandaur a. a. O. S. 71.) und Berlin (Teichmann a. a. O. 364.) gespielt, erschien jedoch, soviel ich sehe, erst im 'Theater', Tübingen 1820. Bd. 3.

Das Käthchen von Heilbronn oder die Feuerprobe. Ein grosses historisches Ritterschauspiel von H. von Kleist. Berlin 1810.[1]

Es finden sich im Wesentlichen die folgenden Motive: Vehme, Köhler, Mädchenraub, Pilger, Erstürmung, Herberge, Gottesgericht, Namen. S. Kap. 7. Dass Kunigunde, die Circe, die Giftmischerin, auf Adelheid im 'Götz' zurückgeht, bedarf der Ausführung nicht.

Welch grosse Verbreitung die Motive des Ritterdramas gefunden haben, geht u. A. daraus hervor, dass Schiller in zwei seiner letzten Dramen, in der 'Jungfrau von Orleans' und im 'Wilhelm Tell', eine Anzahl derselben verwendet hat; in der 'Jungfrau' finden sich: Geist, Unwetter, Köhler, Kerker, Beobachtung von Vorgängen hinter der Scene; im Tell: Kerker, Schwur, Unwetter, Weiberraub, Zwangsehe, Erstürmung, Pilger, Namen. S. Kap. 7. Wie im ächten Ritterdrama ist im 'Tell' von Ritterpflicht (III. 2. 344.) und Ritterwort (III. 3. 365.) die Rede; in der Scene zwischen Attinghausen und Rudenz, II. 1., scheinen Götz und Weislingen vorzuschweben:

'Attinghausen. Geh' hin, verkaufe deine freie Seele,
Nimm Land zu Lehen, werd' ein Fürstenknecht,
Da du ein Selbstherr seyn kannst und ein Fürst
Auf deinem eignen Erb' und freien Boden.

Götz. Bist Du nicht eben so frei, so edel geboren als Einer in Deutschland, unabhängig, nur dem Kaiser unterthan, und Du schmiegst Dich unter Vasallen? .. Verkennst den Werth eines freien Rittermanns, der nur abhängt von Gott, seinem Kaiser und sich selbst! Verkriechst Dich zum ersten Hofschranzen ..

Rudenz. Hilft Gott uns nicht, kein Kaiser kann uns helfen.
Was ist zu geben auf des Kaisers Wort ...
Nein Oheim! Wohlthat ist's und weise Vorsicht, ...
Sich anzuschliessen an ein mächtig Haupt.

Weislingen. Du siehst die Fürsten an, wie der Wolf den Hirten ... Und uns verdenkst Du's .. dass wir uns in ihren Schutz begeben, deren Hilfe uns nah ist, statt dass die entfernte Majestät sich selbst nicht beschützen kann?' u. s. w.

---

[1] Ich citire nach der Hempelschen Ausgabe.

Mit Rudenz Worten, III. 3. 365:

'Und stündet ihr nicht hier in Kaisers Nahmen,
Den ich verehre, selbst wo man ihn schändet,
Den Handschuh würf ich vor euch hin, ihr solltet
Nach ritterlichem Brauch mir Antwort geben.'

vergleichen sich die Worte des Götz, IV. 86.:

'Trügst Du nicht das Ebenbild des Kaisers, das ich in dem gesudelsten Konterfei verehre, Du solltest mir den Räuber fressen oder dran erwürgen!'

SIEBENTES KAPITEL.

MOTIVE.

Indem ich mich nunmehr anschicke, die Motive des Ritterdramas einer zusammenfassenden Betrachtung zu unterziehen, gilt es, im Voraus darauf aufmerksam zu machen, dass bei der Massenhaftigkeit des Materials es sich nicht darum handeln kann, alle Zusammenhänge gleich ausführlich darzulegen; Rücksichten auf den Raum fordern eine Beschränkung auf das Wesentliche und gebieten in vielen Fällen, bei einer blossen Aufzählung es bewenden zu lassen.

a. Vehme. Zehnmal; zuerst im 'Götz', 1773. Das Vehmgericht wird genannt in 'Kaspar', 'Bürgeraufruhr', 'Ritterschwur', 'Mathilde von Altenstein'; es wird auf die Scene gebracht in 'Götz', 'das heimliche Gericht', 'Ida', 'Käthchen von Heilbronn', 'Vehmgericht'; eine Nachahmung ist das 'Inquisitionsgericht' im 'Otto'.

Die bei Goethe grade durch ihre wuchtige Knappheit ausserordentlich wirksame Scene ist von den Nachfolgern sehr in die Breite gezogen. Die Geschäfte des Gerichts sind verschiedener Art; im 'heimlichen Gericht' und 'Vehmgericht' wird ein Neuling aufgenommen, in 'Otto' und 'heimlichen Gericht' kommt eine Klage wegen Ketzerei zur Verhandlung, in 'Ida' und 'Käthchen' wegen Zauberei, in 'Götz' 'heimliches Gericht', 'Vehmgericht' wegen Gattenmord. Der Klage geht die Ladung vorher in 'heimliches Gericht', 'Ida', 'Vehmgericht', sie verbreitet Schrecken bei dem Beklagten, Schrecken in seiner Umgebung:

'heimliches Gericht': 'O Herr, Herr! Ich traue meinen Augen nicht. Lasst mich's Euch nicht sagen, was ich zu sehen glaubte. Schlosswächter. (Er hat eine Pergamentrolle in der Hand.)..'

'Ida': 'Mathilde (kömmt mit einem Pergamentblatt in der Hand.) Ach, dass sich Gott erbarme!'

'Vehmgericht': 'Hilf, heil'ger Gott! Das ist das Vehmgericht! Rüdiger. (mit dem Ladungsbriefe an dem sieben Siegel hängen) . . .' —

'heimliches Gericht': 'Wir, des heiligen heimlichen Gerichts Freigrafen und Freischöffen — Hermann von Landsberg — Ha es ist aus!'

'Ida': 'Wir, die heimlichen Richter Gottes, laden dich . . . Weh, weh mir! . . (sinkt ohnmächtig zurück.)'

'Vehmgericht': 'Wehe, Wehe mir! . . (stürzt . . zu Boden.)'

Der Beklagte kommt mit verbundenen Augen im 'heimlichen Gericht', 'Ida', 'Käthchen', 'Vehmgericht'; die Richter rufen dreifach Wehe über ihn in 'Götz', 'heimliches Gericht', 'Vehmgericht':

'Götz': 'Aeltester. Streckt Eure Hände empor und rufet Weh über sie! Weh! Weh! ..
Alle. Weh! Weh! Weh!'

'heimliches Gericht': 'Eberhard, Aeltester des heimlichen Gerichts. (steht auf und legt die rechte Hand auf den Tisch.) Wehe, wehe, wehe dem Lügner!
Alle. (aufgestanden und die rechte Hand auf den Tisch legend.) Wehe, wehe, wehe dem Lügner!'

'Vehmgericht': 'Alle Schöffen. (rufen ernst und feierlich.) Wehe! Wehe! Wehe!'

Vgl. 'Ludwig der Springer': 'Erster Richter. Ruft Wehe über die Sünde und über die Sünderin. (er thut einen Schlag an die Glocke.)
Alle. Wehe!
Erster Richter. (schlägt wieder an die Glocke.)
Alle. Wehe!
Erster Richter. (schlägt zum drittenmal.)
Alle. Wehe!'

Die Richter sind 'vermummt' in 'Götz', 'heimliches Gericht', 'Ida', 'Käthchen', 'Vehmgericht'; ich bringe es hiermit in Verbindung, wenn in 'Camma', 'Kunigunde von Rabenswalde', 'Jakobine von Baiern' ebenfalls 'Vermummte' erscheinen. Das Local ist. im 'Götz', ein 'finstres enges Gewölbe', im 'heimlichen Gericht' zuerst 'ein finsterer enger Felsengang', dann 'ein unterirdisches Gewölbe', in der 'Ida' ein 'unterirdischer düsterer, dämmernder Ort', im 'Käthchen' eine 'unterirdische Höhle', im 'Vehmgericht' eine 'unterirdische Gegend'; im 'heimlichen Gericht' und 'Vehmgericht' ist der Raum von 'einer Lampe', in der 'Ida' von 'einigen Kerzen matt erleuchtet'.

b. Kerker, Gewölbe. R. M. Werner, Zeitschrift für österr. Gymnasien 1879. S. 279, hat bereits darauf aufmerksam gemacht, dass im Sturm und Drang Gefängnissscenen, im Anschluss an Gerstenbergs 'Ugolino', oft und oft begegnen; im Ritterdrama ist das Motiv gleichfalls beliebt. Vierundzwanzigmal findet es sich, zuerst im 'Götz', 1773. 'Thurm', 'Kerker', 'Gefängniss' finden sich in 'Götz', 'Otto', 'Agnes', 'Hugo der Siebente', 'Ludwig der Strenge', 'Hainz Stain', 'Klara von Hoheneichen', 'Weiberraub', 'Otto der Schütz', 'Ritterschwur', 'Kunigunde von Rabenswalde', 'Mathilde von Giessbach', 'Die Pilger', 'Weiberehre', 'Ludwig der Springer', 'Jungfrau', 'Tell' (nur erwähnt IV. 2. 388, V. 1. 405), 'Genovefa', Sodens 'Franz von Sickingen'. Im 'Robert von Hohenecken' ist das Gefängniss 'ein Gewölbe', im 'Fust' 'ein Geisselgewölbe', in 'Jakobine von Baiern' 'ein enges, finsteres, unterirdisches Gewölb' (vgl. oben); gleichfalls in einem 'Gewölbe' spielen die letzten Scenen des 'Franz von Sickingen', in einem 'düstern, unheimlichen Gewölbe' findet die grosse Berathung in 'Kaspar' statt, in einem 'Keller' die im 'Bürgeraufruhr'. Die Scenen in Kerker und Gewölbe spielen häufig bei Nacht, in einem nur wenig erhellten Raum (vgl. oben); im 'Robert von Hohenecken' ist das Gewölbe 'schwach erleuchtet', im 'Kaspar', brennen 'drei Lampen, doch, dass das Licht nur Dämmerung ist', in 'Agnes', 'Fust', 'Jakobine', 'Franz von Sickingen' brennt 'eine Lampe', im 'Ritterschwur' 'ein kleines Licht' ('selbst die schwache Dämmerung dieser Lampe', heisst es, 'ist noch zu helle für diesen lichtscheuen Betrug'); in 'Johanna von Montfaucon' wird ein Waffensaal 'durch eine Lampe sparsam erleuchtet'.[1]

---

[1] In der Bühnenbearbeitung des 'Fiesko' befindet sich Bertha in einem 'unterirdischen Gewölbe, das durch eine einzige Lampe erleuchtet wird und dessen Hintergrund ganz finster bleibt', der Kerker des

Auf einem Strohlager erblicken wir Genovefa, Berta im 'Robert von Hohenecken', Artimes im 'Fust' (cf. 'Faust'), in Fesseln u. A. Hungen im 'Otto', Bertha im 'Robert', Agnes Bernauerinn, Adelheit von Teck und die Jungfrau von Orleans. Die Bande Adelheits wie der Jungfrau zerreissen auf wunderbare Weise im Augenblick der höchsten Gefahr:

'Adelheit. O ewige Vorsicht! Stähle ihren (der Freunde) Muth, stärke ihre Kräfte! Sieh, ich hebe meine gebundenen Hände zu dir auf. (indem sie die Arme emporhebt, springen die Bande.) Ach, das ist ein Zeichen vom Himmel!'

'Jungfrau. Höre mich Gott, in meiner höchsten Noth,
Hinauf zu dir, in hässem Flehenswunsch,
In deine Himmel send' ich meine Seele. ...
(Sie hat ihre Ketten mit beiden Händen kraftvoll gefasst und zerrissen.)[1]

Die Qualen der Gefangenschaft, das Schreckliche des Aufenthaltsortes, der Kerkerkammern, Höhlen und Felsenlöcher, wird fast überall in den stärksten Farben geschildert; es genügt, auf die oben (S. 80) ausgehobenen Worte des Otto' zu verweisen.

c. Schwur. Neunundzwanzigmal; zuerst im 'Götz' 1773. Zuweilen mehrmals in demselben Stück; in 'Ida' dreimal, im 'Vehmgericht' dreimal, in 'Jakobine von Baiern' viermal.

α. Einfache Betheurung. In 'Götz', 'Ludwig der Strenge', 'Ignez', 'Liebhaber im Harnisch', 'Mathilde von Giessbach', 'Ludwig der Springer', 'Mathilde von Altenstein', 'Jakobine von Baiern', 'Johanna von Montfaucon', 'Tell', 'Vehmgericht', 'Franz von Sickingen'. Z. B.:

'Götz': 'Richter des heimlichen Gerichts schwurt .. zu richten im Verborgenen .. Gott gleich! ... Schwörst Du zu dem Gott der Wahrheit, dass Du Wahrheit klagst?
Ich schwöre.'

'Ludwig der Strenge': 'Blutrichter! Ihr sollt .. den heiligen Eid mir geloben, keines Namens, keines Standes zu schonen ..
Wir beschwören es bei Gott und unsrer Pflicht.'

Florestan in Beethovens 'Fidelio' wird durch 'kein Licht als den Schein einer Lampe erleuchtet'. Vgl. noch die erste Scene des 'Faust': 'Faust in einem hochgewölbten, engen, gothischen Zimmer .... Die Lampe schwindet! .. Es weht ein Schauer vom Gewölb herab' und die Kerkerscene: 'Faust mit einem Bund Schlüssel und einer Lampe'.

[1] Vgl. 'Faust': 'Margarethe (springt auf; die Ketten fallen ab.)...'

'Ludwig der Springer': 'Gelobt Ihr, heilige Richter, zu richten wie Gott spricht?
Ja!'
'Liebhaber im Harnisch': '.. Das schwört bey Eurer Seele und Eurer Ritterpflicht.
Wir schwören!'
'Johanna von Montfaucon': 'Schwört mir .. bey Gott, bey Eurer Ehre . .
Ich schwöre.'
'Wilhelm Tell': 'Lasst uns den Eid des neuen Bundes schwören (II. 2. 335.) . . . ein heilger Schwur verbindet uns (IV. 2. 382.) . . . Damals gelobt' ich mir in meinem Innern mit furchtbarem Eidschwur. (IV. 3. 389.)
'Franz von Sickingen': 'Auf dieser Ahnherrn heiligen Gebeinen
Erneuern wir den ernsten Schwur für Wahrheit,
Für Vaterland zu kämpfen und zu sterben.
Ich schwör's!
Ich schwör's!
Ich schwör's!
(Sie erheben ihre Hände zum Schwur; aus den Gräbern hallt es dumpf wieder:) Schwör's! Schwör's!' (cf. 'Hamlet')

β. **Schwur auf das Schwert** (cf. 'Hamlet'), den Schild, das Crucifix, die Bibel u. s. w. In 'Götz', 'Otto', 'Kaspar'. 'Johann von Schwaben', 'Fust', 'Schweden in Baiern', 'Camma', 'Adelheid von Wulfingen', 'Erwine von Steinheim', 'Rache für Weiberraub', 'Kunigunde von Rabenswalde', 'Ritterschwur', 'Ida', 'Adelheit von Teck', 'Jakobine von Baiern', 'Vehmgericht'. Z. B.:

'Götz': 'schwurt auf Strang und Schwert, unsträflich zu sein'
'Otto': 'legt eure Finger auf dies heilige Buch!
Zur Betheurung leg ich meine Finger auf dies Buch, durch das wir selig werden.
ich betheure bey diesem heiligen Buch, Heil und Seligkeit gebend ..' (III. 4.)
'Kaspar der Thorringer': 'Nun lasst uns unser Vorhaben beschwören und unsern Bund errichten! (sie nehmen alle die Schilde und halten die blossen Schwerter hoch) ... Schwöret Freiheit oder Tod auf mein Schild! (sie legen die Schwertspitzen auf Kaspars Schild) Wir schwören Treue auf des Thorringers Schild.' (III. 6.)
'Johann von Schwaben': 'lasst uns schwören!
Haltet Ihr das Schwert, Herzoginn!
Das will ich .. Legt eure Schwerdter, leg du deine Hand drauf, Johann! (sie thun es) Schwört ihr Alberts Tod, ihr Ritter?
Wir schwören Alberts Tod.' u. s. w.

'Kunigunde von Rabenswalde': 'schwört auf mein Schild, dass ihr...

Wir schwören.'

'Adelheit von Teck': '... Schwört mir das bey Gott und Eurer Ritterehre.

(er zieht sein Schwerdt und berührt damit den Scheitel des Knaben.) Ich schwöre bey Gott und meiner Ritterehre, heilig zu halten die Rechte dieses Knaben...'

'Ida': 'Schwöre unsern fürchterlichen Eid! (Er hält sein Schwerdt über dem Todtenkopf.)

(er legt seine Hand darauf) Ich schwöre.'

'Vehmgericht.': 'leg die Rechte auf das Kreuz des Schwerdtes
(hält es ihm entgegen)
Die Linke aber auf das Herz zum Schwure
Ihr aber steht als Rächer um ihn her!

(... sie kehren alle ihre entblössten Schwerter nach seinem Haupte, während der Eid geleistet wird)
Dass ich die heilige Vehme will verwahren...
Das schwöre ich beim Himmel und der Erde!'

γ. **Die furchtbarsten Strafen des Himmels und der Erde sollen das Haupt des Meineidigen treffen.** Im 'Götz', 'Otto', 'Johann von Schwaben', 'Ludwig der Bajer', 'Adelheid von Wulfingen', 'heimliches Gericht', 'Klara von Hoheneichen', 'Weiberraub', 'Kunigunde von Rabenswalde', 'Pilger', 'Johanna von Montfaucon', 'Jakobine':

'Götz': 'Würd' es falsch befunden, beutst Du Deinen Hals der Strafe des Mords und des Ehebruchs?

Ich biete.'

'Otto': 'Halte ich sie nicht, weiche von mir Gott; lasse meine Seele schmachten in der Stunde des Todes schröcklich!

Halt ich ihn nicht, lass mich nicht zur Ruhe kommen dieses und jenes Lebens!'

'Ludwig der Bajer': 'schwöre mir Verschwiegenheit, wie ich dirs schwöre, gieb mir die Hand, mit Gunst.

Der Teufel soll mich zerreissen mit Gunst! wenn ich 'ne alte Hurre bin. (schlägt ein.)

Der Arm soll mir ausfallen und meine arme Seel keinen Theil am Himmel haben, wenn ich nicht schweigen kann, mit Gunst!'

'Das heimliche Gericht': 'Und haltet Ihr nicht, so falle über Euch der Fluch des Gerichts, und Schande und Strafe des Meineids.'

'Jakobine von Baiern': 'schwört mir, meine Getreuen!

Wir schwören, so wahr uns Gott helfen möge, in unserer Sterbestunde.'

d. **Belagerung und Erstürmung von Burgen.**
Neunzehnmal; zuerst im 'Götz' 1773. Belagerung und Erstürmung erfolgen:

α. aus politischen Motiven. In 'Götz', 'Hugo der Siebente', 'Kaspar', 'Otto von Wittelsbach', 'Bürgeraufruhr', 'Tell'.

β. wegen persönlicher Verfeindung. In 'Otto', 'Fust', 'Mathilde von Giessbach', 'Weiberraub', 'Adelheit von Teck', 'Käthchen'.

γ. um einen Weiberräuber zu bestrafen und ihm die Beute wieder abzunehmen. Im 'Sturm von Boxberg', 'Robert von Hohenecken', 'Hainz Stain', 'Klara von Hoheneichen', 'Kunigunde von Rabenswalde', 'Pilger', 'Johanna von Montfaucon'. Ein unterirdischer Gang führt zweimal, in 'Klara von Hoheneichen' und 'Ritterschwur' die Belagerer, einmal, in 'Adelheit von Teck', die Vertheidiger in die Burg (s. u. r); in 'Robert' und 'Pilger' gelangen die Feinde gleichfalls auf einem heimlichen Wege, an einer nicht geschützten Stelle in das Schloss des Gegners. Die Erstürmung führt zur völligen Zerstörung der Burg in 'Kaspar', 'Otto von Wittelsbach', 'Weiberraub', 'Pilger', 'Tell' (V. 1. 405.), 'Käthchen'; viermal, in 'Kaspar', 'Pilger', 'Tell', 'Käthchen', erfolgt die Zerstörung durch das Feuer. Dem Kampf geht häufig nach dem Vorbild des 'Götz' eine Ausforderung voraus; in 'Otto von Wittelsbach', 'Camma', 'Kunigunde von Rabenswalde', 'Ludwig der Springer' stösst ein Herold in die Trompete, 'eine Trompete im Schloss antwortet', darauf erscheint der Herr der Burg 'auf der Mauer' oder 'Warte' und verhandelt von hier aus mit dem Feinde (vgl. Shakespeare, z. B. 'Richard II.', III. 4; entfernter 'Othello', I. 1, Schillers 'Fiesko' V. 1).

e. **Beobachtung von Vorgängen hinter der Scene.** Zehnmal, zuerst im 'Götz' 1773. (Nach 'Julius Caesar'). Das Motiv begegnet seit dem 'Götz' auch ausserhalb des Ritterdramas, z. B. in Klingers 'Konradin'; modernen Dramatikern ist es gleichfalls geläufig. Man beobachtet die Vorgänge im 'Götz' auf einer 'Höhe mit einem Wartthurm', in 'Ludwig der Springer' auf einem 'Thurm', in der 'Jungfrau von Orleans' auf einem 'Wartthurm', in 'Otto', 'Hugo der Siebente', 'Ludwig der Bajer' auf einer 'Anhöhe', in 'Fust' auf einem Baum, in Adelheid von Wulfingen' auf einem Hügel, in 'Adelheit von Teck' und 'Mathilde von Altenstein' am Fenster. In 'Adelheid von Wulfingen' sehen die Kinder nach dem heimkehrenden Vater, in 'Ludwig der Springer' ein Knappe nach der Geliebten seines Herrn; in allen andern Fällen handelt es sich um das Beobachten von Kämpfen, das Erspähen von heranziehenden Feinden u. s. w.:

'Götz': 'Steig Einer auf die Warte und seh, wie's geht!
Wie will ich hinaufkommen?
Steig auf meine Schultern! da kannst Du die Lücke reichen und Dir bis zur Oeffnung hinaufhelfen. (er steigt hinauf.)'

'Fust': 'Steig hinauf, Bube'.

'Ludwig der Springer': 'steig . . hinauf.
. . . Wie will ich denn da hinauf!
steig auf meine Schulter und schwing dich durch Hülfe jenes Buchenastes hinan. (er steigt auf den Thurm.)'

'Jungfrau von Orleans': 'Steig auf die Warte dort, die
nach dem Feld
Hin sieht und sag uns wie die Schlacht sich wendet . .
(Soldat steigt hinauf.)' —

'Götz': 'Was siehest Du?'

'Hugo der Siebente': 'Dort . . erhebet sich ein Staub, vor dem ich nichts unterscheiden kann.'

'Ludwig der Bajer': 'der Staub zieht sich die ganze Länge des Waldes herauf.'

'Fust': 'Eine grosse Wolke von Staub — Sie sinds! Es blinket rüstiges Zeug heraus.'

'Adelheid von Wulfingen': 'siehst du nichts?
Staub . . viel Staub! zwischen durch flimmerts und blinkerts wie Waffen.'

'Ludwig der Springer': 'Siehst Du was?'

'Jungfrau von Orleans': 'Was siehest du? . . .
Alles ist in Staub vermengt. Ich kann nichts unterscheiden ' —

'Götz': 'Sieg! Sieg! Sie fliehn.
Die Reichstruppen? . . . Höllische Schurken!'

'Otto': 'Was? sie fliehen — Karl Sieg! O Schurken, Schurken.

'Jungfrau': 'Sieg! Sieg! Sie entfliehen!
Wer flieht?' —

'Götz': 'Götzen seh' ich nicht mehr.
So stirb, Selbitz! . . .
Wohl! Wohl! Ich sehe Götzen!'

'Otto': 'Oh er stürzt, nein, der andre.'
'Hugo der Siebente': 'Ich glaube, Waldemar ist dort. Nein, weiter dort links ist er.'
'Jungfrau': 'Unser Feldherr ist umzingelt
Stirb Unglückliche!
Er ist befreit.' —
'Götz': 'Komm herunter!.. Komm!.... Komm herab!'
'Hugo der Siebente': 'lassen Sie mich hinunter.
Bleib hier..'
'Fust'! 'lasst mich auch mit!
Bleib dorten.'
'Ludwig der Springer': 'Steig herab.'
'Jungfrau': 'Ich will nicht weiter hören. Komm herab.'

f. Herberge. Zehnmal; zuerst im 'Götz', 1773. Das Local ist eine 'Herberge' in 'Götz' (I. 19, II. 60) 'Sturm von Boxberg', 'Ritterschwur', 'Jakobine', 'Käthchen', eine 'Mühle' in 'Robert von Hohenecken', eine 'Dorfschenke' in 'Ludwig der Bajer', ein 'Wirthshaus' in 'Ludmillens Brauttag', 'Liebhaber und Nebenbuhler' und in Schikaneders 'Philippine Welser'; der Wirth (oder in 'Ludwig der Bajer' die Wirthin) erscheint in allen Fällen, mit Ausnahme des 'Ritterschwur' und der 'Jakobine'. Der Auftritt in der Herberge eröffnet das Drama fünfmal, in 'Götz', 'Robert', 'Sturm', 'Ritterschwur', 'Philippine Welser'. Wichtige, entscheidende Scenen spielen niemals in der Herberge, man hält Rath über zu Unternehmendes oder blickt auf Geschehenes zurück, man zieht Kundschaft ein, u. s. w.

g. Kinder. Zwölfmal. Zuerst im 'Götz' 1773 und im 'Otto' 1775 (nach 'Ugolino'). R. M. Werner, Zs. f. öst. Gymnasien 1879, S. 280 ff., führt in ansprechender Weise aus, wie die Charakteristik der Kinder im 'Ugolino' auf alle folgenden Kinderscenen gewirkt hat. Innerhalb des Ritterdramas begegnet der Gegensatz von Heldenknabe und Mutterkind in 'Götz', 'Otto', 'Johann von Schwaben', 'Otto von Wittelsbach', 'Schweden in Baiern', 'Adelheid von Wulfingen'; der Heldenknabe allein findet sich in 'Kaspar', 'Ludwig der Strenge', 'Camma', 'Mathilde von Altenstein', 'Adelheit von Teck', 'Johanna von Montfaucon'. Da die Ausführungen von Werner bereits das Wesentliche gegeben haben und neue

Züge sich nicht einstellen, ist es unnöthig, auf das Einzelne einzugehen.

h. **Unwetter.** Elfmal; zuerst im 'Otto' 1775 (nach Shakespeare). Schreckensvorgänge in der Natur, Sturm und Ungewitter, begleiten die ungeheuerlichen Thaten der Menschheit; wenn die Natur ruhig bleibt und nicht in Mitleidenschaft gezogen wird, empfindet man es als etwas Wunderbares. In 'Otto', 'Johann von Schwaben', 'Hugo der Siebente', 'Ignez', 'Weiberraub', 'Mathilde von Altenstein', 'Karl von Berneck', 'Jakobine von Baiern', 'Jungfrau von Orleans', 'Tell', 'Vehmgericht'. Z. B.:

'Othello': 'Mich däucht, es sollte izt eine dichte Verfinsterung der Sonne und des Monds seyn, und der geschreckte Erdball sollte vor Entsezen beben.' (V. 7.)

'Otto': 'Hah! und keine düstre höllschwarze Nacht! Mondhell! lösche deine Lichter aus, gütiger Himmel! .. Sterne, keinen Glanz!' (III. 9.)

'Weiberraub': '(es blitzt und donnert stark) Hört Ihr? Gott geht ins Gericht, er spricht den Bannfluch über die Menschen! weil sein schönstes Ebenbild so verunstaltet wurde .. (es donnert und blitzt sehr stark)'

'Tell': 'Und die Natur soll nicht in wildem Grimm
    Sich drob empören -- O mich solls nicht wundern,
    Wenn sich die Felsen bücken in den See,
    Wenn jene Zacken, jene Eisesthürme ...
    Von ihren hohen Kulmen niederschmelzen' u. s. w. (IV. 1. 370)

'Johann von Schwaben': 'Wir wollen schwören. (Während dieser Scene hat sich der Himmel umwölkt, und einigemal von ferne gewetterleuchtet .. Itzt erleuchtet ein stärkerer Blitz die nächtliche Stille, sie erschrecken alle.)'

'Das Vehmgericht': 'Schwör mir's bei Gott! (Es donnert stark.)'

'Jakobine': 'wer .. Muth und Entschlossenheit besitzt ... (zieht schnell das Schwert heraus, indess der Donner heftig rollt) der schwöre bei meinem Schwert und diesem fürchterlichen Donner ...'

'Jungfrau von Orleans': 'Hier werf ich meinen Ritterhandschuh hin,
    Wer wagts, sie eine Schuldige zu nennen?
(Ein heftiger Donnerschlag, alle stehen entsetzt)' (IV. 12. 307.)

i. **Einsiedler.** Siebenmal; zuerst im 'Otto', 1775. In 'Otto', 'Adelheit von Teck', 'Genovefa' gilt der Einsiedler ohne allen Grund den Menschen für heilig; der im 'Otto' konnte die Welt nicht mehr geniessen, weil er sie zu viel genoss, der in 'Adelheit von Teck' hat in seinem Leben zu viel Böses gethan, als dass er 'auf seine alten Tage sollte anfangen ehrlich zu werden'; der Eremit in 'Johanna von Montfaucon' giebt sich als Bösewicht, ohne es zu sein: 'Ihr scheuet mein Gewand; drum sey es mir vergönnt, es in Eurer Gegenwart abzuwerfen'; Wallrod in 'Genovefa' hat sich nur als Eremit verkleidet. (I. 7. II. 3. s. u. s, w.) Etwas mehr Anspruch auf Heiligkeit und Verehrung haben der 'Druyde' in 'Camma', der in einer 'hohlen Eiche, einem unwirthbaren Haine' wohnt, 'den kaum in zwanzig Jahren zweymal eines glücklichen Menschen Fuss betritt', der Einsiedler im 'heimlichen Gericht', der am Fusse des Brockens haust, der Einsiedler in 'Otto der Schütz', der die Ruinen eines abgebrannten Schlosses, der Eremit in 'Johanna von Montfaucon', der eine Höhle bewohnt; die Einsiedler in den beiden letzten Dramen sind nicht Eremiten von Beruf, sie sind durch die Ungunst der Verhältnisse, durch schwere Schicksalsschläge aus der Welt vertrieben worden und kehren dahin zurück, als das Glück sich ihnen wieder zuneigt.

k. **Liebe zwischen den Kindern feindlicher Geschlechter.** Achtmal; zuerst im 'Otto' 1775. (Nach 'Romeo und Julia'.) In 'Otto', 'Sturm', 'Johann von Schwaben' ist der Vater (oder Oheim) des Mannes der Verbindung entgegen, der Vater des Mädchens ist todt, aber über das Grab hinaus wirkt der Hass der Geschlechter. Marie von Detten, im 'Sturm', erzählt:

'Ihr Kinder! sagte mein sterbender Vatter .. seid meinem gnädigen Herrn hold und gewärtig in allen Dingen ... du kannst nicht fechten, ich habe dir doch ein Herrgewette .. zugedacht, auf dass du legest deine Hand in eine die für ihn ficht.'

'Johann von Schwaben': 'Drei Stunden kämpft' er mit dem Tode. ... Tochter, rief er, einen Eid, zu thun, was ich fordere! .. keinem deine Hand, als dem, der deinen Vater rächt.'

In diesen drei Dramen ist die Feindschaft mehr politisch, in den andern ist sie persönlich. In 'Ritterschwur' und 'Mathilde von Altenstein' ist des Mannes Vater todt, des

Mädchens Vater ist den Liebenden feindlich, so dass der Geliebte gezwungen ist, die Tochter des Gegners zu entführen. In 'Mathilde von Giessbach' und 'Pilger' ist der Bruder des Mädchens der Träger des Familienhasses, **beide Väter** sind todt; sie **leben** beide in 'Rache für Weiberraub'. Die Mädchen in den beiden ersten Dramen, der Mann im dritten sind in früher Jugend geraubt, sie werden von den Gegnern in Unwissenheit ihrer Geburt erzogen. Die Mutter kommt nirgends in Betracht.

l. **Streit zweier Männer um eine Frau.** Zwanzigmal; zuerst im 'Otto', 1775. *α*. Es findet eine wirkliche, erbitterte Feindschaft auf beiden Seiten statt, der minder begünstigte unterliegt im Kampfe. In 'Robert von Hohenecken', 'Hainz Stain', 'Harfner', 'Klara von Hoheneichen', 'Weiberraub', 'Kunigunde von Rabenswalde', 'Ritterschwur', 'Pilger', 'Adelheit von Teck', 'Johanna von Montfaucon'. *β*. Der Kampf wird nur durch die Heftigkeit der einen Partei provocirt, die andere ist edel, oder weiss nichts von dem Gegensatze, oder kämpft nur gezwungen. In 'Otto', 'Sturm von Boxberg', 'Fust von Stromberg', 'Camma', 'heimliches Gericht', 'Erwine von Steinheim', 'Mathilde von Giessbach', 'Karl von Berneck', 'Vehmgericht', 'Golo und Genovefa'.

m. **Gefährdung eines geliebten Lebens.** Sechsmal; zuerst in der Ballade 'Genovefa im Thurme', 1776. (S. 133.) In 'Klara von Hoheneichen' und 'Pilger' ist der Preis der Unschuld die Errettung des Geliebten, in 'Genovefa' und 'Johanna von Montfaucon' die Errettung des Kindes; das Leben des Vaters ist in Gefahr in 'Hainz Stain', das Leben des Bruders in 'Adelheit von Teck'.

n. **Falscher Freund.** Viermal; zuerst in der Ballade 'Genovefa', 1776. In seiner Abwesenheit von der Heimath vertraut ein Ritter sein Mädchen dem Schutz des Freundes an, dieser täuscht sein Vertrauen und wirbt selbst um die Gunst der Dame; da sie dem Geliebten die Treue wahrt, lässt er sie in den Kerker werfen. In 'Genovefa', 'Kunigunde von Rabenswalde', 'Ritterschwur', 'Pilger'. Mit einem Schein des Rechtes verfährt Golo in 'Genovefa', die andern Bösewichte sind einfach Weiberräuber. Dem rückkehrenden Freunde treten sie feindlich entgegen; sie werden besiegt, erschlagen oder entehrt.

o. **Erdichtete Todesbotschaft.** Fünfmal; zuerst in der Ballade 'Genovefa', 1776. Das Motiv begegnet in 'Genovefa' ('Räuber'), 'Harfner', 'Kunigunde von Rabenswalde', 'Pilger', 'Johanna von Montfaucon'; stets ist es der minder begünstigte Liebhaber, der die Nachricht überbringt oder überbringen lässt:

'Genovefa': 'Sieh hier den Schild, sieh hier den Speer,
Dies Schwert, so er geführet . . .
Von seinem Heldenblute roth. . . .
Sein letztes Wort war noch im Tod,
Wir sollten uns vermählen.' (Werke, II. 207.)

['Räuber': 'Es war der letzte Wille meines sterbenden Kameraden. Nimm dies Schwert, röchelte er, du wirst's meinem alten Vater überliefern; das Blut seines Sohnes klebt daran . . .
Was steht da auf dem Schwert? . . Franz, verlass meine Amalia nicht. . . Sein fliehender Geist verzog, Franz und Amalia noch zusammen zu knüpfen.' (II. 2)]

'Kunigunde': 'ich will euch . . den Brief vorlesen . . . ehe ich sterbe, so vernehmet noch meinen letzten Willen . . . euch überlasse ich meine Burg und Kunigunden . . Nehmt sie zu eurem Weibe.'

p. **Weiberraub.** Dreizehnmal; zuerst im 'Sturm von Boxberg' und 'Robert von Hohenecken', 1778. In 'Robert von Hohenecken', 'Hainz Stain', 'Klara von Hoheneichen', 'Kunigunde von Rabenswalde', 'Ritterschwur', 'Pilger', 'Johanna von Montfaucon', 'Käthchen' ist der Räuber der minder begünstigte Liebhaber; in 'Sturm von Boxberg', 'Fust', 'Weiberraub', 'Jakobine', 'Tell' (IV. 2. 387) erfolgt der Raub aus politischen Gründen oder aus persönlicher Feindschaft, nicht aus Liebe. Nur im 'Hainz' stirbt die Geraubte, in den andern Fällen geht sie in jedem Sinne unbeschädigt aus der Gefahr hervor.

q. **Köhler.** Fünfmal; zuerst im 'Robert von Hohenecken', 1778. Man erkundigt sich bei dem Köhler nach dem Wege, im 'Robert'; man sucht Schutz bei ihm vor Unwetter und Gefahren in 'Johann von Schwaben', 'Jungfrau', 'Käthchen'. Im 'Harfner' nimmt sich der Köhler eines verlassenen Kindes an, wie er denn überhaupt als durchaus bieder gezeichnet zu werden pflegt. Im 'Johann von Schwaben' heisst es:

'O was hab' ich unterwegens erlitten! Nächtliche Stürme in ödem Walde — Hunger, Frost und Durst, Angst und Zagen jeder Art, eh' ich einen treuen Köhler fand, der Mitleid mit mir Halbtodten trug, der mir Zuflucht in seiner Hütt' erlaubte.'

'Harfner': 'Ein Wald; im Hintergrunde eine Köhler Hütte....' Sieh da, eine Hütte! — Vielleicht find ich hier Labsal und Kundschaft!

'Jungfrau': 'Ein wilder Wald, in der Ferne Köhlerhütten Es ist ganz dunkel, heftiges Donnern und Blitzen, dazwischen Schiessen...
    Hier seh ich Hütten. Kommt, hier finden wir
    Ein Obdach vor dem wüth'gen Sturm. Ihr haltet's
    Nicht länger aus, drei Tage schon seid ihr
    Herumgeirrt . . .
    Und wilde Wurzeln waren eure Speise.
    Es sind mitleid'ge Köhler. Kommt herein.'

'Käthchen': 'Köhlerhütte im Gebirg. Nacht, Donner und Blitz. ... Das ist eine Köhlerhütte ... Das ist des Herrn .. Schwester .., die begehrt eines Platzes in Deiner Hütte, bis das Unwetter vorüber ist ... Ihr guten Köhler ... meine wackern Köhler.'

In 'Robert von Hohenecken' erscheint der Köhler allein, auch in 'Johann von Schwaben' ist nur von ihm die Rede; im 'Harfner' begegnen der Köhler, seine Frau, seine Töchter und sein 'vermeinter Sohn', in der 'Jungfrau' Köhler, Köhlerweib und Köhlerbub, im 'Käthchen' zwei Köhler und der Köhlerjunge; in der 'Jungfrau' und im 'Käthchen' sind Köhlerbub und Köhlerjunge die wichtigsten Personen in den betreffenden Scenen, durch den Buben wird die Jungfrau erkannt, durch den Jungen wird die Befreiung Kunigundens herbeigeführt.

r. **Unterirdischer Gang.** Elfmal; zuerst in Ramonds 'Hugo der Siebente', 1780. (Unabhängig Törring.) Ein unterirdischer Gang führt zweimal die Belagerer, einmal die Vertheidiger in die Burg (s. o. d); er führt, in 'Mathilde von Altenstein', die Besiegten unbemerkt aus der Burg — das Gleiche ist beabsichtigt in 'Kaspar' und den 'Pilgern' — er bringt in 'Fust' und 'Johanna von Montfaucon' die Gefangenen in die Freiheit. In 'Hugo der Siebente' gelangen die Befreier in das verschlossene Gefängniss durch einen heimlichen Gang. in 'Jakobine von Baiern' gelangen umgekehrt die Feinde durch den Gang zu Jakobinen und schleppen sie ins Gefängniss. Mit alleiniger Ausnahme der 'Jakobine' sind es in allen Dramen die Guten, die durch den heimlichen Gang profitiren. Der Gang bringt im 'Liebhaber im Harnisch' den Geliebten zum Liebchen, gegen den Willen des geizigen Vormundes; im 'Kaspar' kommt der Geist aus dem Gange und verschwindet in ihm.

Die scenischen Vorschriften gleichen sich häufig bis ins Einzelnste. Z. B.:

'Hugo der Siebente': 'Er kommt aus dem unterirdischen Gang hervor, indem er einen Stein weghebt, mit einer Fackel in der Hand.'

'Klara von Hoheneichen': 'Es wird an der Mauer gebrochen, man hebt leise Steine heraus, der Fackeln Glanz erhellt die Bühne.'

'Jakobine': 'Man hört . . ein dumpfes Klopfen auf Steine; es . . fallen einige grosse Stücke Felsen heraus. Man sieht Fackellicht.'

'Mathilde von Altenstein': (Unter der Erde) Heda! hierher! hier ist der Ausgang. Setzt an. So — so. (Man hört das Geräusch, wie wenn man Brecheisen ansetzt und Schlösser aufbricht. Im Hintergrunde öffnet sich die Erde. Er steigt . . heraus.) Gottlob! da wären wir. — Nur mir nach. — So, gebt mir die Hand (sie steigt herauf). Willkommen auf dem neuen Erdreich.'

'Johanna von Montfaucon': '(aus der Tiefe) Wir sind am Ziele. Nur Dornen und . . Gesträuch versperren uns noch den Ausgang. (er wird halb sichtbar.) Triumph! da sehe ich schon den freundlichen Mond! (windet sich ganz herauf) Jetzt reicht mir Eure Hand! . . (er klimmt herauf.) Ha! es ist vollbracht! — Wir sind in Sicherheit.'

s. Geist. Sechsmal; zuerst in Ramonds 'Hugo der Siebente', 1780. (unabhängig Törring; beide nach Shakespeare). Der Geist der Ahnherrn erscheint in 'Hugo der Siebente', 'Kaspar der Thorringer', 'Karl von Berneck', der Geist von eben Verschiedenen in ('Götz', erste Bearbeitung) 'Jgnez', 'Jungfrau'. In 'Camma', 'Otto der Schütz', Voigt's 'Radegund von Thüringen' erscheinen Geister, die als vermummte Lebende erkannt werden; in 'Götz', 'Hugo der Siebente', 'Klara von Hoheneichen' hält man Lebende ohne ihr Zuthun für Geister:

'Götz': 'Verlass mich, seliger Geist, ich bin elend genug. . . . ich bin kein Geist.' (V. 106.)

'Hugo der Siebente': 'Bist du's, Ottilie, die in die ewige Nacht herabkommt? Hast du auch wie ich, rächenden Peinigern übergeben, die Erde des Fluchs verlassen?'[1]

'Klara von Hoheneichen': 'Ottos Geist! Was bringst du mir . . .

Theurer Ritter! Ich lebe.'

In 'Johanna von Montfaucon' und 'Käthchen' zweifelt man, da man einen Todtgeglaubten erblickt, ob man einen Geist vor sich hat oder einen Lebenden:

'Johanna von Montfaucon': 'Wolf! bist du ein Geist?'
'Käthchen': 'Seid Ihr es, oder ist es Euer Geist?' (V. 3.)

t. Abschied. Fünfmal, zuerst in der 'Agnes', 1780; dann in 'Fust', 'Ignez', 'Kunigunde von Rabenswalde', 'Ritterschwur'. Das Mädchen sucht vergeblich den scheidenden Geliebten zurückzuhalten; ihr Herz ist von bangen Ahnungen erfüllt, obgleich, in 'Agnes', 'Ignez', 'Ritterschwur', scheinbar gar keine Gefahr besteht:

'Agnes': 'meine Ahndung spricht dazu nicht . . . Jede eure Abwesenheit ist mir schon Unglück.'

'Ignez': 'Mir ahndet Unglück . . In jeder Minute deiner Entfernung liegt Tod für mich.' —

'Agnes':' (sie streckt ihre Arme gegen Albrechten) noch einmal! (er stürzt in ihre Arme.) Noch oft. Morgen wieder! Nimmermehr!'

'Ignez': 'Wann das der lezte Kuss wäre? der lezte? Wir wollen fortzählen, wenn ich wiederkomm.

O Pedro! wenn ich dich nie wiedersähe?'

'Agnes': 'Aber dann!

Dann! — jenseits des Grabes ist auch ein Dann! . .

übermorgen aber ist das Dann — Freude, Genuss und Segen.'

'Fust': 'Forderst du einen Myrthenkranz auf deine Bahre? Der soll dir werden! Dann — Dann guter Vater, dem armen unglücklichen Mädchen eine dornene Krone aufs Grab.

Nichts von Grab und Tod! In einer Stunde sind wir das glücklichste Paar.

Gibt's unter den Todten auch Brautpaare? —

---

[1] Vgl. 'Faust', Trüber Tag, Feld: 'Bösen Geistern übergeben'; ferner 'Iphigenie auf Tauris' III. 3: 'Seid ihr auch schon herabgekommen?' 'Räuber' IV. 5: 'Geist des alten Moors! was hat dich beunruhigt in deinem Grabe? . . . Ich bin kein Geist.'

'Agnes': 'ihr geht, ihr verlasst mich! ach! ihr kommt nicht wieder... Am Tage, wo ihr mein wurdet!'
'Kunigunde': 'ich soll so geschwind . . meinen Berthold verlassen, den ich erst heute erhielt.'
'Agnes': meine Ahndung spricht dazu nicht . . . Albrecht! mein Albrecht! wäret ihr wieder da!'
'Kunigunde': 'mir ahnden schreckliche Dinge! . . o Berthold! — Berthold! wäret ihr lieber schon wieder da!'

'Ritterschwur': 'O, bleib in meinen Armen! . . Ihr eilet alle, fürchterlich schnell, wie der Tod.'
'Agnes': '(erholt sich) Albrecht! (sieht um sich) . . Er ist fort! — fort'
'Ritterschwur': '(sich erholend) . . vergebt dem schwachen Mädchen. (sich umsehend.) Fort ist meine Kraft mit dem Starken!'

u. **Entehrung.** Sechsmal; zuerst in der 'Agnes', 1780, dann in 'Kunigunde von Rabenswalde', 'Otto der Schütz', 'Pilger', 'Weiberehre', stets vor den Augen des Zuschauers. Der einzelne Ritter entehrt seinen persönlichen Feind in 'Agnes', 'Pilger', 'Weiberehre', 'Otto der Schütz'; die Gesammtheit der Ritter stösst, durch die Entehrung, denjenigen aus ihrer Mitte aus, der sich ihrer unwürdig gezeigt hat in 'Kunigunde von Rabenswalde'. Entehrung ist beabsichtigt in 'Ritterschwur':

'Agnes': '(zieht und schlägt den Vicedom mit dem Rücken des Schwerts) . . ich entehre euch: Ich, euer Herzog!
Und ich dich, dein Vater! mit dir ficht niemand mehr.
'Pilger': '(berührt mit der Spitze des Fusses das Wappen des Grafen) Nun so sey entehrt, Du und Dein Stamm.'
'Weiberehre': '(er entehrt Herrwald.)'
'Otto der Schütz': '(er zieht und schlägt Wolfhard mit seinem Schwerd.) Mit einem Entehrten, wie ihr seyd, kämpft kein rechtschaffner Ritter.'
'Ritterschwur': 'kömmt er nicht, so entehr ich ihn vor allen Rittern Deutschlands.'
'Kunigunde': 'er muss entehrt werden.
Alle Ritter. Entehrung, Entehrung!'

v. **Gottesgericht.** Elfmal; zuerst im 'Fust', 1782, (im Anschluss an 'Agnes'); dann in 'Harfner', 'Erwine', 'Weiberraub', 'Kunigunde von Rabenswalde', 'Ritterschwur', 'Pilger', 'Weiberehre', 'Jakobine von Baiern', 'Käthchen', 'Genovefa'.

In den meisten Fällen ahmt man den 'Fust' nach, der seinerseits durch die 'Agnes' beeinflusst scheint (S.• 128). In 'Weiberraub' und 'Jakobine' ist die äussere Einrichtung dem 'Fust' bis ins Kleinste nachgebildet, sind die einleitenden Reden fast wörtlich herübergenommen, vielleicht in dem Glauben, dass sie die historisch überlieferten seien:

'Fust': 'Der Kampfrichter. Ihr alte versuchte Kampfhelden, macht mich weiss, wie ich ein wahres, rechtes Kampfgericht halten solle, als es Sitte ist und alten Herkommens.'

'Weiberraub': 'Ihr alten versuchten Kampfhelden, lehrt mich, wie ich ein wahres, rechtes Kampfgericht halten soll, wie es Vatersitte und Herkommens ist.'

'Jakobine': 'Kampfrichter. Ihr alte versuchte Kampfhelden, macht mich weis, wie ich ein wahres, rechtes Kampfgericht halten solle, als es Sitte ist, und alten Herkommens.' u. s. w.

Aber auch der weitere Verlauf der Scenen, in 'Weiberraub', 'Kunigunde', 'Pilger', 'Jakobine' lehnt sich unverhüllt an den 'Fust' an:

'Fust': 'Haltet ein!'
'Weiberraub': 'Halt, Wildgau! Halt ein!'
'Kunigunde': 'Haltet ein ihr edlen Ritter!'
'Pilger': 'Haltet ein, Graf von Giessbach!'
'Jakobine': 'Haltet ein! Haltet ein!'

'Fust': 'Visier auf! Wer bist du? Und was hast du für Macht, dass du das freie Kampfgericht hier stören darfst?
Ich bin Ritter von Arnstein.'

'Kunigunde': 'Wer seyd ihr? — Und wen betrifft eure Klage? Wer ich bin, werde ich zuletzt sagen.'

'Jakobine': 'Visier auf! Wer bist du — und was hast du für Macht, zu stören ein freies Kampfgericht?
Ich bin Ritter Florenz von Leuwarden.'

'Weiberraub': 'Ich bin Euer Knecht Franz.'

['Agnes': 'Albrecht der Pfalzgraf, und Graf zu Vohburg kann nicht turnieren.']

'Fust': 'Landschaden von Steinach kann hier niemand kämpflich begrüssen ... Er hat .. den Burgfrieden .. gebrochen.'

'Kunigunde': 'Ich klage ihn an, dass er des Kampfes nicht bestehen kann, weil er ein ehrloser Räuber und Entführer .. ist.'

'Pilger': 'Ihr kämpft mit einem Verräther, einem Mädchenräuber.'

'Jakobine': 'Philipp, Herzog von Burgund, kann hier Niemand kämpflich begrüssen. Ich klage ihn an des Verraths und Frauenraubes.'

['Agnes': '(die Schranken werden eingestossen .. Menge Ritter und Volks umstehen Albrechten) Rottet euch! werbet Kriegheere! ein Wittelspacher, hinter dem seine Bayern stehen, kann auch Deutschland Trotz bieten. Auf! fort! (Ab. Ernst bleibt stehn, .. wenige Ritter um ihn her)'.]

'Fust': '(Die Ritter stürmen mit ihren Leuten dem Fust zur Hülfe. Und die Dienstleute des Abts drängen sich zu denen von Arnstein.) Ihr treue, wahrhafte Helfer und Anhänger des Abtes! steckt ihm einen rothen Hahnen aufs Dach; Brand, Raub und Tod über die Burg Stromberg!

(Alles tummelt sich untereinander und der Vorhang fällt.)'

'Pilger': (sie zerbrechen die Schranken und es wird ein allgemeiner Kampf, bis endlich Conrads Knechte fliehen.) Zerstöret seine Burg, gebt sie den Flammen preis. (Der Vorhang fällt.)'

'Jakobine': '(Viele Ritter stürmen mit ihren Leuten dem Humphred zu. Einige wenige drängen sich .. an Philipps Seite .. Grosser Lärm im Volke — die Schranken werden eingestürzt.) Rettet Jakobine von Baiern! — Rache! Rache an Philipp von Burgund! (Der Vorhang fällt schnell.)'

w. Pilger. Sechzehnmal; zuerst in 'Otto von Wittelsbach' 1782 und 'Harfner' 1786. Heimkehrende Pilger begegnen in 'Otto von Wittelsbach', 'Harfner', 'heimliches Gericht', 'Adelheid von Wulfingen', 'Erwine von Steinheim', 'Kunigunde von Rabenswalde', 'Pilger', 'Mathilde von Altenstein', 'Karl von Berneck', 'Vehmgericht'. Der Heimkehrende giebt sich nicht zu erkennen, um die Stimmung der Zurückgebliebenen zu erforschen, in 'Harfner', 'heimliches Gericht', 'Adelheid von Wulfingen', 'Kunigunde', 'Pilger', 'Mathilde von Altenstein', 'Karl von Berneck', häufig giebt er vor, der Freund des Abwesenden zu sein, einen Gruss von ihm zu bringen; er bringt einen solchen Gruss wirklich in 'Otto von Wittelsbach':

'Harfner': 'endlich nah am Ziele! .. Ich seh Euch wieder, dunkle Gehölze, wo ich als Knabe sorgenfrey hüpfte, wo ich als Jüngling' u. s. w.

'Adelheid von Wulfingen': 'Ha! das ist sie! das ist Wulfingen! sey mir gegrüsst Burg meiner Väter! sey mir gegrüsst bemooster Thurm!' u. s. w.

'Otto von Wittelsbach': 'Ich .. bring euch einen Gruss von eurem Sohn aus Palästina.'

'Harfner': '(mir) ward ein Unglückgenosse, der sich einen Grafen von Ihser nannte.'

'Adelheid von Wulfingen': 'er gab mir eine Botschaft an seinen Sohn.'
'Karl von Berneck': 'Ich bringe .. Kunde von ihrem Manne.'

Der Heimkehrende ist meist der Bräutigam, Gatte oder Vater; dem Geliebten ward die Treue bewahrt, trotz der Bewerbungen eines Nebenbuhlers, in 'Harfner', 'Erwine', 'Pilger', 'Vehmgericht', sie ward dem Gatten gebrochen in 'heimliches Gericht' und 'Karl von Berneck'. Der Vater in 'Adelheid von Wulfingen', 'Kunigunde von Rabenswalde', 'Mathilde von Altenstein' wird von den Kindern mit der grössten Freude empfangen. Verkleidete Pilger (s. o. *i, s*) finden sich in 'Ritterschwur', 'Adelheit von Teck', 'Johanna von Montfaucon', 'Jakobine von Baiern', 'Tell' (II. 2. 320, V. 2), 'Käthchen' (II. 5. 29 f.); man sucht Schutz unter der Maske in den Gefahren des Krieges, man spionirt, man will seinen Berichten grössere Glaubwürdigkeit sichern, oder aus irgend einem Grunde nicht erkannt sein.

x. **Erzwungene Ehe.** Zehnmal; zuerst in 'Klara von Hoheneichen' 1790. Die erzwungene Ehe entschuldigt die spätere Untreue, den Gattenmord in 'Karl von Berneck' und 'Vehmgericht'; sie dient zur Motivirung der Entführung in 'Ritterschwur' und 'Mathilde von Altenstein'. In 'Klara von Hoheneichen', 'Ludwig der Springer', 'Adelheit von Teck' wird durch den zufälligen Tod des ungeliebten Gatten die Verbindung mit dem Jugendfreunde ermöglicht, die dereinst durch Zwang hintertrieben ward; in 'Erwine von Steinheim' soll umgekehrt die vermeintliche Wittwe, die dem todtgeglaubten Gatten die Treue gewahrt hat, durch Zwang einem ungeliebten Manne vermählt werden. In 'Johanna von Montfaucon' glaubt mit Unrecht der minder begünstigte Liebhaber, dass nur der Zwang gegen ihn entschieden habe; in 'Wilhelm Tell' soll Bertha aus Gründen der Politik und des Eigennutzes in die 'Ketten verhasster Ehe' gezwungen werden.

y. **Namen.** *α*. **Adelheid.** Zwölfmal; zuerst in 'Götz', 1773. Adelheid in 'Götz', 'Sturm von Boxberg', 'Fust', 'Adelheid von Wulfingen', 'Ludwig der Springer', 'Karl von Berneck', 'Johanna von Montfaucon', 'Vehmgericht'; Adelheide in 'Otto' (dort begegnet auch der Zuname der Goetheschen Adelheid, Walldorf); Adelheit in 'Ludwig der Strenge', 'Ritterschwur', 'Adelheit von Teck'. β. Adelbert. Siebenmal, zuerst im 'Götz', 1773. Adelbert in 'Götz', 'Otto', 'Robert von Hohenecken', 'Hugo der Siebente', 'Adelheit von Teck'; Adalbert in 'Johanna von Montfaucon', Adalberta in 'Weiberraub'. γ. Franz, Georg, Maria, Karl. Zuerst in 'Götz', 1773. Es versteht sich, dass nur diejenigen Fälle anzuführen sind, in denen auch aus anderen Gründen eine Abhängigkeit vom 'Götz' angenommen werden kann. Wenn im 'Otto' mir drei Namen entgegentreten, die sicher aus dem 'Götz' stammen, Adelheide, Adelbert, von Walldorf, so darf ich hervorheben, dass auch eine Maria und ein Franz sich findet (Franz Hungen, gleich Franz Lerse, S. 91.); wenn im 'heimlichen Gericht' der 'Bube', der durch 'unmerkliches Gift' einen Ehemann aus dem Wege räumt, um sich mit der Wittwe zu vermählen, Franz heisst, sein Vater: Georg, wenn in 'Karl von Berneck' der 'fromme' Knappe Georg genannt ist, der 'wilde' Franz, wenn in 'Adelheit von Teck' der Ritter Georg zwischen der sanften Marie und der thatkräftigen Adelheit schwankt, wenn endlich Adelheits 'kleiner Sohn' Carl heisst, — so darf ich in allen diesen Fällen unbedenklich einen Zusammenhang mit dem 'Götz' annehmen. δ. Bertha. Siebenmal; zuerst in 'Robert von Hohenecken', 1778, dann in 'Hugo der Siebente', 'Fust', 'Ritterschwur', 'Jakobine', 'Tell' ('Das Ritterfräulein Bertha von Bruneck' II. 1. 314), 'Vehmgericht'. ε. Mathilde. Elfmal; zuerst, so viel ich sehe, in 'Johann von Schwaben', 1780. Dass der Name ein wahrhaft ritterlicher, bestätigt Goethe, Wilhelm Meisters Lehrjahre, Bd. XVII, S. 129. In 'Johann von Schwaben', 'heimliches Gericht', 'Ida', 'Mathilde von Giessbach' und 'Pilger', 'Mathilde von Altenstein', 'Karl von Berneck', 'Johanna von Montfaucon', 'Golo und Genovefa'; ferner in Spiess' 'Oswald und Mathilde', in Monvels 'Mathilde von Ortheim', in Chladenius' 'Mathilde die Magdeburgerin oder die zweimalige Rückkehr aus der Todtengruft'. i. Kunigunde. Achtmal; zuerst, so viel ich sehe, in 'Otto von Wittelsbach', 1782. Kunegunde in 'Otto von Wittelsbach' und 'Weiberraub', Kunigunde in 'Klara von Hoheneichen', 'Kunigunde von Rabenswalde', 'Ritterschwur', 'Mathilde von Altenstein', 'Käthchen', 'Franz von Sickingen'. x. Wolf. Siebenmal; zuerst in 'Otto von Wittelsbach', 1782. Nur dienende Personen, nicht Ritter führen den Namen; viermal heissen so die besonders treuen, alten Diener, die Burgvögte oder Leibknappen. In 'Otto von Wittelsbach', 'heimliches Gericht', 'Otto der Schütz', 'Ritterschwur', 'Mathilde von Giessbach', 'Mathilde von Altenstein', 'Johanna von Montfaucon'.

Wenn wir zum Schluss noch einmal auf das grosse Gebiet zurückblicken, das wir durchwandert haben und nach dem Ergebnisse unserer Untersuchung fragen, so wird etwa das folgende in Kürze das Resultat darstellen.

Das Ritterdrama hat sich nur langsam und allmählig entwickelt, seine Anfänge wollen — mit Ausnahme des 'Otto' — weder dichterisch viel besagen, noch waren sie geeignet, auf den Bühnen Fuss zu fassen. Törring erst gelang es, die Bühne für das Ritterstück zu erobern, es gelang ihm, einer bestimmten, in sich abgeschlossenen Richtung den Stempel seines Geistes aufzuprägen, an ihn schliesst sich eine ganze Literatur an, der die bekanntesten Werke der Gattung, 'Otto von Wittelsbach', 'Ignez de Castro', 'Klara von Hoheneichen' angehören. Eine spätere Dramenreihe dann, die wesentlich in den neunziger Jahren entsteht, wendet sich von Törrings Vorbild ab, und den geringeren Werken Maiers und Hahns zu; Weiberraub und Werben zweier Männer um eine Frau sind ihre Hauptthemata. Einen etwas höheren Aufschwung nimmt eine vierte Reihe von Dramen, die Vehmgerichtsstücke; der Aufschwung documentirt sich u. A. auch darin, dass, wie im Ganzen, so im Einzelnen wieder eine engere Anlehnung an das erste Vorbild, an Goethe, eintritt. In einer fünften Gruppe endlich liefern die Motive des Ritterstücks die Grundlage zu Werken von bedeutendem Range, zu den Stücken Schillers und Kleists; Weiberraub und Vehme, Belagerung und Schwur geben die Basis ab, auf denen jene grossen Schöpfungen sich erheben.

Alle diese Richtungen aber, so verschieden an dichterischer und ethischer Potenz, an Kunst und an Wirksamkeit, sie wurzeln in dem Werke Eines Mannes; der hinreissende Vorgang Goethes ist es, der sie, mehr oder minder unmittelbar, ins Dasein gerufen hat. Wenn das Aeusserliche, Hohle und Fratzenhafte so manches unter diesen Werken nur zu oft geeignet ist, Widerwillen und Zorn in uns zu erregen, so mag es die Betrachtung milder stimmen, dass der erste Impuls, dem die Bewegung ihren Ursprung verdankte, ein Gefühl war, das uns alle beseelt: thätige Bewunderung des Einzigen.

BEILAGEN.

I. TENDENZEN DER GENIEPERIODE.

Ich habe mich im Text darauf beschränken müssen, die Uebereinstimmung der Tendenzen der 'Agnes', in wesentlichen Punkten, mit den Tendenzen des Sturmes und Dranges zu behaupten und wünsche hier, den Nachweis für diese Uebereinstimmung zu führen; ebenso im nächsten Abschnitt für die Abhängigkeit des Stils.

Aus einem dramatischen Gedichte seine Tendenz herauszuschälen, ist keine leichte Aufgabe, denn es liegt die Gefahr nahe, das nur für diese oder jene Figur charakteristische aufzufassen, als für den Dichter charakteristisch — und um so näher liegt natürlich diese Gefahr, je mehr objectiv der Dichter ist.

Handelt es sich indess nicht um ein Drama, um einen Dichter, sondern um eine Reihe zusammengehöriger, so wird die Aufgabe wesentlich erleichtert, der Versuch mit grösserer Aussicht auf ein Gelingen unternommen; und ganz besonders muss dies der Fall sein, wenn, wie hier, ein Dichterkreis in Frage kommt, der durch die engste Uebereinstimmung in allem Wesentlichen sich auszeichnet. Ob ich, was Goethe gewollt hat, erkenne, kann ich bei Klinger und Lenz, bei Leisewitz und Schiller erfahren; und wenn das subjective, gleichsam überschüssige und nicht gebundene, Pathos dieser Dramatiker, künstlerisch betrachtet, ein Nachtheil ist, so ist uns doch diese Subjectivität, als ein Gradmesser für die Objectiveren, willkommen.

MENSCH.

Der **Mensch** ist das erste, das ursprüngliche, der **Stand** erscheint dem gegenüber als accidentiell, er führt zu verhasstem Zwang. 'Der Gelehrtenstand, der Juristenstand, der Predigerstand, der Autorstand, der Poetenstand —', ruft Schlosser in den 'Politischen Fragmenten', 'überall Stände und nirgends Menschen!' (Vgl. Erich Schmidt, Richardson, Rousseau und Goethe. S. 214.) 'Es war ein unseliger Augenblick', sagt Otto von Wittelsbach (IV. Akt), 'da das erwachende Gefühl der natürlichen Freiheit in mir den Bürger, den Freund, den Diener betäubte; da war ich nichts als Mensch der Natur, unwissend alles Gesetzes ausser ihr . . . — und er fiel!' Darauf Heinrich von Andechs: 'Der Bürger fiel, der Mensch steht noch.'

Die Feindin des Menschen ist die Convenienz; 'wir wollen sehen', meint Ferdinand (in 'Kabale und Liebe' II. 3, Goedeke 3, 406), 'ob die Mode oder die Menschheit auf dem Plaz bleiben wird.' Die verhassten Hülsen des Standes hindern den Menschen, Mensch zu sein: darum tröstet sich Louise (in 'Kabale und Liebe' I. 3. 369) mit dem Jenseits: 'Dann, Mutter — dann, wenn die Schranken des Unterschieds einstürzen . . . Menschen nur Menschen sind.' Der Mensch kann also auch etwas anderes sein, als Mensch; und ebenso kann er seine Menschheit verbergen. 'Menschen haben Menschheit vor mir verborgen', klagt Karl von Moor (in den 'Räubern' I. 2. 48), 'da ich an Menschheit appellirte, weg dann von mir Sympathie und menschliche Schonung.'

Der Mensch ist nicht nur früher, als der Stand, sondern auch früher, als der Glaube. Schon Brockes hatte gesungen:

'Man kömmt nicht in der Christen Orden,
Wo man nicht erst ein Mensch geworden.'

(Vgl. Alois Brandl 'Brockes' S. 106), und selbst ein so frommer Mann, wie Fr. Carl von Moser hatte ausgesprochen, dass man 'eher ein Mensch, eher ein Bürger, ein Unterthan des Staats' sei, 'ehe man ein Christ ist' ('moralische und politische Schriften' II. 403). Aehnlich ruft Nathan (II. 5, Lachmann Maltzahn 2, 243): 'Sind Christ und Jude eher Christ und Jude, als Mensch?'; dagegen Sittah: 'Ihr Stolz ist: Christen seyn, nicht Menschen.' (II. 1. 223.) In Schillers Gedicht 'Rousseau' aber heisst es (I. 221): 'Rousseau leidet — Rousseau fällt durch Christen, Rousseau — der aus Christen Menschen wirbt.'

Mensch und Menschheit ist häufig ungefähr gleichbedeutend mit 'Natur'; 'Wie glücklich!' sagt bewundernd Madame Sommer zur Stella (II. Akt, Hempel 8, 103), 'Sie leben doch noch ganz in dem Gefühl der jüngsten, reinsten Menschheit.' und Egmont: 'frisch hinaus..! Ins Feld, .. wo wir die Menschheit ganz und menschliche Begier in allen Adern fühlen' (V. 79). Als Nathan den Tempelherrn nur 'lieber junger Mann' nennt, nicht 'Sohn', sagt dieser:

'Ich bitt Euch, Nathan! — Ich beschwör'
Euch bey den ersten Banden der Natur!
Zieht ihnen spätre Fesseln doch nicht vor! —
Begnügt Euch doch ein Mensch zu seyn!' (III. 8. 281.)

Die Wichtigkeit dieses 'Menschsein' tritt uns noch öfter entgegen: man freut sich, wenn man Mensch sein darf, man empfindet das Gegentheil als das Schmerzlichste. So Faust auf dem Osterspaziergang: 'Hier bin ich Mensch, hier darf ich's sein' (34) und Siegfried (in Maler Müllers 'Genovefa' V. 3, Werke III. 351): 'bey dir kann ich Mensch seyn und weinen, du verstehst mich, Andre verstehn mich nicht.' Bruder Martin (im 'Götz' I. 24 f.) gesteht: 'mir kommt nichts beschwerlicher vor, als nicht Mensch sein dürfen'. Als der Hofmeister (in Klingers 'leidendem Weib' III. 2, Tiecks Lenz I. 190) dem Grafen seine Ausschweifungen vorrückt, erhält er zur Antwort: 'Soll ich fasten..; nicht Mensch sein, Ihre jämmerliche Philosophie anhören, wovon ich nichts versteh und begreife?'; und König Philipp ertheilt dem Marquis Posa, als höchsten Beweis seiner Zuneigung, in aller Form die Erlaubniss, Mensch zu sein:

'Ich will
Nicht Nero seyn. ... Nicht alle
Glückseligkeit soll unter mir verdorren.
Ihr selbst, ihr sollet unter meinen Augen.
Fortfahren dürfen, Mensch zu seyn.' (III. 10. 318.)

Ganz vereinzelt aber steht es, wenn Werther im faustischen Drange sein Menschsein geringschätzt: 'Wie gern hätte ich mein Menschsein drum gegeben, mit jenem Sturmwinde die Wolken zu zerreissen, die Fluthen zu fassen!' (104.)

Die Menschheit kann beleidigt, geschändet werden; 'Seine Tochter ins Kloster stecken —', ruft der Geistliche (in Gotters 'Mariane' I. 7) 'um die Ausstattung zu ersparen! -- Es beleidigt die Menschheit — und doch Schande für die Menschheit! geschieht es täglich.' — Der Charakter des Jnkle, in der Erzählung 'Jnkle und Yariko', meint Moser (a. a. O. I. 494) 'lässt einen ‚verächtlichen Gedanken über das ganze Geschlecht zurück, aus dessen Mitte dieses Ungeheuer aufgetreten ist'; desshalb hat 'der sanfte Dichter, Herr Gessner, es auf sich genommen, die Ehre der Menschlichkeit zu retten'. Man spricht viel von der Würde der Menschheit, daher kann Euripides (in 'Götter Helden und Wieland' 268) spotten: 'Eure Leute sind .. allzusammen aus der grossen Familie, der Ihr Würde der Menschheit, ein Ding, das Gott weiss woher abstrahirt ist, zum Erbe gegeben habt'.

Auch die Dichtkunst lässt den Menschen diese Würde empfinden; als Lenz (in den 'Anmerkungen' II. 224) die Analyse einer Shakespeareschen Scene gegeben hat, ruft er: 'wem die Würde menschlicher Natur nicht dabei im Busen aufschwellt und ihn den ganzen Umfang des Worts: Mensch — fühlen lässt —'; und Schiller schliesst seine Vorlesung 'Was wirkt die Bühne?' (III. 524) mit den Worten: (eines Jeden) 'Brust giebt .. (vor der Bühne) nur Einer Empfindung Raum — es ist diese: ein Mensch zu seyn.' Die Gerichtsperson (in Möllers

'Wikinson und Wandrop' II. 6) sagt: 'Wer da gefühllos bliebe, wäre nicht werth, Mensch zu heissen'; und als der Präsident (in Gotters 'Mariane' II. 8) dem Waller zuruft: 'Meine Tochter braucht keinen Liebhaber mehr', antwortet dieser: 'Ich bin hier nur ein fremder Zeuge, nur ein Mensch. Als solcher frage ich Sie ... wer gab Ihnen das Recht, Ihre Tochter unglücklich zu machen? Welcher Mensch hat das über einen andern?' Vgl. auch 'Emilia Galotti' V. 7. 177 und 'Nathan' I. 3. 199: 'Emilia. Ich will doch sehn .. wer der Mensch ist, der einen Menschen zwingen kann.' 'Nathan: Kein Mensch muss müssen'. In Sprickmanns 'Eulalia' (IV. 7) fragt der Marquis: 'Werden Sie .. nicht müssen? Gräfin: Müssen? Du Undankbarer gegen Gott! Ein Mensch müssen, weil ein Mensch will?' (IV. 7.)

Bei diesen Anschauungen erklärt es sich, dass König Philipp, n der schwierigsten Lage, die Vorsehung um nichts bittet, als um einen Menschen:

'Jetzt gieb mir einen Menschen, gute Vorsicht —
Du hast mir viel gegeben. Schenke mir
Jetzt einen Menschen' (III. 5. 291)

und dass er weiterhin auf die Vorwürfe des Grossinquisitors erwiedert: 'Mich lüstete nach einem Menschen. Diese Domingo —' (sind keine. V. 10. 444.)

In den späteren Dramen eines Iffland und Kotzebue werden die Worte: Mensch und Menschheit zu einem leeren Gerede; ich führe nur ein Beispiel an, den Schluss von Ifflands Schauspiel 'Erinnerung': 'Wardamm. Geben wir uns die Hände. (Alle gruppiren sich um ihn.) Wir alle wollen ausleihen an die Menschheit mit That und Rath. — Bleibt hie und da ein Schuldner aus — macht nichts: die Menschheit kann nie Bankerot machen'. (Theatralische Werke, Auswahl Bd. 6.)

EHRE.

Die Ehre ist Vorurtheil, ist Gebot der Convenienz und wird somit, wie alles Conventionelle, von den Stürmern bekämpft. 'Schämst Du Dich nicht,' ruft Constantin von Tarent dem Guido zu (III. 2. 56), 'von Ehre gegen Bruder und Vater zu reden? Wenn diese Thorheit auch die Weisen überschreit, so sollte sie doch wenigstens die Stimme des Bluts nicht übertäuben'; und Henriette dem Blainville (in Grossmanns 'Henriette' I. 4): 'Die Gesetze der Ehre sind Hirngespinste, Romanbegriffe. Was ist Ehre? Die innere Ueberzeugung unserer Rechtschaffenheit, unserer Tugend, nicht, was andere von uns denken, nicht, was eingewurzelte Vorurtheile zum Gesetz gemacht, und was ihr Ehrenpunkt nennet, und euch die Hälse darum brecht.' In der 'Minna' sagte Tellheim zur Geliebten: 'Nein, mein Fräulein, Sie werden von allen Dingen recht gut urtheilen können, nur hierüber nicht. Die Ehre ist nicht die Stimme unsers Gewissens, nicht das Zeugniss weniger

Rechtschaffnen. — Das Fräulein. Nein, nein, ich weiss wohl. — Die Ehre ist — die Ehre.' (IV. 6. 616.) Hier, und ebenso im vorigen Falle, vertheidigt also der Mann die Ehre, und nur das weibliche Empfinden ist es, das sich dagegen auflehnt; in 'Julius von Tarent' ist Guido der Vertheidiger der Ehre, Julius wägt Liebe und Ehre gegen einander ab und die Schale neigt sich zu Gunsten der Liebe: 'Guido Du kannst nichts thun, ohne die Liebe zu fragen, ich nichts ohne die Ehre ... Julius. Hat man je etwas so unbilliges gehört, die erste Triebfeder der menschlichen Natur mit der Grille einiger Thoren zu vergleichen!' (III. 3. 62.) Als in der 'Kindermörderinn' (III. Akt) von dem Verbot des Duells die Rede ist, erklärt von Gröningseck, dass der Offizier sich daran nicht kehren dürfe: 'Wir .. haben, sobald wir mit Recht oder Unrecht beleidigt werden, nur zwey Wege: entweder müssen wir unser Leben, oder unsre Ehre in die Schanz schlagen. Magister. Das ist ja aber ein Widerspruch: wie! um nicht für ehrlos gehalten zu werden, muss sich ein rechtschaffner Mann der Gefahr aussetzen, seinen Kopf auf dem Schaffot dem Scharfrichter hinzustrecken: — unerhört!' Den langen Streit legt endlich von Hasenpoth bei: (er spricht) 'wie es einem Soldaten zukommt, und Sie, wie ein Mann von ihrem Stand sprechen muss: beyde können in ihrer Art Recht haben.'

DAS HERZ.

Das Herz ist der höchste Gerichtshof; es hat Functionen jeder Art, leibliche, wie seelische. Für die 'neue Heloise' und 'Werther' vgl. Erich Schmidt, 'Richardson Rousseau und Goethe', 158 ff.

Eine begeisterte Schilderung von der Allmacht des Herzens hat uns Fritz Jacobi gegeben, im 'Allwill': 'Am Ende ist es doch allein die Empfindung, das Herz, was uns bewegt, uns bestimmt, Leben giebt und That, Richtung und Kraft. (Teutscher Merkur 1776, IV. 236.) ... Der einzigen Stimme meines Herzens horch ich. Diese zu vernehmen, zu unterscheiden, zu verstehen, heisst mir Weisheit, ihr muthig zu folgen, Tugend. ... Noch mit jedem Tage wird der Glaube an mein Herz mächtiger in mir'. (238. Vgl. auch Scherer in der Zeitschrift für Dt. Alterthum u. Dt. Lit. 20, 354.) Dann wird das Herz selber angeredet: 'O, schlage du nur fort, mein Herz — muthig und frey; dich wird die Göttin der Liebe — es werden die Huldinnen alle dich beschirmen' u. s. w. (244.) Aehnlich hatte schon Agathon empfunden; er gesteht (Wieland 10, 104.): 'Ich lebte nach meinem Geschmack und nach meinem Herzen, weil ich gewiss wusste, dass beide gut waren.'[1]

---

[1] Es ist nicht möglich, die Entstehung dieser Anschauungen hier weiter nach rückwärts zu verfolgen; man würde jedenfalls vieles auf den Pietismus (und weiterhin auf die Bibel?) zurückzuführen haben, so gleich bei Wieland. — Vgl. auch Moser, moralische und politische Schriften, Frankfurt 1763 und 64, Bd. 2, S. 3, 14, 66, 284, 469, 479, 496 u. ö.

Die gleichen Anschauungen gewährt uns eine Fülle von andern Zeugnissen. Gleichsam als Motto des Romans, lauten die ersten Worte des 'Werther': 'Wie froh bin ich, dass ich weg bin! Bester Freund, was ist das Herz des Menschen!'. 'Ich könnte das beste, glücklichste Leben führen', schreibt er, 'wenn ich nicht ein Thor wäre. ... Ach, so gewiss ist's, dass unser Herz allein sein Glück macht.' (14, 52.) 'Hast Du nicht Alles selbst vollendet, heilig glühend Herz', ruft Prometheus (8, 298) und Stella, die echte Schwester des Werther: 'O mein Herz, das fühlst Du allein!' (II. Akt; 8, 106). Und sie sagt weiter: 'Tiefe Wunden schlägt das Schicksal, aber oft heilbare. Wunden, die das Herz dem Herzen schlägt, das Herz sich selber, die sind unheilbar. (V. Akt; 8. 130.) 'Die Philosophen', schreibt Klinger in den 'Betrachtungen' (Werke, Bd. 11, Nr. 297), mögen noch so viel von Seele, Geist und einfachem Wesen schreiben und reden — die Menge — der Haufen — der empirische Pöbel nennt nur sein Herz, wenn er von seinem lebenden und belebenden thätigen Innern spricht — alles andere dünkt ihn Schatten ... Sein Herz ist da — er fühlt es schlagen — fühlt es wirken auf sich und andere — darin liegt sein ganzes Daseyn. — Nur das Herz ist sein Führer und Meister'. Ferdinand (in 'Kabale und Liebe' I. 7, Goedeke III, 383) bekennt: 'In meinem Herzen liegen alle meine Wünsche begraben.' Lady Milford, die den Hof verlassen will, beschliesst: 'nichts als mein Herz begleite mich in diese stolze Verweisung' (IV. 8) und selbst die schattenhafte Mathilde (in dem Singspiel 'Albert der Dritte von Bayern' von Traiteur, I. 4) meint: 'Man kann wohl Thürme stürzen, Felsen versetzen, aber nicht den Trieb in dem Herzen vertilgen.'

Zu welch bedenklichen Consequenzen die Anschauungen von der Allmacht des Herzens führen mussten, zeigen am besten die Worte des Posa, durch die er die Königin bestimmen will, Karlos' 'Engel' zu werden: 'Die Wahrheit ist vorhanden für den Weisen,
Die Schönheit für ein fühlend Herz. Sie beide
Gehören für einander.' (IV. 21; Bd. V. 2, 390.)[1]

Wir verstehen jetzt, wenn Sibylla (im 'Pater Brey" 8, 182) von ihrer empfindsamen Tochter erzählt:

'Auch red't sie verständig allermeist
Von ihrem Herzen, wie sie's heisst';

---

[1] Wie viel von diesen und andern Tendenzen und Phrasen in die späteren Werke Goethes und Schillers sich hinübergerettet hat, kann hier gleichfalls nicht untersucht werden; es scheint, dass bei Schiller mehr als bei Goethe zu verzeichnen sein würde. An dieser Stelle wäre z. B. aus den Piccolomini anzuführen: 'Max. Dein Urtheil kann sich irren, nicht mein Herz.' (V. 1. 192.)

wir verstehen aber auch bei der Omnipotenz des Herzens, dass es nach Franz (im 'Götz'), sogar den Dichter macht. Der Ausspruch ist bekannt: 'So fühl' ich denn in dem Augenblick, was den Dichter macht, ein volles, ganz von einer Empfindung volles Herz!' (I. Akt, 6, 45.)[1]

Diese Worte leiten uns zu einem Punkte über, auf den es für ein richtiges Stürmer-Herz vor Allem ankommt: die Fülle und Ganzheit. Werther schreibt: 'Mein ganzes Herz war voll in diesem Augenblicke (14, 42) ... mit einem ganzen Herzen voll Seligkeit (89) ... Eine wunderbare Heiterkeit hat meine ganze Seele eingenommen, ... die ich mit ganzem Herzen geniesse (18) ... Ich werde ... vor ihr mein ganzes Herz ausschütten! (121)' (Ich nahm) 'die Wonne ... mit ganzem, innig dankbarem Herzen auf' (91). Er klagt: 'das engt das ganze Herz so ein. (21) ... Nicht einen Augenblick der Fülle des Herzens' (71) und Franz (im Götz IV; 6, 92): 'Mein Herz ist zu voll, meine Sinnen halten's nicht aus.' Im 'Agathon' heisst es (10, 197): 'Was für Arbeiten! was für Aussichten ...! Sein ganzes Herz wallte ihnen entgegen'; und im 'Allwill' sagt Sylli von den Männern (Merkur 1776, 4, 232): Das Glück ein ganzes Herz zu besitzen — wie sollten sie das schätzen können, da ihr Herz nie einen Augenblick ganz ... ist!' 'wenn sie nicht die Fülle meines Herzens sah...' ruft Franz (in Klingers 'leidendem Weib' II. 3, Lenz I. 183), der Fürst (in 'Julius von Tarent' III. 1) bekennt: 'Mein Herz ist so voll' und von Gröningseck (in Wagners 'Kindermörderinn' III. Akt): 'Gefühlvoll! ja! das ist mein Herz. — so voll!' Dem Wagner ruft Faust zu (12, 24): 'Die Wenigen, die was davon erkannt,

Die thöricht gnug ihr volles Herz nicht wahrten...';
und Stella bekennt (II; 8, 164): 'so ward das Mädchen vom Kopf bis zu den Sohlen ganz Herz, ganz Gefühl ... 'Ich brauche viel, viel, um dies Herz auszufüllen!' (101)[2] Auch Stella spricht also, wie St. Preux und Werther von 'diesem Herzen' (vgl. Richardson, Rousseau und Goethe 160), indem sie es gleichsam mit Pathos vorweist; ebenso andere Figuren Goethes, Klingers Personen, z. B. Karl im 'Otto' (II. 5) Solina und Julia in der 'neuen Arria' (IV. 7, V. 2.) Juliette in den 'falschen Spielern' (IV. 6); Andreas in Möllers 'Zigeuner' (I. 1) und andere seiner Figuren; Albert in 'Albert der Dritte' (II. 3). Und wenn die Herzen des St. Preux und des Werther verzogen sind, und krank, und einem Kinde gleichen, so stellen sich die Herzen der Leonore

---

[1] Vgl. an Schönborn, 'Der junge Goethe' III. 22: 'Noch einige Plane zu grossen Dramas hab ich erfunden, das heisst das interessante Detail dazu in der Natur gefunden und in meinem Herzen'.

[2] Vgl. auch den schönen Aufsatz von Fritz Stolberg: 'Die Fülle des Herzens.' In den 'Wahlverwandschaften' heisst es von Ottilie: 'in ihrem Herzen war kein Raum mehr, es war von der Liebe zu Eduard ganz gedrängt ausgefüllt'. (XV. 15.)

(im 'Fiesko'), des Karlos und des Karl (in Spriekmanns 'Schmuck') ihnen darin zur Seite. Leonore sagt (III. 3. 86): 'Es ist ein schwaches verzärteltes Ding, mein Herz, mit dem Sie Mitleiden haben müssen' und Karlos (I. 2. 149):   'In dieser
    Umarmung heilt mein krankes Herz ...
Posa.   Ihr krankes,
    Ihr krankes Herz? ...
    Sie hören, was mich stutzen macht.'[1]

Karl gesteht (im 'Schmuck' II. 2): 'mein Herz ist ein Kind ... und wenn das Kind krank ist, muss die Vernunft nicht nachgeben? ... Franziska. ... Sieh nur ... wie's mit deinem Herzen, diesem armen Kinde, eigentlich aussieht. — Es hat seine Puppe verloren; gut: die muss ihm wieder gesucht werden.' So geht es noch eine ganze Weile weiter; man sieht auch hier, wie der ärmliche Dichter alle Phrasen nach Möglichkeit in die Breite zieht (vgl. Erich Schmidt, H. L. Wagner.[2] S. 2).

Sehr viel kommt auf die Grösse des Herzens an. Wer ein grosses oder, was dadurch bedingt ist, wer ein freies, ein edles Herz besitzt, dem ist alles erlaubt; er kann nicht fehlen, ihn kann keine Noth bedräuen. Schon bei Klopstock ist des Prahlens mit dem grossen Herzen kein Ende:

'Nichts Unedles, kein Stolz (ihm ist mein Herz zu gross!) ...
Ach, du kennst ja mein Herz, wie es geliebet hat!
Gleicht ein Herz ihm? Vielleicht gleicht dein Herz ihm nur!'

(Der Verwandelte, Werke Leipzig 1798—1817, I. 100 f. Vgl. Erich Schmidt, 'Richardson, Rousseau und Goethe'. S. 159.) Als in dem Lenz'schen 'Fragment aus einer Farce, die Höllenrichter genannt', Faust den Bachus anredet:

    '... kömmst du, wie dein Gesicht,
    Liebenswürdigster! mir verspricht,
    Mich auf ewig auszurotten?',

da erwiedert Bachus: ... 'Dein Herz war gross —

Faust — — — du bist deines Schicksals los' (III. 206); Lady Milford aber meint verächtlich: 'kann er (der Fürst) auch seinem Herzen befehlen, gegen ein grosses feuriges Herz gross und feurig zu schlagen?' ('Kabale und Liebe II. 1. 390, vgl. 'Fiesko' II. 18. 79.) Ein ähnliches Machtweib, Solina (in der 'neuen Arria' I. 4. 145) ruft ihrem Liebhaber voll spöttischen Hohnes zu: 'Ach! das kleine Herz'; ebenso Blum dem Grafen Louis (im 'leidenden Weib' IV. 3. 197): 'Brennt dein Herzchen noch?'; und bescheiden bekennt die Amme (in Klingers 'Stilpo' II. 5, Rigaisches Theater III. 299): 'Dies Herz war

---

[1] Hier schwebt, nebenbei bemerkt, eine Wendung der 'Emilia Galotti' vor: 'Claudia. Der Name Marinelli war das letzte Wort des sterbenden Grafen. Marinelli. Des sterbenden Grafen? Grafen Appiani? — Sie hören, gnädige Frau, was mir in Ihrer seltsamen Rede am meisten auffällt.' (III. 8. 150.)

gut Antonia, woran er lag; So **gross** nicht wie das eure, aber doch gut und freundlich.' Aehnlich hatte schon Joh. Friedr. Löwen sich über das kleine Herz seines Junker Hans aus Schwaben lustig gemacht. (vgl. Matthisson, Lyrische Anthologie IV. 138.) Dagegen gebraucht Wieland (im 'Agathon', 11, 241) das Wort ohne verächtliche Bedeutung: 'Ein gewisser Stolz empörte sich in ihrem kleinen Herzen'. — Verrina, der den Fiesko zum letzten Mal umarmt, meint: 'Gewiss, nie schlugen zwei grössere Herzen zusammen' (V. 16. 160) und selbst der Feind aller Empfindsamkeit, Carlos (im 'Clavigo' IV. Akt; 6, 157 f.) anerkennt, wenn auch in seiner Weise, dass von der Grösse des Herzens alles abhängt: 'was ist Grösse, Clavigo? ... Wenn **Dein Herz nicht grösser ist** als Andrer Herzen, wenn Du nicht im Stande bist, Dich gelassen über Verhältnisse hinauszusetzen, die einen gemeinen Menschen ängstigen würden, so bist Du ... mit der Krone selbst nur ein gemeiner Mensch.' Krugantino (in 'Klaudine von Villa Bella' 11, 2, 207) behauptet: 'unser Herz, ach, das ist **unendlich**, so lang' ihm Kräfte zureichen!' und Leonore sagt zum Fiesko (IV. 14. 133): 'dein Herz ist **unendlich**'. Allwill endlich schreibt an Luzie ('T. Merkur' 1776, IV. 238): 'Was ist zuverlässiger, als das Herz des edel gebohrnen?'; und als Götz mit dem Gotte hadert, dass seine lieben Getreuen im Unglück sind, da ermahnt ihn die Gattin: 'schilt unsern himmlischen Vater nicht! Sie haben ihren Lohn, er ward mit ihnen geboren, ein freies, edles Herz. Lass sie gefangen sein, sie sind frei!' (IV. Akt; 6, 83 f.)

Kann man sich auf der einen Seite nicht genug thun in der Erfindung immer neuer und neuer Beiwörter für das Herz, und wird man nicht müde, ihm immer andere und andere Fähigkeiten zuzuschreiben, so ist es auf der andern Seite beliebt, einfach von 'seinem' Herzen zu sprechen, als einem bekannten Factor, mit dem jeder zu rechnen versteht.

Es giebt fühlende und fühlbare, empfindliche und empfindsame Herzen (Richardson, Rousseau und Goethe 323 ff.), ein schönes Herz ('Werther' XIV. 121, 'Wahlverwandtschaften' XV. 201), ein unternehmendes ('neue Arria' V. 2. 253), ein überraschtes ('Karlos' V. 3. 409) und ein ausgeweintes, durchverzweifeltes Herz ('Stella' III. Akt, 115). Lenz leistet einmal (im 'Engländer' I. 1; I. 318) diese Combination: 'mein ganzes unglückliches, sterbendes, verschmachtendes Herz'. Auch vom innersten Herzen ist oft die Rede; 'Sie sind bis ins innerste Herz beleidigt' sagt Buenco ('Clavigo' I.; 6, 133) und Egmont (V., 7, 78): 'Wenn Stürme durch Zweige und Blätter sausten, Ast und Wipfel sich knirrend bewegten, blieb **innerst doch der Kern des Herzens** ungeregt.' Elmire ruft (II. 2. 142): '.... mit all dem wahren Antheil an meinem innersten Herzen!'; und als der Gesandte (in Klingers 'leidendem Weib' I. 3, Tiecks Lenz I. 62) seinen Sohn fragt: 'Hast du mich auch lieb, Fränzchen?' antwortet dieser: 'Recht im Herzen drinn.'

Dagegen also auf der andern Seite nur: 'mein Herz' ohne jegliches Epitheton. Als Stella das schreckliche Geheimniss erfahren muss, ruft sie: 'Es wird bald aus mit mir sein! Mein Herz! Mein Herz!' (V. 122); Franz, der in der Nacht in Adelheids Zimmer dringt, klagt: 'Mich lässt's nicht ruhen. Die Drohungen meines Herrn, Euer Schicksal, mein Herz!' ('Götz' V. 104) und Marquis Posa (V. 1. 403): 'Mein Gebäude stürzt zusammen — ich vergass dein Herz'. Der Mahler (in Gemmingens 'Hausvater' IV. 2), welcher von dem Hausvater vor den Gefahren gewarnt wird, die seine Tochter bedrohen, meint: 'dafür muss sie die Liebe zu mir, gute Grundsätze, ihr Herz — —' 'Die besten Herzen', fällt der Hausvater ein, 'sind meistens die empfindsamsten', und derselbe macht uns mit einem neuen terminus technicus bekannt, als er seinem Sohne vorwirft, er habe 'das unschuldige Herz' eines Mädchens 'empfindsam gemacht' (V. 3). Läuffer (im 'Hofmeister' von Lenz V. 1; I. 60) sagt, als er sein Kind zum ersten Mal erblickt: 'Gebt es mir auf den Arm — O mein Herz!' und der Herzog (in Klingers 'Otto' V. 11. 184) stirbt mit diesen Worten: 'So, drück mich fest an dein Herz, lieber Karl! Weine nicht! Oh mein Herz!'[1] St. Albin bereits, in Diderots 'Hausvater', hatte zornig gefragt: 'habe ich nicht auch ein Herz?' (II. 6; Lessing Hempel 11, 2, 179); Danae, in Wielands 'Agathon' (11, 234) berichtet: 'die kleine Myris hatte auch ein Herz'; der Fürst (im 'Julius von Tarent' I. 7; Schriften, Braunschweig 1838, S. 31) sagt, um Caecilia für seinen Sohn zu gewinnen, einfach: 'Mädchen, Julius hat ein Herz' und Julius selbst: 'Ich habe ein Herz und bin ein Fürst; — das ist mein Unglück!' (I. 1. 14.) In der letzten Aeusserung steht 'das Herz' in demselben Gegensatz zu Stand und Convenienz, wie oben 'der Mensch'. Aehnlich in der 'Stella' (II. 106), als Stella zu dem unbekannten Offizier hinüber eilen will und Lucie meint: 'Es wird sich nicht schicken'; Stella sagt nur: 'Schicken? O mein Herz!'

Andere Gegensätze sind einmal **Herz und Blut**, **Herz und Sinne**, dann **Herz und Pflicht**, **Herz und Verstand**. 'Mein Herz hungert bei all dem Vollauf der Sinne' sagt Lady Milford (II. 1. 390), Lerma ('Karlos' I. 6. 188):

'Ich fürchte viel von Karlos heissem Blut,
Doch nichts von seinem Herzen.'

und Karlos selbst (II. 2. 197):

'Ich bin nicht schlimm, mein Vater — heisses Blut
Ist meine Bosheit, mein Verbrechen Jugend. . . .
Mein Herz ist gut —'

In Jacobis 'Allwill' aber heisst es: (Sie verfahren so) 'nicht auf anrathen Ihres Herzens, das gross und edel ist, sondern Ihrer Sinnlich-

---

[1] Aehnliches vereinzelt schon bei Shakespeare. Cf. 'Caesar' V. 3. 'Titinius. Er liegt nicht da wie lebend. — O mein Herz!' Vgl. auch 'Ugolino' II: 'Gaddo. Mir wird sehr übel! . . . O mein Herz! (heftig) Mein Herz!' und Byrons 'Manfred' I. 1: 'Manfred: O lass mich dich umfassen . . (Die Gestalt verschwindet) O mein Herz! (Er sinkt besinnungslos zu Boden.)'

keit zulieb, welche Sie, unter dem Wort **Empfindung** so gern mit Ihrem Herzen in Eins mischen ..' ('Merkur' IV. 251 f. Vgl. Scherer, Zeitschrift für Dt. Alterthum und Dt. Litt. 20, 354 f.) Aehnlich Lessing in der 'Sara': '**Marwood**: Eine kurze Untreue, die mir Ihre Galanterie, aber nicht Ihr Herz spielet ... Ihr Herz ist ein gutes Närrchen' (II. 3. 19). Im Allgemeinen spielt natürlich bei Lessing das Herz noch nicht die Rolle, wie bei den Stürmern. Wieland scheidet, im 'Agathon', sehr bestimmt: Einbildung, Sinne und Herz; Blut und Herz; Kopf und Herz. Ich gebe nur zwei Beispiele. Danae spricht von den 'vereinigten Verführungen des Herzens, der Einbildung und der Sinne' (Werke 1818—28, 11, 283. Vgl. 11, 222, 249, 280, 287, 10, 162) und von Cyrus heisst es: 'Seine Fehler lagen weder in seinem Kopfe, noch in seinem Herzen; es waren Fehler eines zu leicht aufwallenden Blutes ...' (11, 316, Vgl. 336, 351, 352; 9, 81.)

Der Gegensatz von **Herz und Pflicht**, **Herz und Verstand** tritt uns beispielsweise in Klingers 'Aristodemos' und 'Damokles' entgegen. In 'Aristodemos' ruft **Kleonnys**: 'Du sprichst gegen dein Herz! **Hermione**. Du gegen deine Pflicht!' (IV. Akt Werke 1842. Bd. II. 132).[1] Ino (in 'Damokles' I. Akt; 2. 298) sagt von ihrer geistig gestörten Mutter: 'Ihr Verstand ist nicht mehr Meister ihres Herzens' und Damokles: 'eben dieses beweiset mir nur, wie sehr dein Herz durch den Verstand verdorben ist. (I. 322 f.)... Eure Drohungen machen nicht mehr Eindruck auf mein Herz, als eure Anklagen auf meinen Geist (I. 308)... du möchtest mein Herz zerreissen, da es dir schwer fällt, meinen Verstand zu verwirren' (I. 310). Dieselbe Entgegensetzung bei Lessing, 'Ha, Frau, das ist wider die Abrede' ruft Odoardo (IV. 7. 165) 'Sie wollten mich um den Verstand bringen und Sie brechen mir das Herz'[2]; und Nathan (I. 1. 189):

'Da müssen Herz und Kopf sich lange zanken,
... und die Phantasie
Die in den Streit sich mengt, macht Schwärmer,
Bey welchen bald der Kopf das Herz, und bald
Das Herz den Kopf muss spielen.'

Die Prinzessin (im 'Karlos' II. 8. 231) fragt: 'Weiss dieser Kopf, was dieses Herz beschwert?'; und Machiavell (im 'Egmont' I. 26), als

---

[1] Vgl. 'Kaspar der Thorringer' IV. 4. '**Kaspar**. Zum erstenmale spricht mein Blut wider meine Pflicht.'

[2] Ich erlaube mir wiederum in Parenthese zu bemerken, dass bei Schiller in 'Kabale und Liebe' (II. 3. 404) diese Worte nachklingen in Ferdinands: 'Das ist wider die Abrede, Lady. Sie sollten sich von Anklagen reinigen und machen mich zu einem Verbrecher' und in des Mohren: 'Herr? — das ist wider die Abrede.' ('Fiesko, II. 9. 61.)

ihm die Regentin vorwirft: 'Du stellst dich auf die Seite der Gegner' erwiedert: 'Mit dem Herzen gewiss nicht, und wollte, ich könnte mit dem Verstande ganz auf der unsrigen sein.' (Vgl. 'Wahlverwandtschaften' XV. 203 f) Karl (in Gemmingens 'Hausvater' III. 5) meint: 'ich will's versuchen, ob ein warmes Herz die Vorschläge des kältern Verstandes auszuführen vermag', und der König (im 'Damokles' II. 331) bekennt: 'Wohl weiss ich, was mein Verstand gewirkt hat ... (aber) dieser Mann ist so ganz der Mann seines eignen Herzens; und Eigenheit des Herzens ist nun eben das, was wir vor der Hand noch nicht ganz meistern können.' Ueber diese Eigenheit des Herzens haben wir ein schönes Wort Goethes (es steht in einer Recension der 'Frankfurter gelehrten Anzeigen' von 1772; vgl. Scherer im Octoberheft der 'Deutschen Rundschau' 1878): 'Unter allen Besitzungen auf Erden ist ein eigen Herz das kostbarste und unter Tausenden haben sie kaum zween.' Aehnlich spricht er in dem Briefe an Schönborn, 'Der junge Goethe' III. 24, von dem 'in sich und durch sich lebenden und wirkenden Herzen.'

Welch ausserordentliche Wichtigkeit das Herz für die Genies hat, zeigt sich endlich auch darin, dass von ihm Dinge ausgesagt werden, die wir heute auf unser Ich zu beziehen pflegen. Man sagt also nicht: Ich reibe mich auf, sondern: 'ich reibe mein Herz auf' (Klingers 'Zwillinge' I. 1, 'Theater' 1, 137); nicht: das Leben kehrt mir wieder. sondern: 'das Leben kehrt wieder in mein Herz' ('Zwillinge' III. 2 Werke 1, 63. Im 'Theater' lautet die Stelle anders); es heisst nicht einfach: ich will mich leichter reiten, sondern: 'ich will mich leichter reiten ums Herz herum' ('Kabale und Liebe' II. 1. 388). Aehnliches schon bei Wieland; Danae (im 'Agathon' 11, 210) erzählt die 'Geschichte ihres Herzens', nicht ihres Lebens, Agathon (10, 104) verschafft seinem Herzen ein Vergnügen, nicht sich.

Den Schluss dieses Abschnittes bilde ein Wort aus dem 'Hausvater', welches uns die Vereinigung darbietet zweier Lieblingsworte der Stürmer: 'wer kann ein Menschenherz haben, und da hartherzig handeln.' (III. 9.)

GOTT.

Die Allmacht des Herzens hat auch zur Folge, dass es zu Gott in einem besonders nahen Verhältniss steht. Wenn die Gebote des Herzens und die Gebote des Herkommens einander widersprechen — und nur zu oft tritt ja dieser Fall ein — so ruft man gern den Willen der Vorsehung zu Hilfe, welche diese und diese Gefühle Einem in das innerste Herz webte. Die Liebenden stehen in einem besonders nahen Verhältniss zur Gottheit; ihre Seelen wurden von Anbeginn an für einander geschaffen. (Was Gott zusammenfügt, soll der Mensch nicht scheiden)

Sehr charakteristisch ist es, wenn Ferdinand (in 'Kabale und Liebe' II. 3. 398) erklärt, seinen D e g e n habe ihm der Staat gegeben, sein W a p p e n ein halbes Jahrtausend, sein H e r z G o t t; Louise wirft, in dem gleichen Sinne, der Milford vor (IV. 7. 466 f.): 'Sie haben ... von einander gezerrt zwei Herzen, die G o t t aneinander band' und Ferdinand ruft (I. 4. 371): 'Lass doch sehen ob . . . mein Wappen gültiger als die Handschrift des Himmels in Louisens Augen: Dieses Weib ist für diesen Mann?' In Maler Müllers 'Genovefa' erklärt der überspannte Baumeister Erwin, er habe den Plan seines Baues entworfen, wie G o t t es ihm gezeigt, wie's der Morgenröthe seines H e r z e n s entglomm; und noch einmal wiederholt er: 'Nicht nach Uebung und Regel, dem Herzen nach, wie Gott mir's gezeigt.' (V. 3 Werke 3, 347 f.). St. Preux (in der 'neuen Heloise', vgl. Richardson, Rousseau und Goethe 151) schreibt der Geliebten: 'ein ewiger Beschluss des Himmels hat uns für einander bestimmt, das ist das erste Gesetz, dem man gehorchen muss' und Bomston sagt zu Heloisens Vater (161): 'Diese schönen Seelen gingen für einander aus den Händen der Natur hervor'. Sturz schreibt an Mademoiselle M . . . . c: 'mais peuvent ils, ces parens, tyranniser deux coeurs qui sont fait l'un pour l'autre? cela revolte la nature, cela fait fremir l'humanité' (Max Koch, 'Helferich Peter Sturz' S. 21) und Blainville (in Grossmanns 'Henriette' I. 4) meint: 'Wir haben die Absicht der Natur erfüllt. Sie bestimmte unsere Herzen für einander.'

G o t t u n d N a t u r ist hier gleichbedeutend; ähnlich in der Klopstock'schen Ode an Fanny:

'Dann (im Jenseits) trennt kein Schicksal mehr die Seelen,
Die du einander, Natur, bestimmtest.'

Bei Klopstock aber scheidet, im Unterschied von Rousseau, das 'Schicksal' die Liebenden, nicht der Standesunterschied. In den folgenden Worten aus Werthers letztem Brief an Lotte ist Rousseausches und Klopstocksches verbunden, das Rütteln an den Satzungen der Menschheit mit der Resignation auf das Diesseits und der Vertröstung auf das Jenseits: 'Und was ist das, dass Albert Dein Mann ist? Mann! Das wäre denn f ü r d i e s e W e l t — und für diese Welt Sünde, dass ich dich liebe ... Ich gehe voran, gehe zu meinem Vater, zu Deinem Vater! Dem will ich's klagen und er wird mich trösten, bis Du kommst, und ich fliege Dir entgegen und fasse Dich und bleibe bei Dir vor dem Angesichte des Unendlichen in ewigen Umarmungen.' (121) Eine C o o r d i n i r u n g der Begriffe Gott und Natur, gegenüber jener Identificirung, finden wir im 'Karlos' und 'Albert III.':

'Sie waren mein — im Angesicht der Welt
. . . Mir zuerkannt von Himmel und Natur'. (I. 5. 176.)

'Der Himmel selbst hat uns durch die Gesetze der Natur vereiniget, auch nur er allein kann uns trennen'. (II. 3.)

FÜRST.

Ich habe im Text die Polemik der Sentimentalität gegen Herrscher und Herrscherthum und die der Politik von einander geschieden und halte für gut, diese Unterscheidung auch hier zu versuchen, ob es gleich unmöglich ist, sie überall streng durchzuführen. Grade bei dem Dichter, der diese Tendenzen am stärksten und glänzendsten ausgeprägt hat, bei Schiller, ist fast immer dem politischen Pathos Sentimentalität verbunden; und in dem Wort, in welchem diese ganze Bewegung vielleicht ihren Gipfelpunkt hat, in Posas: 'Ich kann nicht Fürstendiener seyn' ist es vollends unmöglich, zu entscheiden, ob mehr das eine, ob mehr das andere Moment das Bestimmende ist.

Klar vor Augen dagegen liegt uns die Polemik des Gefühls, und nur des Gefühls, bei Schillers Vorgänger Leisewitz. An Stelle seines Fürstenthums wünscht sich Julius von Tarent ein Feld, an Stelle seines jauchzenden Volks einen rauschenden Bach. Einen Pflug für sich, einen Ball für seine Kinder. Auch wenn er seine Geliebte nie gesehen hätte, würde er 'diesen Ruhm und diese Geschäfte' hassen. (II. 5. 44.)

Fürstenglück und Fürstengunst wird gering geschätzt gegenüber der Liebe, der Weisheit, der Wahrheit.

König Philipp sagt (I. 6. 186): 'Ich heisse
Der reichste Mann in der getauften Welt;
Die Sonne geht in meinem Staat nicht unter —
Doch alles das besass ein Andrer schon,
Wird nach mir mancher Andre noch besitzen.
. . .   ,   Was der König hat,
Gehört dem Glück — Elisabeth dem Philipp.
Hier ist die Stelle, wo ich sterblich bin';

und Weislingen, durch Mariens Liebe beglückt, ruft ('Götz' I. 42): 'Was ist die Gnade des Fürsten, was der Beifall der Welt gegen diese einfache, einzige Glückseligkeit?' Zum Marquis Posa sagt die Königin:

'und jetzt . . sind Sie gesonnen,
. . . sich selbst zu leben?
Ein grössrer Fürst in Ihren stillen Mauern,
Als König Philipp auf dem Thron — ein Freier!
Ein Philosoph!' (I. 4. 167),

und selbst König Philipp weicht betroffen zurück, da ihn Lerma 'Mein grosser, mein bester König' anredet:

'König! König nur
Und wieder König . . . Ich schlage
An diesen Felsen und will Wasser, Wasser
Für meinen heissen Fieberdurst — er giebt
Mir glühend Gold.' (III. 2. 278.)

Aber nicht nur gering geschätzt wird Fürstenglück gegenüber dem Liebesglück; diese beiden erscheinen häufig als unversöhnbare Gegensätze. 'Mein Gemahl ist hin' erklärt Leonore (im 'Fiesko' IV. 14. 131), 'wenn ich den Herzog umarme ... Das Herz eines Menschen .. ist zu enge für zwei allmächtige Götter — Götter, die sich so gram sind', und Kunegunde (im 'Otto von Wittelsbach' II.): 'Gemeine Rittertöchter sind .. weit glücklicher, als wir. Sie dürfen wohl ihr Herz um Rath fragen; für uns ist dieser Wunsch schon ein Vergehen'. Schon der Prinz (in 'Emilia Galotti' I. 6. 119) hatte gesagt: ‚Wer sich den Eindrücken, die Unschuld und Schönheit auf ihn machen, ohne weitere Rücksicht, so ganz überlassen darf; — ich dächte, der wär' eher zu beneiden, als zu belachen.' Am bezeichnendsten wohl für diese Auffassung sind die Worte des Julius von Tarent, die ich schon einmal anzog: 'Ich habe ein Herz und bin ein Fürst; — das ist mein Unglück!' 'Wer hält dich ab?' fährt Julius fort, 'entführe sie und verbirg dich mit ihr in einem Winkel der Erde.' (I. 1. 14.) Und Blanka malt die Freuden dieses Daseins weiter aus: 'Ha! — jetzt sind wir da — in dem entferntesten Winkel (?) der Erde! — Diese Hütte ist klein; — Raum genug zu einer Umarmung. — Dies Feldchen ist enge; Raum genug für Küchenkräuter und zwei Gräber!' (II. 3. 40.) Hier spüren wir deutlich den Einfluss Rousseaus, des Eremiten. Aehnliches kehrt öfter wieder, besonders bei Schiller; so ruft Leonore (IV. 14. 133): 'Lass uns fliehen, Fiesko — lass in den Staub uns werfen all diese pralende Nichts, lass in romantischen Fluren ganz der Liebe uns leben ... Unser Leben rinnt dann melodisch wie die flötende Quelle zum Schöpfer'; Lady Milford gar will dem Fürsten sein Herz vor die Füsse werfen, und fliehen, — mit Ferdinand — fliehen in die entlegenste Wüste der Welt (II. 1. 391) und Ferdinand, der von derselben Absicht erfüllt ist, bekennt der Louise: 'Deine Fusstapfe in wilden sandigten Wüsten (ist) mir interessanter, als das Münster in meiner Heimath ... Wo wir seyn mögen .. geht eine Sonne auf — eine unter — Schauspiele, neben welchen der üppigste Schwung der Künste verblasst.' (III. 4. 435.) Pedro (in Sodens 'Ignez de Castro' II. 10) verlangt: 'weist mir in Eurem grossen Reich einen kleinen Winkel an, wo ich frey an Ignez Seite ruhe. Sey es auch nur so gross, nur so viel Land's, als Ihr einst selbst einnehmen werdet'; und Adelbert ruft (im 'Robert von Hohenecken' I. 3) 'Säss ich auf dem Kayserthron ... Weg mit der Kayserkrone .. Baut mir eine Hütte in den Wald ... hätt ich dich, dich, Berta!' Schon Tellheim (in 'Minna von Barnhelm', V. 9. 628) hatte ähnlich empfunden: 'wir .. wollen in der ganzen weiten bewohnten Welt den stillsten, heitersten, lachendsten Winkel suchen, dem zum Paradise nichts fehlt, als ein glückliches Paar. Da wollen wir wohnen; da soll jeder unsrer Tage —...'

Blasius (in 'Sturm und Drang' V. 4. 354) ruft: 'ich will Eremit werden. Ich habe eine schöne buschichte Höhle ausgespührt, da will ich mich mit meinem noch übrigen Gefühl hinein verschliessen'; und zu Guelfo sagt Grimaldi (in den 'Zwillingen' II. 1. 165): 'lass uns E i n s i e d l e r werden, lass uns der Welt absagen nnd uns treu sterben!'[1] Guelfo allerdings theilt diese Neigung nicht; um die Grösse der Macht, welche Kamilla auf ihn ausübte, zu bezeichnen, erklärt er, dass sie ihn in die Klause eines Eremiten sprechen konnte (Werke I.; II 4. 45. Im Theater fehlt die Stelle.)

Der Fürst darf weiter nicht V a t e r sein; nicht F r e u n d; nicht M e n s c h. 'Ich weiss ja nicht, was Vater heisst', klagt Karlos, 'ich bin ein Königssohn' (I. 2. 152) und Beatrix (im 'Otto von Wittelsbach' II.): 'wollte Gott, wir wären noch in unserm Schwabenlande! Da war unser Vater weit liebreicher gegen uns, als itzt. Es ist, als hätte die Kaiserwürde auch sein Herz vergoldet.' Hier ist also der kleinere Fürst der glücklichere; ebenso 'Julius von Tarent' IV. 4. (78.) Constantin sagt: 'Ich danke dem Himmel, der mir ein so kleines Land gab, dass meine Regierungsgeschäfte häusliche Freuden sind.'

'ein Fürst hat keinen F r e u n d! kann keinen Freund haben' ruft der Prinz (in 'Emilia Galotti' I. 6. 121) und Julius von Tarent spricht es ihm nach (I. 1. 14). Als Julius, der den Entschluss gefasst hat, seine Fürstenwürde abzuwerfen, den Aspermonte umarmt, meint er: 'O so zärtlich haben Sie mich nie an ihr Herz gedrückt! — Ich fühl' es schon, dass ich aufgehört habe, ein Fürst zu sein.' (IV. 5. 67); und Marquis Posa sagt: 'Die Freundschaft ist wahr und kühn — die kranke Majestät hält ihren fürchterlichen Strahl n i c h t aus' (I. 9. 192)[2]. In Klingers 'Konradin' aber scheidet sich Guido Suzzarra von des Königs Blutrath ab mit den Worten: 'Ich reise nach Modena, um im Gericht der M e n s c h e n zu sitzen, und nicht im Gericht der K ö n i g e' (III. 2. 95).

Allbekannt ist das Wort Rousseaus: 'Si j'avais le malheur d'être né prince . .' Verwandt dieser Auffassung, aber unendlich gesunder ist es, wenn Brander (in 'Faust' 67) im sorglosen Uebermuthe ruft:

'Dankt Gott mit jedem Morgen,
Dass Ihr nicht braucht fürs Röm'sche Reich zu sorgen!
Ich halt' es wenigstens für reichlichen Gewinn,
Dass ich nicht Kaiser oder Kanzler bin.'

So viel über die Polemik des G e f ü h l s gegen Fürsten und Fürstenthum. Was die politische Polemik anlangt, so hat diese natürlich eine lange Tradition, und es kann weder meine Absicht sein, diese Tradition nach rückwärts zu verfolgen, noch innerhalb unserer Periode

---

[1] Vgl. auch den Eremiten in 'Satyros', in Klingers 'Otto', u. s. w., o. S. 155.

[2] In einer Rede aus dem Jahre 1777 (? Goedeke I. 31 ff.) hatte Schiller die entgegengesetzte Meinung ausgesprochen: 'der Fürst kann Freund seyn, kann einen Freund haben' u. s. w. Vgl. noch Moser, a. a. O. 2, 92.

die Entwicklung der politischen Anschauungen, und den Ausdruck, den sie in der Poesie gefunden haben, etwa in derselben Ausführlichkeit darzustellen, wie oben die Entwicklung des Begriffes 'Herz'. Nur ganz weniges, nur das allernöthigste greife ich heraus. Der erste, der uns beschäftigt, mag Klopstock sein; seine etwas affectirte Verachtung der Fürsten vergegenwärtigt wohl am Besten die Ode 'Fürstenlob':

'Dank dir, mein Geist, dass du seit deiner Reife Beginn,
Beschlossest, bei dem Beschluss verharrtest;
Nie durch höfisches Lob zu entweihn
Die heilige Dichtkunst ...
  Geh hin, noch leben die Zeugen,
Und halte Verhör, und zeih, wenn du kannst,
Auch mich der Entweihung!'

Die Art, wie sich der eitle Mann mit seinem Freiheitsdurst etwas weiss, wie er sich als Brutus gleichsam drapirt, klingt deutlich wieder in den Ritterdramen, denen ja auf der andern Seite durch den 'Götz' die anti-fürstliche Tendenz nahe lag. 'Ist das männlich gehandelt?' fragt Otto von Wittelsbach (II.) und ganz ohne Veranlassung fügt er hinzu: 'Ich will nicht sagen: fürstlich; denn ein guter Mann, der kein Fürst ist, handelt immer edler, als ein Fürst, der kein Mann ist' ... 'kann der Stand unsern Sinn ändern?' fragt er weiter (III.) und setzt, wiederum ohne Ursache, hinzu: 'Ich weiss, dass eine Krone die Denkart nicht veredelt; aber warum soll sie sie herabwürdigen?' Aehnlich Maler Müller in seinem 'Kreuznach' (I. 362): 'Graf und Fürst und König und Kayser möcht' ich nicht singen, wären sie tugendlos, könnte sie nicht lieben, wollte lieber des braven Waffenknechts Sänger seyn ... Den Braven lieb' ich und sing' ihm auch gern.' Götz von Berlichingen steht, was seine Feindschaft gegen die Fürsten anlangt, unter den Helden in Goethes Jugenddramen nicht allein; vor Allem Egmont stellt sich ihm zur Seite. In der Unterredung mit Alba ruft Egmont: 'Wie selten kommt ein König zu Verstand!' (IV. 71) und er wünscht, im Gefängniss: 'Ach Klärchen, wärst Du Mann, so säh ich Dich gewiss auch hier zuerst und dankte Dir, was einem Könige zu danken hart ist — Freiheit!' (V. 80.) Indessen, der milde und versöhnliche Sinn Goethes verleugnete sich auch hier nicht; und so finden wir denn gerade im 'Götz', im Gegensatz zu der allgemeinen Tendenz, und an bedeutungsvoller Stelle, in jener Scene des gemeinsamen Mahles, Worte gleich diesen: 'Hab' ich nicht unter den Fürsten treffliche Menschen gekannt, und sollte das Geschlecht ausgestorben sein? Gute Menschen, die in sich und ihren Unterthanen glücklich waren' u. s. w. (III. 81.) Im 'Julius von Tarent' entwirft Leisewitz in der Figur des alten Fürsten, das Idealbild eines Herrschers;[1] wie freilich just dieser Fürst am

---

[1] Vgl. besonders III. 1, IV. 4. Den Worten des Götz: 'Das war keine Maskerade' entspricht des alten Bauern: 'Nicht doch .. da würde

Schluss des Dramas seiner Pflicht vergisst, haben wir oben gesehen, und als eine wesentliche Verschiedenheit Leisewitz' von Törring hervorgehoben. (S. 135.)

Es fehlt sonst nicht im 'Julius von Tarent' an Anschauungen, welche auf den Staatsfanatismus Törrings hinzuweisen scheinen (z. B. I 1, III. 2, IV. 2; besonders II. 5: 'Es giebt gesellschaftliche Pflichten. Im Schuldbuch der Gesellschaft steht Ihr Leben, Ihre Erziehung, Ihre Bildung'), aber, abgesehen vom Schluss, ist auch in der Charakteristik Julius' und Albrechts der Unterschied deutlich wahrnehmbar; der Held des weicheren Leisewitz will mit seinem Mädchen fliehen, der Fürstenpflicht entsagen, Törrings Held will mit der Waffe in der Hand sein Recht selbst gegen den Vater geltend machen, er weist den Wunsch der Geliebten, wie niedrige, glückliche Menschen zu leben, ausdrücklich zurück. Interessant wäre es noch, die Auffassung Klingers mit der Törrings zu vergleichen; wie beide Männer auch sonst mannigfache Berührungspunkte haben, so sind ganz besonders in ihrem Staatsgefühl verwandte Züge deutlich aufzuweisen; charakteristisch ist dabei, dass die Anschauungen, die den baierischen Grafen schon als zweiundzwanzigjährigen Jüngling erfüllen, bei dem Frankfurter Plebejer nur ganz allmählig sich herausbilden, von 'Otto' über 'Simsone' und 'Konradin' bis zum 'Günstling'. In 'Aristodemos' und 'Damokles' dann kleidet sich, wie durch Wahlverwandtschaft, das aus der Antike geflossene Gefühl auch in das antike Gewand. Das Eintreten Klingers in den Staatsdienst hat ohne Zweifel die Entwicklung dieser Anschauungen beschleunigt und verstärkt; die grösste Aehnlichkeit mit Törrings Schöpfungen zeigen 'Simsone' und 'Günstling'; der allgewaltige Held vergisst sein beleidigtes Gefühl und versöhnt sich dem Fürsten.

Eine ausführlichere Betrachtung, als ich sie hier leisten kann, würde u. A. auch nachzuweisen haben, in wie weit die Prosaschriftsteller, Möser etwa oder die beiden Moser, diese ganze Bewegung vorbereiten, und wie viel aus ihren Werken in Werke der Poesie übergeht. An ein paar Beispielen will ich dies wenigstens noch für Fr. Karl von Moser zeigen.

Moser schildert (in seinen 'moralischen und politischen Schriften' I. 44 ff.) einen Minister mit einem 'ehrwürdigen grauen Haupt', den er Cato nennt, 'das ächte Original eines ehrlichen Mannes.' Er hatte nur den einen Fehler, nie Zeit und Stunde abzupassen, 'wann etwa das Gemüth seines Herrn fähig sein möchte, eine Vorstellung anzunehmen'. Daher fürchtete der Fürst ihn mehr, als er ihn liebte, und da es ihm am Hofe, wo es ja so viele Bösewichte giebt, an Feinden nicht fehlen konnte, so gelang es leicht, das Gemüth des Fürsten gegen

---

ja aus dem ganzen ernsthaften Wesen ein Puppenspiel.' (III. 1. 54.) Vgl. noch die erste Fassung des 'Götz', III. 87: 'wenn die volle Wange, der fröhliche Blick jedes Bauern' u. s. w.

ihn einzunehmen. Die Folge ist, dass Cato den Hof verlässt.
Moser meint (I. 426), ein guter Regent müsse aber mehr auf die Treue
eines solchen Mannes sehen, als auf 'die JaRäthe, die sich zu allem
verbücken und verbeugen, es mag dem Herrn, dem Haus und dem
Land darüber ergehen, wie es will.' Ganz ähnliches finden wir in Klingers
'Otto' und in Törrings 'Kaspar'. Wieburg, ein 'treuer Greis', Adalberts
Rath, bittet ('Otto' I. 1) den Bischof Adelbert, das harte Urtheil gegen
Hungen, dessen Vermögen confiscirt ist, zu mildern, Adalbert weigert
sich: 'Wieburg! bindt eure Zunge und legt ihr über diesen Punkt ewiges
Stillschweigen auf... Sagt, Räthe, geschieht dem von Hungen Unrecht?..
Räthe (bücken sich). Einer. Wir sahen Eure Gnaden nie einem
Unrecht thun .. Immer nach Verdienst waren eure Urtheile abgefasst.
(bücken sich.) von Wieburg. So Schurken, bückt euch, bückt
euch, Schurken noch einmal, und hol euch der Teufel zusammen.'
Wieburg erhitzt sich immer mehr und wird endlich vom Hof verbannt. Im 'Kaspar' (I. 2) wird berichtet, dass Gundelfingen, 'ein braver
Ritter, ders gut meinte', unter Verlust seiner Habe vom Hofe ver-
wiesen ist; und Preysinger, ein Greis von 70 Jahren, ders
ebenfalls gut meint, steht beim Fürsten in geringem Ansehen. 'Ihr
waret doch immer so besorglich', meint dieser (I. 6), 'so meinen Wünschen
widerlich, Preysinger! .. ich bins müde, mir widersprechen zu hören.
Preysinger. Müde? — Wohlan, Ihr habt meine Worte nie hören
wollen! Ihr werdet sie erfahren. (ab.) Heinrich. Das ist auch so
ein alter Murrkopf'. Später wird Preysinger von den ihm feindlich
gesinnten Hofleuten zum Fenster hinausgestürzt. — Der Fürst im 'Kaspar'
ist ein junger Regent; dass diese eine ernsthafte Vorstellung sehr
selten vertragen, bestätigt Moser (II. 148) und er setzt hinzu, der
alte Canzler heisse dann leicht 'ein Pedant, ein murrischer
Schulfuchs.' Der Fürst im Kaspar ist weiter nur schwach, nicht böse,
(vgl. den Fürsten in 'Emilia Galotti', in Klingers 'Simsone' und 'Günstling') 'schlechte Kerls', heisst es (I. 2) 'missbrauchen seine animose
Jugend'; ähnlich hatte Moser gemeint (II. 129 ff.), es würde mehr
rechtschaffene Regenten geben, wenn es mehr redliche und aufrichtige
Minister gäbe. Wenn Moser dann gar von einem Fürsten erzählt,
der durch einen Zufall das Elend seiner Unterthanen entdeckt, — es
wird in den crassesten Farben geschildert — und der als den Urheber
dieses Elends den Amtmann, einen 'Bluthund', ins Gefängniss werfen
lässt, so finden wir uns an die Dichtungen Möllers, Ifflands u. s. w.
erinnert, in denen man ja auch vor dem 'gerechten Fürsten' in der
allerunterthänigsten Demuth erstirbt, und nur die Diener, niedere und
höhere, zur Verantwortung zieht. Wenn Moser einen armen Bauer
schildert, dem 'sein Landesherr, kraft der teutschen Freyheit, die Haut
über die Ohren zieht', 'seine Thränen, seine verfallenen Wangen, seine
Hütte voll halbnackender Kinder', so müssen wir an die Lieder der
Göttinger denken; wenn er von einem Fürsten berichtei (II. 165 f.),

der 'vor die Mahlerey passionirt ist, einen Künstler bey sich hat, dem er den ganzen Tag schenkt' und zu dem mitten in diesen angenehmen Stunden der Secretarius mit einem eiligen Schriftstück kommt, das der Fürst unmuthsvoll in die Ecke wirft, so werden uns der Prinz von Guastalla, Conti und Camillo Rota in den Sinn kommen. Es versteht sich, dass keineswegs in allen diesen Fällen an eine Abhäagigkeit zu denken ist; aber überall doch empfindet man den engen Zusammenhang dieser dichterischen Tendenzen mit dem Leben.

GELEHRSAMKEIT.

Als Goethe in 'Dichtung und Wahrheit' (23, 50) von der Hinwendung zu den Dichtern des 16. Jahrhunderts gesprochen hat, fügt er die Bemerkung hinzu: 'Die Minnesänger lagen zu weit von uns ab; die Sprache hätte man erst studiren müssen, und das war nicht unsre Sache; wir wollten leben und nicht lernen.' Diese Worte bezeichnen treffend den Geist, aus dem heraus die jungen Genies, unter der Führerschaft von Rousseau und Klopstock, den Büchern wohlgemuth den Rücken wandten, die Fesseln einer, wie sie meinten, grösstentheils erdichteten Gelehrsamkeit abwarfen, und bald, der neu errungenen Freiheit froh, und von der Vertheidigung zum Angriff übergehend, in ihren dichterischen Erzeugnissen die ganze Fülle ihres Spottes über Gelehrte und Buchstabenmenschen, über Philosophen und Schulmeister, kurz über alle und alle Bildung des Verstandes ausgossen. Hochnäsige Philosophen, materialistische Schwätzer, so geht es bei Rousseau, Philosophen und Narren, Narren und Philosophen heisst es bei Klopstock und die Lenz und Klinger geben die Parole weiter. Es sind bekannte Dinge, von denen ich spreche.

Dichterisch will diese Tendenz wenig bedeuten; ein gleichgültiger Philosoph etwa bei Lenz (Pirzel in den 'Soldaten'), ein paar Redensarten über Metaphysik und Geisterlehre bei Klinger (z. B. im 'leidenden Weib' Lenz I. 181, 189): und wir sind am Ende. Klinger übrigens ist sein Leben lang nicht in ein rechtes Verhältniss zur Philosophie gekommen, wie die 'Betrachtungen' an vielen Stellen zeigen; würdige Anerkennung wechselt mit verhaltnem Spott, halbes Lob mit vollem Tadel.

Zu der grossen Entgegenstellung von Stubengelehrsamkeit, die immerfort an schalem Zeuge klebt, und machtvoll aus der Seele Tiefe dringendem, titanischen Streben, die uns Goethe in Wagner und Faust vor die Augen rückt, drang kein Anderer vor. Und dennoch wurzeln Wagner und, sagen wir, Pirzel auf dem gleichen Boden; und auch darin zeigt sich mir die Grösse Goethes, das allein er, von jener allen Genossen gemeinsamen Stimmung ausgehend, Charaktere schuf, und noch dazu, wie hier, solche, deren vorbildliche Bedeutung nicht in dem Tage und mit dem Tage vergeht, weil sie in grossen, nur mit unserm Geschlecht aussterbenden Gegensätzen ruht.

Neben Goethe ist es nur Lessing noch gelungen — Schiller niemals — aus allgemeinen Tendenzen heraus lebendige Charaktere zu erschaffen; ich denke insbesondere an den Derwisch und den Klosterbruder des 'Nathan', bei denen man, wie ich meine, von einer leisen Annäherung an die Tendenzen Rousseaus und der Stürmer sprechen darf. Dies des Näheren auszuführen, muss ich mir hier versagen; aber ist nicht der Derwisch ganz aus der grossen, allgemeinen Rousseau-Strömung herzuleiten?[1] Und noch bestimmter die Verherrlichung der frommen und durch nichts zu beirrenden Herzenseinfalt in Lessings innigster Figur, dem Klosterbruder?

Der Klosterbruder ist einer von den vielen Analphabeten, die damals auf den deutschen Bühnen erschienen, und wenn man hier vielleicht noch zweifeln könnte, ob nicht um der Charakteristik willen dieser Zug hervorgehoben würde, so scheint an einer andern Stelle diese Möglichkeit ausgeschlossen.

In der Scene zwischen Sittah und Recha nämlich (V. 6. 341 f.) sagt Sittah: 'Was du nicht alles weisst! nicht alles musst
         Gelesen haben!

Recha.   Ich gelesen? . .
         Ich kann kaum lesen . . .
         Bücher wird mir wahrlich schwer zu lesen! —
         . . . Mein Vater liebt
         Die kalte Buchgelehrsamkeit, die sich
         Mit todten Zeichen ins Gehirn nur drückt,
         Zu wenig.

Sittah.   . . . Und so manches, was
         Du weisst . . ?

Recha.   Weiss ich allein aus seinem Munde.
         Und könnte bey dem Meisten dir noch sagen,
         Wie? wo? warum? er michs gelehrt.

Sittah.   So hängt
         Sich freylich alles besser an. So lernt
         Mit eins die ganze Seele.

---

[1] Einen indirecten Beweis liefert uns die Beflissenheit, mit der Klinger, in seinem 'Derwisch' die Figur nachahmte, und, Lessing folgend und zugleich ihn überbietend, das Wort: 'Am Ganges, am Ganges nur giebts Menschen' in den Mittelpunkt seines Dramas stellte. — Einen entfernten Nachklang aus Rousseau möchte ich auch in 'Emilia Galotti' finden, wenn z B. Appiani in seinen väterlichen Thälern sich selbst leben will, wenn Odoardo von der 'Stadterziehung' verächtlich spricht, u. A. m.

Recha.   Sicher hat
         Auch Sittah wenig oder nichts gelesen!
Sittah. Wie so?...
Recha. Sie ist so schlecht und recht; so unverkünstelt;
         So ganz sich selbst nur ähnlich ... Das sollen
         Die Bücher uns nur selten lassen: sagt
         Mein Vater.
Sittah.   O was ist dein Vater für
         Ein Mann!... Wie nah er immer doch
         Zum Ziele trifft!'

Goethe, im 'Götz', huldigt ähnlichen Anschauungen, und die kleineren sprechen ihm, wie üblich, nach. 'Götz. Er kennt wol vor lauter Gelehrsamkeit seinen Vater nicht ... Ich kannte alle Pfade, Weg und Furten, eh ich wusste, wie Fluss, Dorf und Burg hiess'. (I. 32.)[1] In Gemmingens 'Hausvater' fragt dann 'das Kind: Soll ich aus der Mythologie, oder aus der Historie hersagen? Graf Wodmar. Bist du so gelehrt?' Das Kind beantwortet eine Reihe von Fragen über Mars, Venus und Alexander; als aber der Graf fragt: 'Wer war denn Otto von Wittelspach?' erhält er zur Antwort: 'Da hab ich nichts davon gehört. Graf Wodmar. Seht ihr mit eurer Erziehung, füllt den Kopf mit fremden Sachen an, und lasst Worte ohne Sinn lernen.' (II. 1.)

Analphabeten finden wir u. A. in Maiers 'Sturm von Boxberg' und Babos 'Otto von Wittelsbach'. Wierich bekennt (III. 6) 'Sturmhauben und Rosse waren mir lieber, als ihr (der Schulmeister) langes A. b, ab, und B, a, ba' und Wolf (in 'Otto von Wittelsbach' III.): Ich kann nicht lesen. Otto. Ich und mein Wolf sind ein Paar gelehrte Leute ... (Mein) Ahnherr Otto, der unserm Baierlande seine alte Würde wiedergab, konnte auch nicht schreiben.' Ich habe oben die Verse aus dem 'Nathan' in aller Ausführlichkeit wiedergegeben, damit der Abstand deutlich werde, der, bei aller Verwandtschaft, zwischen Lessing besteht und diesen Kleineren, deren unreifer bildungsfeindlicher Fanatismus etwas wie das Hereinbrechen einer neuen Barbarei zu verkünden scheint.

Ein paar Aeusserungen, in denen die jugendliche überschäumende Lebenslust gegen die 'verfluchten Bücher' reagirt, lassen sich hier anreihen; besonders tief dringen auch sie nicht. Robert (in Lenzens 'Engländer' I. 318) klagt: 'Hab ich nicht zwanzig Jahre mir alles versagt, was die Menschen sich wünschen und erstreben?... wie ein

---

[1] Der Einfluss des 'Emile' springt hier in die Augen; auch sonst liessen sich wohl im 'Götz' noch manche Einzelheiten auf Rousseau zurückführen, z. B. die Polemik gegen die 'steifen, gezwungenen, einsiedlerischen Gärten'. 11, 2, 87.

Schulmeister mir den Kopf zerbrochen; ohne Haar auf dem Kinn wie ein Greis gelebt, über nichts als Büchern und leblosen, wesenlosen Dingen'; und Graf Louis (im 'leidenden Weib' III. 2. 189) ruft seinem Hofmeister, als dieser ihm über seinen Lebenswandel Vorwürfe macht, zu: 'Meinen Sie denn, ich wollte mir den Kopf vollpfropfen mit dem Zeugs? Was hier liegt, seh' ich: was gehen mich Ihre Philosophen und Monaden alle an? Kurz um, ein Mädel ist mir lieber, als das all.'

Die — nicht eben geistreiche — Verspottung der Gelehrten und der Gelehrsamkeit will ich noch an einigen Beispielen verfolgen; es liegt häufig Volksthümliches, aber nicht im guten Sinne, zum Grunde. ('Je gelehrter, desto verkehrter'.) 'Ein grosses Buch, ein grosses Uebel!', meint Artimes (in Maiers 'Fust von Stromberg' III, 3), 'Was die Gelehrten gewiss wissen, gehet auf ein Schilfblättchen; und was sie bezweifeln, damit könnte man ganze Heerden von Eseln bepacken, sagte mir einst ein gelehrter Araber.' Als Golo (in Müllers 'Genovefa' III. 1. 147) eine Sentenz über den Selbstmord vorliest, reisst ihm Mathilde das Buch weg: 'Quacksalberey, die den Kranken noch elender macht, Hirnwulst. Willst du auch noch so ein elender Narr werden, jetzt, da der Hundsstern ohnehin am Himmel steht? Denken und Denkeln, was kömmt dabey heraus? Dummheit? ... Der simple Mensch sieht immer zehn Auswege, ... wo ein Denker oft stockt und stottert' u. s. w. Aehnlich sagt Strephon (in Lenz' 'Die Freunde machen den Philosophen' II. 3. 231): 'verwünschte Philosophie, wie hast du mich zurückgesetzet... ein kühner Entschluss ist besser, als tausend Beobachtungen' und Johann (in Meissners 'Johann von Schwaben' I. 10): 'Das ist die Art dieser .. aus Büchern geschöpften Weisheit; sie führt zehnmal irr, und kaum einmal halb recht.' Der Prinz Galbino (in Klingers 'neue Arria' II. 3. 169) gesteht: 'Da hab ich mich eine Zeitlang mit den Gelehrten abgegeben, die stürzten mich vollends hinein' und Carlos ruft, als Clavigo seinen dummen Streich machen will, voll Zorn: 'Man spürt Dir doch immer an, dass du ein Gelehrter bist.' (II. 146.) In Klingers 'Simsone' begegnet uns die Carricatur eines Gelehrten, Curio, der an einem 'dicken Buch schreibt' (I. 4. 134); und am Schluss des 'neuen Menoza' von Lenz wird von dem Bürgermeister an seinem Sohne, dem Bakkalaureus Zierau ein exemplarisches Strafgericht vollzogen, weil er ihm, der nach gethaner Arbeit sich im Püppelspiel amüsiren wollte, den Genuss durch Auseinandersetzungen über die schöne Natur und die drei Einheiten vergällt hat: 'Ich seh' der Junge wird faul, dass er stinkt; sonst las er doch noch, sonst that er, aber itzt —'

Während hier die Beschäftigung mit den Büchern doch noch als ein 'Thun' anerkannt wird, scheint man in andern Fällen vielfach geneigt, Gelehrsamkeit zu identificiren mit Schlaffheit, Müssiggang, Unthätigkeit. 'Wer ein Held sein kann, wird kein Geschichtskundiger'. Dieser so charakteristische Zug hat natürlich seinen Grund in der, sehr erklärlichen, Ueberschätzung des Handelns, in dem übermässigen Thätigkeitsdrang der Genies. Weil das bürgerliche Leben ihrer Kraft und ihrem Ehrgeiz keinen Tummelplatz zu bieten schien, müssen die Helden der Stürmer 'in Krieg' ziehen oder gar den edeln Räuber spielen. 'Wo habt Ihr einen Schauplatz des Lebens für mich?' ruft Krugantino (in 'Klaudine von Villa-Bella' 11, 2. 206), 'Eure bürgerliche Gesellschaft ist mir unerträglich! ... Muss nicht Einer, der halbwegs was werth ist, lieber in die weite Welt gehn?'; und Julio (in der 'neuen Arria' I. 3, 137): 'schaff mir einen Platz, wo ich all meine Thätigkeit, all mein Vermögen brauch ... O ich halt das dumme, matte Leben nicht mehr aus.'[1]

Jene Identificirung von Gelehrsamkeit und Unthätigkeit tritt uns zuerst bei Goethe entgegen, dann, schärfer noch und pointirter, bei Leisewitz. Als Götz von Berlichingen klagt: 'Der Müssiggang will mir gar nicht schmecken', sagt Elisabeth: 'So schreib doch Deine Geschichte aus, die Du angefangen hast! Götz: Ach! Schreiben ist geschäftiger Müssiggang. Indem ich schreibe, was ich gethan habe, ärger' ich mich über den Verlust der Zeit, in der ich etwas thun könnte.' (IV. 93.) In directer Nachahmung heisst es bei Klinger ('neue Arria' V. 2. 254): Solina. Schreib fort, wo du stehn bliebst. Julio. Was ist das? Leute handlen zu lassen und selbst unthätig seyn? Ist's nicht so, als wenn man einen tapfern kriegshungrigen Soldaten einkerkerte, die Thaten seiner Nebenbuhler zu beschreiben?' Goethes Abneigung gegen das Schreiben tritt in seinen Jugenddramen noch öfter hervor, Egmont bekennt: 'unter vielem Verhassten ist mir das Schreiben das Verhassteste' (II. 43), und sogar Carlos klagt: 'ich muss diesen ganzen Nachmittag wieder schreiben. Das endigt nicht'. (I. 131.) Wir dürfen vielleicht an die Schreibereien der Frankfurter Advocatenzeit denken.

Bezeichnender noch, als das Wort des Götz scheint mir das des Liebetraut (II. 47): 'Sein Hofmeister, zu thätig, um ein Gelehrter, zu unlenksam, ein Weltmann zu sein, erfand das (Schach) Spiel', bezeichnender desshalb, weil hier von Charakteristik doch nicht die Rede

---

[1] Vgl. noch 'falsche Spieler' IV. 8. 320; 'Stilpo' I. 10. 273. ('Der Mensch muss schaffen oder zerstöhren'); Karlos II. 2. 202 ('Geben Sie mir zu zerstören, Vater'); Klingers 'Betrachtungen', Nr. 244; seinen Brief an Goethe vom 26. Mai 1814, Verhandlungen der Philologenversammlung, 1846, S. 48 ('Meine Jugendschriften dienten dazu, dem gährenden Drang nach Thätigkeit wenigstens für Augenblicke eine Richtung zu geben') und die Vorrede zum Rigaischen Theater ('individuelle Gemählde .. eines nach Thätigkeit und Bestimmung strebenden Geistes ...' 'mir ist bey allen Schreibereyen um nichts anders zu thun, als in einer vorgestellten Welt zu leben, wenn ich's nicht thätig in der würklichen kann' ..); Fröhlich in Müllers 'Nuss-Kernen'; endlich Gemmingens 'Hausvater' II. 2.

sein kann, während ja allerdings der Ausspruch des Götz für Götz durchaus charakteristisch ist.[1]

In Klingers 'Otto' ist es (neben Otto selbst, o. S. 34) der junge Hungen, Hans der Starke, der ähnliche Anschauungen ausspricht, im Gegensatz zu seinem Bruder, dem gelehrten Konrad. Es ist von Alexander Magnus die Rede und Hans fragt: 'Was heisst Magnus? Konrad. Du weisst doch gar nichts. — Der Grosse! Hans. Der Grosse! das wirfst du so hin, der Grosse, als sagst du: das alte Weib -- hättst du Seel und Herz dafür — der Grosse! das laut mir so wunderbar, ist mir so wunderbar dabey .. wo weisst denn du alles das her? Konrad. Aus den Geschichtsschreibern. Hans. Was sind denn das? Konrad. Das sind Leute, ja es sind Leute, die schreiben auf, was die Leute thun .. Hans. Die müssen wohl wenig zu thun haben, und thun wollen, wenn sie aufschreiben, was andre thun. So keiner mögt ich eben nit seyn. Du kannst einmal aufschreiben, was ich thu, siehst just aus, wie ein Geschichtsmann' (III. 1).[2]

Im 'Julius von Tarent' sieht Guido in Julius dasselbe, wie Hans in Konrad. 'Wer möchte nicht bersten', ruft er (I. 4. 21 f.), 'wenn er die unthätigen Knaben .. von Weisheit triefen sieht .. alles das wird mit Beispielen grosser Männer erläutert. Aber beim Himmel! wer ein Held sein kann, wird kein Geschichtskundiger. .. da steht der müssige Julius .. So viel glänzende Beispiele weiss er! — Lägen grosse Keime in ihm, er wäre selbst ein Held geworden'. Guido fügt hinzu: 'er kann den ganzen Abend Leben und Thaten lesen und doch die Nacht ruhig schlafen,'; und es fehlt nicht viel, so wird die Unruhe oder Ruhe seines Schlafes zu einem Kriterium für das Genie und den Philister. 'Wer den Geist in sich fühlt, der die Römer zu Thaten führte, die wir nur bewundern können' (Vorwort zum Rigaischen Theater), vor dem steigen die Gestalten jener alten Römer lebendig auf bei Tag und bei Nacht. Als Grimaldi (in den 'Zwillingen' I. 1. 130) aus dem Plutarch vorgelesen hat, ruft Guelfo: 'Ha, hagrer Cassius! Mir ist's, als stieg er vor mir auf. Ich werd' diese Nacht unruhig schlafen.' Hans der Starke verlangt (Otto III. 1): 'Schreib mir den Namen (Alexanders) mit recht grossen Buchstaben; da will ich ihn an mein Bett hängen, des Abends ansehen und davon träumen des Nachts; Heinrich von Kastilien aber (in 'Konradin'

---

[1] Auch Bruder Martin bekennt: 'Ich kann die müssigen Leute nicht ausstehen.' (I. 24.)

[2] Den gelehrten Philister und den Stürmer en miniature contrastirt Klinger auch im 'leidenden Weib'; Fränzchen scheint mehr der Liebling des Franz, Gorg des Gesandten zu sein (I. 3. 163); und wenn es Zufall sein sollte, dass im 'Otto' der kleine Gelehrte denselben Namen führt, wie der scheinheilige Herzogssohn, so wird aus dem Fränzchen im 'leidenden Weib' sicher einmal ein grosser Franz werden.

I. 425, sagt verächtlich von dem päpstlichen Legaten: 'Redet ihm nichts von alten Römern und ihrer Denkart vor. Keiner ist ihm weder wachend noch träumend erschienen'.

Einige weitere Beispiele für die Gleichsetzung von Unthätigkeit und gelehrter Thätigkeit finden wir in Klingers 'Elfride' und 'falschen Spielern'. Dort sagt Sara, indem sie Ethelwold und den König gegen einander abwägt: 'Er liebt die Bücher der Ruhe wegen und König Edgar heisst der Wölffbezwinger. Der Tapfre ist der Ruhe Feind!' (I. 2. 289); und hier von Stahl, der auf die hungrigen Autoren gescholten hat: 'Doch, ich rede selbst wie ein Buch, während die Pächter meine Güter ruiniren.' (I. 1. 240.), d. h. also, ich schwatze gelehrt, und thue nichts, wie die Gelehrten. Vgl. noch Möser, Werke I. 395: 'Die feigen Geschichtsschreiber hinter den Klostermauern und die bequemen Gelehrten in Schlafmützen ...'[1]

Hierher gehören die bekannten Sätze des Karl Moor: 'Pfui! Pfui über das schlappe Kastraten-Jahrhundert, zu nichts nüze, als die Thaten der Vorzeit wiederzukäuen, und die Helden des Alterthums mit Kommentationen zu schinden und zu verhunzen mit Trauerspielen. . . . Mir ekelt vor diesem Tinten kleksenden Sekulum, wenn ich in meinem Plutarch lese von grossen Menschen' (I. 2. 23 f.). Gegenüber der Klingerschen Geringschätzung der Geschichtsmänner muss uns der letzte Ausspruch fast milde erscheinen; Schiller spricht eben von 'seinem Plutarch', und dieser fühlt ja 'den Geist der alten Römer in sich.' Auffallen mag es auch, dass ein Trauerspieldichter unter die nichtsnüzigen Eigenschaften des Kastraten-Jahrhunderts das Verhunzen mit Trauerspielen rechnet; es ist dies ein Widerspruch, in dem die Genies mit den Jungdeutschen zusammentreffen. In erster Linie denken sie allerdings an die Poeten der abgethanen Generation; aber es ist doch unverkennbar auch jener Thätigkeitsdrang, der sie gelegentlich gering denken lässt von dem bloss beschaulichen Leben des Dichters und Künstlers überhaupt. Und wer dürfte, ganz allgemein gesprochen, leugnen, dass das Gegengewicht des realen Lebens jedem Künstler frommt, und dass gar mancher, der es entbehren musste, unterging wie Tasso und Hölderlin?

Indessen: zuerst haben wir doch zu denken an die Schöngeister, die bel-esprits, kurz die 'Poeten'. Denn selten nur wird man in Aussprüchen dieser Art dem Worte: Dichter begegnen, immer und immer ist von Poeten, Autoren, Literatoren und Bellatristen, wie der brave Miller sagt, die Rede; und auf das Bestimmteste scheidet z. B. Lenz (in den 'Anmerkungen' II. 208; vgl. 207) den Dichter von dem

---

[1] In der 'Gelehrtenrepublik' heisst es dagegen: 'Handeln und Schreiben ist weniger unterschieden, als man gewöhnlich glaubt' u. s. w. (12. 34).

schönen Geist, Klinger (noch in den 'Betrachtungen', 257 u. ö.) den Dichter von dem Poeten.[1]

Den Kern dieser Anschauungen spricht Admet aus (in 'Götter Helden und Wieland' 267): 'Euripides ist auch ein Poet und ich habe mein' Tage die Poeten für nichts mehr gehalten, als sie sind. Aber ein braver Mensch ist er und unser Landsmann.' Der Poet ist das Sinnbild der Schwächlichkeit, man jammert wie ein kranker Poet ('Götz' II. 58); besonders aber der Vertreter der Aermlichkeit ('Arme Poeten, die keinen Schuh anzuziehen hatten, weil sie ihr einziges Paar in die Mache gegeben' Räuber II. 345); und je weniger die Dichter oft selber zu beissen hatten, desto spöttischer redeten sie von den 'hungrigen Poeten'. Diese sind es auch, die, im Gegensatz natürlich zu den Genies, Romane erfinden, welche nicht auf dem Boden der Wirklichkeit stehen, Romane, wie der geheime Rath (im 'Hofmeister' I. 614) meint — und dass dieser die Meinung des Dichters unverfälscht ausspricht, ist unzweifelhaft — 'Romane, die nur in der ausschweifenden Einbildungskraft eines hungrigen Poeten ausgeheckt sind, und von denen ihr in der heutigen Welt keinen Schatten der Wirklichkeit antrefft'. Die Infantin (in 'Simsone' I. 4. 133) sagt: 'Ihr verspracht mir Liebeslieder von Poeten, die kein Mädchen hätten, und doch schön wären; die die Welt betrogen mit ihren gemachten Liedern. . . . Verspracht mir melancholische Lieder auf den Tod einer eingebildeten Geliebten, die der dürftige Poet nach Gefallen erweckte . .'

Den gleichen Werth wie der Poet hat der Autor; daher ruft Stahl der empfindsamen Juliette zu: 'Das träumt Euch ein hungriger Autor vor' ('falsche Spieler' I. 1. 240) und Goethe spottet (im Prolog zum 'moralisch-politischen Puppenspiel'):

'Dringet Einer sich dem Andern vor
Deutet Einer dem Andern ein Eselsohr. . . .
Herum, herauf, hinan, hinein —
Das muss ein Schwarm Autoren sein!'

Den Poeten und Autoren stellen sich die Belletristen, die schönen Geister und Literatoren zur Seite (vgl. z. B. 'Götter Helden und Wieland' 263, 267 'leidendes Weib' I. 8. 174). Besonders die braven Väter haben es mit ihnen zu thun, die, wie sie überhaupt am liebsten ihre Behausung vor der Aussenwelt verschliessen, auch den verderblichen Einfluss der Poeten auf die Ihrigen abzuschneiden wünschen. Das Exempel, welches etwa der Magister (im 'leidenden Weib' I. 1. 156) statuirt, lässt an Deutlichkeit nichts zu wünschen: 'Ihr Jungens, Schöne Geister, Zephirs, Belletristen, Amouretten, Koth! naus, aus meinem Hause... Rechtschaffne Kerls herbei! . . wollen Euch Eure Weibsen mit ihrem Zeugs verderben, mit ihren Romanen, Poesien . . . lasst den Leuten die Mädels, wie sie Gott gemacht hat! Hinaus! hinaus!'; und Miller (in

---

[1] Vgl. auch Klopstocks Ode 'Der Hügel und der Hain'.

'Kabale und Liebe' I. 1. 358 f.) antwortet auf die Vorstellung seiner Frau: 'Sieh doch nur erst die prächtigen Bücher an, die der Herr Major ins Haus geschafft haben,' folgendermassen: 'Die rohe Kraftbrühen der Natur sind Ihro Gnaden zartem Makronenmagen noch zu hart. — Er muss sie erst in der höllischen Pestilenzküche der Bellatristen künstlich aufkochen lassen. Ins Feuer mit dem Quark'.[1]

Der Obrist (in Grossmanns 'Henriette' V. 6), dessen Tochter heimlich sich vermählt hat, meint: 'Ich begreifs auch, wie das Ding zugegangen ist — alle Tage haben sie zusammengesteckt, Romanen, Gedichte und solch Zeug gelesen, das hat das Mädel warm gemacht'; wenn Sibylla (in 'Pater Brey' 182) berichtet: 'Mein' Tochter, die ist in Büchern belesen, das ist dem Herrn Pater just sein Wesen' dürfen wir wohl ebenfalls an die Pestilenzküche der Bellatristen denken.

Grade so, wie man den Gelehrten und den Helden contrastirt, so auch den Künstler und den Helden. Sehr prägnant geschieht dies im 'Fiesko'; als dem Fiesko das Gemälde gebracht wird (II. 17. 73) wirft er es um, — nachdem er zuerst, mit einer bei Schiller nicht ungewöhnlichen Vermischung der Motive in Lessingscher Weise Kunstbetrachtungen angestellt hat — er wirft es um mit den Worten: 'Du pralst mit Poetenhize, der Phantasie machtlosem Marionettenspiel, ohne Herz, ohne Thaten erwärmende Kraft; Stürzest Tyrannen auf Leinwand; — bist selbst ein elender Sklave? ... Deine Arbeit ist Gaukelwerk — der Schein weiche der That — Ich habe gethan was du — nur mahltest.' Das Lob des wahren Künstlers hat Lenz gesungen (in den 'Anmerkungen' 227), auch er mit einem Seitenblick auf die Geschichtmänner. Er spricht von der 'Mumie des alten Helden, die der Biograph einsalbt und spezereit, in die der Poet[2] seinen Geist haucht. Da steht er wieder auf, der edle Todte, in verklärter Schöne geht er aus den Geschichtsbüchern hervor, und lebt mit uns zum andernmale.' Wie schön hat dann Goethe das Verhältniss von Held und Dichter geschildert:

'So bindet der Magnet durch seine Kraft
Das Eisen mit dem Eisen fest zusammen,
Wie gleiches Streben Held und Dichter bindet.
Homer vergass sich selbst, sein ganzes Leben
War der Betrachtung zweier Männer heilig,

---

[1] Die Frau in den bürgerlichen Dramen ist gewöhnlich lebenslustiger als der Gatte, so Claudia Galotti, die Majorin (im 'Hofmeister'), Frau von Biederling (im 'neuen Menoza'), Frau Humbrecht (in der 'Kindermörderinn'), Millers Frau, die Obristin (in Grossmanns 'Henriette'), die Präsidentin (in Sprickmanns 'Schmuck'). Die Majorin, Frau von Biederling, Frau Humbrecht, die Präsidentin lassen sich von den Liebhabern ihrer Töchter den Hof machen.

[2] Hier haben wir einmal das Wort ohne verächtliche Nebenbedeutung.

Und Alexander im Elysium
Eilt den Achill und den Homer zu suchen'. ('Tasso' I. 3. 215.)

Der Verspottung von Gelehrten und Poeten verwandt ist die Satire gegen bestimmte, durch gelehrte Bildung ausgezeichnete Stände, gegen Schulmeister, Aerzte, Juristen; ein flüchtiger Blick sei darum ihnen noch geschenkt. Auch hier spielt Volksthümliches mit. Wenn Blink (im 'Sturm von Boxberg' II. 5) von dem Schulmeister Breidmann sagt: 'Er ist gelehrt in hohen, grossen, geheimen Worten, aber verflucht dumm. Einem Reuter ist zuweilen der Kopf auch vernagelt, aber doch nicht so hart und fest wie einem Gelehrten', und Herr von Biederling (im 'neuen Menoza' V. 1. 146): 'Hat dich der verdammte Schulkollege doch laufen lassen? Sag ich nicht? ob man eine Null dahin stellt, oder einen Mann mit dem schwarzen Rock: die Leute sind doch, Gott weiss, als ob sie keinen Kopf auf den Schultern hätten.', so ist der Zusammenhang mit der populären Auffassung zweifellos. Ebenso geistlos und dichterisch gleichgültig ist der Schulmeister in Maler Müllers pfälzischen Idyllen; wie fest indess diese Richtung wurzelte, wie sehr es Sitte war, auf der Bühne, den Magister zu hänseln, zeigt uns der Magister Humbrecht (in der 'Kindermörderinn'). Dieser ist ein, nach des Dichters Auffassung, sehr verständiger Mann, der in der Folge mit dem Lieutenant von Gröningseck Freundschaft schliesst; trotzdem muss Gröningseck, bei der ersten Begegnung, allerlei Possen mit ihm treiben, aus keinem andern Grunde, als weil es eben hergebracht ist.[1] Die Satire gegen die Aerzte will, in ihrem dichterischen Niederschlag, ebenfalls wenig besagen. Doch ist es bezeichnend, wenn Müller den Hanswurst des Puppenspiels zum Arzt macht (in der 'Genovefa' vgl. Seuffert 'Müller' 146) oder vielmehr zum Chirurgus, denn diese Figur ist es, die man besonders liebt. So wollte, in Müllers 'Nuss-Kernen', der liederliche Sohn des Wetzstein 'Schiffschirurgus' werden (I. 278); der geizige und intrigante Braun, in den 'falschen Spielern', ist Chirurgus, Schöpsen, im Hofmeister, die interessanteste Figur dieser Reihe, deren Charakteristik durch ihren Namen gegeben ist, Barbier und Wundarzt[2]. Der Doktor im 'Jahrmarktsfest' nennt den Marktschreier seinen Bruder, und bekennt:

---

[1] Die Tradition kann ich hier nicht verfolgen. Vgl. auch H. L. Wagner[2] 82. Abseits stehen: Wenzeslaus in 'Hofmeister' und der Magister im 'leidenden Weib'.

[2] Vgl. Möser, Werke III. 122: 'Wie viel Mühe hat die Wundarzneikunst gehabt, Genies und Männer von Einsichten an sich zu ziehen, weil sie mit der Baderei in Deutschland vermischt und verachtet wurde.' Möser wünscht übrigens, dass man nur die moralischen Stände der Menschen, wie den Stand der Geizigen u. s. w. angreife, aber nicht die bürgerlichen. — Die Rheinischen Beiträge von 1780 bringen einen Aufsatz: 'Ueber die unglückliche Verbindung der Chirurgie mit der Bartpuzerei'.

'Weiss, was im Grunde wir Alle können.
Lässt sich die Krankheit nicht kuriren,
Muss man sie eben mit Hoffnung schmieren.' (161)
Den Doktor in Wagners 'Reue nach der That' nennt Schmidt mit Recht eine Carricatur; ob der Arzt im 'Julius von Tarent' (V. 1) hierher zu beziehen ist, möchte zweifelhaft sein.[1]

Mehr in die echte Sturm- und Drangstimmung führt uns die Betrachtung der Rechtsgelehrten. Wenn Liebetraut (im 'Götz' I. 37 ff.) den Olearius zum Besten hat, so dürfen wir an die Abneigung der Genies gegen die pressende Schnürbrust der Gesetze, diese kaltblütigen Pedanten denken, um so mehr als Olearius selbst zu Gunsten der kriminalischen Unfühlbarkeit sich ausspricht: 'Das Alles bestimmen die Gesetze, und die Gesetze sind unveränderlich'.[2] In dem gleichen Sinne fasse ich es, wenn Robert Bari, (im 'Konradin' III. 1. 76, III. 2. 84) den Grafen von Flandern und den Guido Suzzara, die für Konradin Partei nehmen, zurückweist: 'Wir halten uns hier an Weise und den dürren Buchstaben des Gesetzes ... der König berief Euch wegen Eurer Kenntniss in den Rechten, und nicht wegen Eurer Anmerkungen über die Herzen, denn die haben bey Rechtsfällen nichts zu thun.'

Ein anderes ist die Polemik gegen die Bestechlichkeit der Richter. Auch hier geht Goethe voran; bei ihm wie bei den Andern kommt natürlich Erlebtes hinzu. Goethe schildert, in der Scene der Bauernhochzeit (im 'Götz' II. 61), die Machinationen des verfluchten Assessors Sapupi (Papius); er stellt uns in Vansen das Urbild des Winkeladvokaten vor die Augen. Vansen wird ausdrücklich ein 'Gelahrter' genannt (Egmont II. 38); interessant ist besonders die Schilderung des Verhörs: 'Wo nichts heraus zu verhören ist, da verhört man hinein' u. s. w. (IV. 62.) In den 'Räubern' (II. 387) berichtet Razmann von den Pfiffen eines Advokaten, der die Gerechtigkeit zur feilen Hure macht und Karl Moor (II. 3. 103) von einem Finanzrath, der Ehrenstellen und Aemter an die Meistbietenden verkauft und den trauernden Patrioten von seiner Thüre stösst. Ihnen gegenüber ist natürlich Karl die grosse edle Seele, ein Contrast, der schon in der Bauernscene des 'Götz' angedeutet ist, in den Worten des Selbitz (glücklicherweise nicht des Götz): 'Götz! Wir sind Räuber!' Der Oberste (in Grossmanns 'Henriette' IV. 4) hat gar sehr über die Advokaten zu klagen; er will sich lieber zehnmal herumschiessen, als mit einem Advokaten herumbeissen. Dick aufgetragen ist die Schlechtigkeit des Amtmanns in Müllers 'Nuss-Kernen'; wie hier (I. 295) der Bauer an den besser

---

[1] Vergl. den Arzt bei Shakespeare, z. B. im 'Lear'; auch den in den 'Zwillingen'.

[2] Ich glaube daher, dass es wenig in des jungen Goethes Sinn ist, wenn Strehlke, Hempel 6, 39 Anmerkung, Olearius 'einen würdigen Rechtslehrer' nennt.

zu unterrichtenden gnädigen Herrn Graf appelliren soll, so geschieht es in der That in dem 'deutschen Hausvater' von Gemmingen, dem intimen Freunde des Malers. Der Hausvater, Graf Wodmar, hat die besten Absichten, und nur über den Verwalter wird geklagt. 'Ach unsere Herrschaft wäre schon gut', sagt der Bauer, 'wenn wir nur nicht sonst so von den Amtleut und Schergen geplagt wären.' (s. S. 186.) Von hier bis zu den Amtmännern Ifflands, der ja aus dem selben Mannheim hervorging, wie Müller und Gemmingen (und Schiller), ist nicht weit. Bemerkenswerth ist noch, dass in dem Himburg'schen Nachdruck (Berlin 1781. Bey Christian Friedrich Himburg in Kommission, wie es euphemistisch heisst) diese Scenen (II. 3 und 4) einfach getilgt werden konnten, ohne dass der Zusammenhang gestört wurde. So dichterisch unwichtig der 'Hausvater' übrigens ist, so historisch wichtig ist er, und er verdiente wohl einmal eine besondere Betrachtung.

GREIS.

Wenn ich im Text von dem wunderlichen Enthusiasmus der Geniezeit für den Greis gesprochen habe, so habe ich damit selbstverständlich nicht sagen wollen, dass nicht von jeher der Greis eine beliebte poetische Figur gewesen ist; nur das scheint mir unzweifelhaft, dass dies in unserer Epoche in sehr erhöhtem Masse der Fall ist, dass die Begeisterung der Zeit über alles Mass hinausgeht und desshalb nicht selten der Lächerlichkeit verfällt.

Am häufigsten begegnet das Motiv bei Leisewitz, Klinger, Schiller, und gewisse Lieblingsworte, wie Graukopf, Silberlocken, eisgrau, weisslockigt, wollen gar nicht aus ihren Dramen schwinden. Die idealen Tugenden des Greises, Weisheit und schöne Besonnenheit, zu verkörpern ist dagegen nur Lessing gelungen.

Vor allem ist der Greis natürlich ehrwürdig, heilig.[1] Amalia (in den 'Räubern' II. 2. 64) stellt sich so vor den schlafenden alten Moor: 'Wie schön, wie ehrwürdig! — ehrwürdig, wie man die Heiligen malt — nein, ich kann dir nicht zürnen! Weislockigtes Haupt, dir kann ich nicht zürnen!' und Karl (IV. 5. VII) lässt seine Räuber vor ihm niederfallen: 'Kniet hin in den Staub, und stehet geheiligt auf! ... Steh auf Schweizer! Und rühre diese heiligen Locken an (er giebt ihm eine Locke in die Hand)'. Andreas Doria, ein ehrwürdiger Greis, wie das Personenverzeichniss lehrt, treibt gar mit seinen eigenen Locken einen Heiligenkultus: 'nimm diese eisgraue Haarlocke mit. Sie war die Lezte, sagst du, auf meinem Haupt, und ging los in der

---

[1] Ich wüsste nur ein Beispiel eines alten Bösewichts, Schlick, 'den schmähsüchtigen alten Mann' im 'Robert von Hohenecken.' Von gleichgültigen Nebenpersonen, wie der alte Pätus im 'Hofmeister' ist abzusehen.

dritten Jennernacht, als Genua losriss von meinem Herzen, und habe achtzig Jahre gehalten und habe den **Kahlkopf** verlassen im achtzigsten Jahre' (V. 14. 155). Franz Moor, der seinen Traum vom jüngsten Gericht beschreibt, sagt (V. 1. 179 f.): 'zuletzt kam ein alter Mann, ... er schnitt eine **Locke** von seinem silbernen Haupthaar, warf sie hinein in die Schale der Sünden, und siehe, sie sank, sank plötzlich zum Abgrund, und die Schale der Versöhnung flatterte hoch auf!'

Da der Greis heilig ist, so kann er auch **entheiligt** werden; Moor ruft: 'Rache dir! grimmig beleidigter, **entheiligter Greis!**' (IV. 5. 170) und Ferdinand fragt den Miller: 'Hast du **dies ehrwürdige Haar** mit dem Gewerb eines Kupplers **geschändet?**' (V. 2. 483) Wieburg (im 'Otto' I. 5) meint: 'lasst uns davon nicht reden! Ich möchte fluchen und das **schändete meine grauen Haare**.' Selbst der wahnsinnige Gorg (im 'Otto' IV. 5) redet den Herzog an: 'heiliger Greis'. Die weissen Haare des alten Guelfo (in den 'Zwillingen' III. 1. Werke I. 53; im 'Theater' fehlt die Stelle) haben Entsetzliches verhütet: 'es war gut' bekennt Guelfo, 'dass seine weissen Haare über die in Wuth glühenden Augen herunter fielen.[1] — Wären seine Haare nicht so weiss gewesen, bei der Finsterniss der Hölle —'

Wer alt ist, ist ehrwürdig; und umgekehrt, wer ehrwürdig erscheinen soll, muss alt sein. Daraus erklärt sich, weshalb, um nur ein Beispiel zu geben, das Alter des Miller oft und oft erwähnt wird, aber nicht das des Präsidenten; daraus auch erklärt sich wohl eine kleine Incongruenz des 'Götz', dass nämlich Götz gegen das Ende des Dramas hin als alt erscheint (vgl. IV. 90 'der alte Götz' V. 100, 107 'sein graues Haupt' 105, 107 'sein Alter') während bei seinem Altersgenossen Weislingen davon nicht die Rede ist: dieser ist eben nicht ehrwürdig.

Bei Klinger und Schiller ist es ferner Sitte, den alten Leuten auch bei jeder Gelegenheit zu sagen, dass sie alt sind. Der alte Moor wird von Amalia angeredet als: 'lieber Greis, (II. 2. 65) jammervoller Greis' (II. 2. 74), Daniel von Karl als: 'ehrlicher Graukopf' (IV. 3. 145); im 'Fiesko' sagt etwa Bourgognino zum Verrina: 'Mach mich nicht wahnwizig Graukopf', und darauf Kalkagno: 'Wahr spricht der Graukopf' (I. 12. 37 vgl. II. 17. 75); in 'Kabale und Liebe' wird Miller von **seiner Tochter** und Ferdinand an sein Alter erinnert in Aeusserungen wie: 'Was wilst du Graukopf? (V. 2. 483.) Du thust recht, armer alter Mann! (V. 1. 473) Erschrick nur nicht alter Mann (V. 3. 487). Der alte Mann dort hat mirs ja oft gesagt' (II. 5. 411.) Aehnlich Klinger. Wieburg (in 'Otto' I. 5) wird angesprochen als: 'treuer Greis', Paulo (in der 'neuen Arria' I. 1. 192) als: 'alter Vater', Kleon

---

[1] Auch dem Gesandten (im 'leidenden Weib' V. 1. 203) hängen 'die weissen Haare übers Gesicht'.

als 'Greis, edler Greis, finstrer Greis' (in der 'Medea' II. 28; I. 13, 18; II. 29 2 mal), Alviero, einer jener so häufig begegnenden grauköpfigen Republikaner als: 'stürmischer Graukopf, grauer Starrkopf' (im 'Günstling' II. 3. 46, III. 1. 52).

Da man den armen Greisen immer und immer wieder es erzählt, dass sie alt sind, so ist es nur natürlich, dass sie selbst sich dessen bewusst werden; auf sie alle daher lässt sich das Wort anwenden, das der Fürst von Tarent von sich spricht, sie gehören 'nicht zu den Greisen, die nicht wissen, dass sie alt sind' (III. 1. 52). Und leicht möchte dieses der fatalste Zug in der ganzen Alten-Männer-Verehrung sein; der Ton, der zuerst mit einer gewissen angenehmen Melancholie von Leisewitz angeschlagen wird, bekommt gar bald, für mein Gefühl, einen lästigen Beiklang von Weichlichem und Weibischem.

Constantin von Tarent, ein 76 jähriger Greis, lebt nur noch in seinen Kindern, sie sind der einzige 'Kanal, durch den sich Süsses und Bitteres in sein Herz ergiessen kann.' 'Ich fühl' es', bekennt er seiner Nichte, ‚ich fühl' es, dass ich alt werde. Der rosenfarbne Glanz, in dem Du noch alle Dinge siehst, ist für mich verbleicht. Ich lebe nicht mehr; ich athme nur, und das blosse Dasein, ohne die Reize des Lebens, ist das einzige Band zwischen mir und der Welt.' (I. 7. 29 f.) Wenn er etwas erreichen will, so führt er stets sein Alter ins Treffen. Um Cäcilia für Julius zu gewinnen, spricht er von seinem Alter; um Frieden zu stiften zwischen seinen Söhnen, um Julius zum Verzicht zu bewegen auf Blanka, spricht er von seinem Alter: 'Was ist einem Greise lieber, als die weibliche Sorgfalt einer Tochter? Hätte Julius eine Gattin! (I. 7. 31) ... O, Julius! O, Guido! die ganze Welt lässt diese grauen Haare in Frieden in die Grube fahren, — nur Ihr nicht, nur Ihr nicht. — Ich bitt' Euch, lieben Kinder, lasst mich in Ruhe sterben ... lasst dies graue Haar mit Frieden in die Grube fahren (II. 2. 55, 60.)[1] ... O Sohn! sollte mein graues Haupt nichts über Dich vermögen? meine Runzeln nichts gegen ihre reizenden Züge, meine Thränen nichts gegen ihr Lächeln, mein Grab nichts gegen ihr Bette!' (III. 2. 59). Der alte Guelfo, in den 'Zwillingen', hat ebenso mit dem Leben abgeschlossen, wie Constantin. 'O mein Ferdinand! mein Guelfo!' ruft er (I. 4. 151) 'zwey starke Pfeiler, .. auf denen der Alte in Frieden ruhen kann.' Er klagt: 'Mein wilder, ungestümer Sohn Guelfo ist der Sturm, der den mürben Greis zerbricht — (IV. 2. Werke I. 68.)[2] Ich bin zu alt, den

---

[1] Auch Pereira in Sodens 'Ignez de Castro' klagt: 'Konnten diese grauen Haare nicht früher zur Grube fahren ...' und Andreas Doria will, dass sein 'eisgrauer Kopf von Familienhänden zu Grabe gebracht' werde (II. 13. 65 f.). Ferdinand ruft dem Miller zu: 'unglücklicher alter Mann, lege dich nieder und stirb ... einen Augenblick später, und du ... fährst mit der Gotteslästerung in die Grube.' (V. 2. 483 f.)

[2] Mürbe auch sonst ein Lieblingswort, Miller sagt z. B.: 'Nimm meinen alten mürben Kopf — nimm alles, alles!' (I. 3. 369.)

Sohn Guelfo zu bändigen. Ich muss zittern für ihn' (gleich 'vor ihm' II. 2. 173). Unverkennbar stimmen diese Worte nicht recht zu dem, was wir über das Verhältniss des alten Guelfo zu seinem Sohn sehen und hören. (I. 4. III. 1.) Ein anderer Effect bei Klinger ist, dass der Greis im Glück seiner Kinder noch einmal jung wird. So ruft Guelfo: 'Ferdinando, wärst Du nicht, ich legte mich hin, und stürbe ... Sie machen mich mein Alter vergessen. Alles vergnügt, verjüngt mich, was ich seh' und höre' (II. 2. 171. 280) und Paulo (in der 'neuen Arria' I. 1. 130): 'Amante, du bringst meine Jugend wieder, wo ich schwärmte, wie du, in lieber warmer Phantasie. Du schleichst dich mit dem Zauber in das Herz des Graukopfs.'

Wie bei Leisewitz, so beruft man sich auch bei Klinger und Schiller auf sein Alter, wenn man etwas erreichen will. Ich führe nur weniges an. Wieburg (im 'Otto' I. 5) sagt: 'Der alte Wieburg ist vom Hof verbannt .. Hier steht der alte Mann, bittet euch, ihn aufzunehmen'; Kreon (in der 'Medea' I. 13): 'ich bin ein Greis, dem Tode näher als dem Leben, ... soll ich nun des Lebens letzen Abend .. in Sorg und Angst hinschmachten?' und der Oberdruide (in der 'Medea auf dem Kaukasos' I. 233): 'Lege die Schuld des Frevels .. nicht auf mein graues Haupt.' Daniel (in den 'Räubern' IV. 2. 138) fleht: 'ich bin heut ein und siebenzig Jahre alt, ... und erwarte izt ein ruhig seeliges Ende und ihr wollt mir den letzen Trost rauben im sterben ... Meine grauen Haare, meine grauen Haare!' Andreas Doria ersucht 'seine Kinder, ihn doch in seinem achzigsten Jahre nicht zu den Ausländern zu jagen', er ersucht 'seine Kinder um **soviel** Erde für **soviel** Gebeine'. (V. 14. 155); und der Vorsteher im 'Menschenfeind' meint: 'Er wird Graubärte keine Fehlbitte thun lassen.' (6. Scene, Bd. 6, 294.)[1]

Ich übergehe, um nicht zu ermüden, einiges minder Charakteristische[2] und hebe nur noch Eines hervor. Bei Leisewitz zuerst be-

---

[1] Vgl. noch 'Fiesko' I. 11. 36, II. 17. 74. 'Kabale und Liebe' I. 2. 364 'Tell' II. 1. 308. — Die Reden Berkleys (in 'Sturm und Drang') wie: 'ich bitt', ich flehe dich, und meine grauen Haare, mein alter Kopf, halt's nicht mit meinen Feinden' (V. 12. 368) gehören nur halb hierher, weil ja Berkley als kindisch und seiner Sinne kaum mächtig geschildert wird.

[2] 'Otto' III. 1 ('ein alter Mann, dessen Haare weiss worden sind') III. 9 ('**alter Greis**') 'Sturm und Drang' IV. 5. 341 ('**alter schwacher Greis, zwey alte Greise**') 'Stilpo' V. 1. 366 ('**graues altes Haupt** .. dem Feinde preiss') 'Zwillinge' III. 2. 201 (Raufen der grauen Haare) 'Sturm und Drang' V. 11. 363 ('Hab ich das' — Vater und Geliebte — 'wieder gefunden! **Herz! Herz! wie wohl kann dir werden! Diese Silberlocken! Dieser Anblick!**') 'Die beiden Alten' von Lenz II. 2; 2. 299 ('Silberlocken') 'Ugolino' V. ('eisgrauer Alter!') 'Räuber' II. 2.

gegnet es, dass der Greis seinen Geburtstag feiert; es ergiebt sich daraus besonders eine effectvolle Scene, III. 1. Bei dem jungen Schiller dann treffen wir auf die Erwähnung und Darstellung von Geburtstag und Geburtstagsfeier nicht weniger als drei mal. In den 'Räubern' ist Daniel an dem Tage 71 Jahre alt, wo ihm Franz befiehlt, seinen Bruder zu ermorden, und Daniel führt dies an, um die That von sich abzuwenden (IV. 2. 138); als Ferdinand (in 'Kabale und Liebe' III. 4. 435) Louise bestimmen will, mit ihr zu entfliehen, sagt sie: 'Ich habe einen Vater ... der morgen sechzig alt wird'; und im 'Menschenfeind' bringen die Vasallen und Beamten Huttens, Bürger und Landleute ihm ihre Glückwünsche und Geschenke zum Geburtstag, wie die Untergebenen des Fürsten von Tarent III. 1; ein 'alter Mann' tritt aus der Menge hervor (6. Scene, 295) wie dort ein 'alter Bauer'. Ueberall wird ein Effect erzielt durch den Gegensatz zwischen dem festlichen Tag und der unfestlichen Stimmung, dem bevorstehenden Unglück u. s. w ;[1] allein ich glaube, dass Schiller auch daran gelegen war, uns authentische Nachrichten über das Alter seiner Greise zu geben. In andern Fällen suchte er sich anders zu helfen; er liess nicht nur, wie Klinger und Leisewitz, durch die Personen seiner Dramen Auskunft geben über ihr Alter,[2] sondern gab diese Auskunft selbst in Bühnenbemerkungen. Besonders auffallend im 'Carlos' und im 'Tell', wo der Grossinquisitor und Attinghausen in den Scenen, in welchen sie zum ersten Mal erscheinen (V. 9. 439; II. 1. 907) — abweichend vom sonstigen Gebrauch Schillers — in der Bühnenvorschrift eingeführt werden als 'Greis von neunzig' und als 'Greis von fünf und achtzig Jahren'.

Wir haben, um zu rekapituliren, bei Schiller also folgende Scala: Verrina, Miller 60 Jahre, Daniel 71, Doria 80, Attinghausen 85, Grossinquisitor 90. 70 Jahre zählt der Herzog im 'Otto' und Preysinger in 'Kaspar der Thorringer', 76 Constantin von Tarent u. s. w.

Sehen wir noch in Kürze, woher den Stürmern ihre überschwängliche Verehrung des Alters gekommen ist. Sie hat von Klopstock wenig,

---

73 ('eisgrauer Mörder') 'Fiesko' I. 10 35 ('eisgrauer Römer') II. 13. 65 ('eisgraue Haare') 'Kabale und Liebe' I. 2. 364 ('in meinen eisgrauen Tagen') II. 2. 294 ('wir Graubärte') Möllers 'Wikinson und Wandrop' V. 8 ('alter Graukopf') u. A. m.

[1] Das Motiv stammt wohl aus Shakespeare. Vgl. 'Antonius und Cleopatra' IV. 1. und 'Caesar' V. 1. 'Cleopatra. 'S ist mein Geburtstag; ich wollt' ihn nicht begehn.' 'Cassius. Heut ist mein Geburtstag: grade an diesem Tag kam Cassius auf die Welt.'

[2] Z. B. 'Fiesko' V. 14. 155. Im 'Otto' erfahren wir vom Herzog, dass er 70 Jahre alt ist (III. 7), in 'Sturm und Drang' von Caroline, dass ihr Vater 60 Jahre zählt (I. 2. 277). Dass Constantin von Tarent seinen 76. Geburtstag begeht, wissen wir gleichfalls aus seinem eigenen Munde (I. 7. 31.)

einiges von Lessing. Und von Shakespeare? Nun, von Shakespeare viel und wenig, wie man's nimmt. Denn wenn auch bei Shakespeare mancher ehrwürdige Alte begegnet, und oft die schuldige Verehrung vor dem Greis ausgesprochen wird,[1] so ist doch auf der andern Seite grade der thörichte alte Mann eine beliebte komische Figur, und diese finden wir fast nirgends nachgeahmt — wobei allerdings zu berücksichtigen ist, dass die Komik der Stürmer überhaupt nur schwach entwickelt ist; wo aber einmal der Versuch gemacht wird, einen dieser komischen Alten nachzubilden — ich denke an den Tuchsenhauser in der 'Agnes' — da bleibt es eben beim Versuch. Die Figur des Tuchsenhauser ist durchaus darauf angelegt, komisch zu wirken, aber gegen Ende des Dramas verliert sich dies vollständig; da er ein alter Mann ist, wird er ein Herz haben (S. 55.) und somit kann von Komik nicht mehr die Rede sein.

Shakespeare hat ferner, wenn ich mich nicht täusche, in einzelnen Fällen seine Figuren von ihrem eigenen Alter sprechen lassen, nicht um sie ehrwürdig, sondern um sie schwächlich erscheinen zu lassen; ich erinnere an Antonius nach der Schlacht bei Actium, dessen seelischer Zustand dadurch trefflich gezeichnet wird. Und wenn man schliesslich etwa den 'Lear' vergleicht mit den beiden Dramen, die sich an ihn anschliessen, dem 'Otto' und den 'Räubern', so wird man dort die Verehrung für den Greis schwächer, die unkindliche Missachtung aber stärker ausgedrückt finden, als hier.

Die Begeisterung der Stürmer für die Alten hat von Lessing, sagte ich, Einiges; denn wenn er auch nicht der Mann war, den überschwänglichen Cultus mitzumachen, so verdankt doch indirect, durch Vermittlung des 'alten Murrkopf' Odoardo, mancher Graukopf ihm sein Dasein[2] Waitwell, in der 'Sara', ist der übliche alte Diener; vgl. etwa III. 3. 40.

---

[1] Vgl. z B. Hamlet II. 2, 'des ehrwürd'gen Priam milchweisses Haupt.' Capulets: 'Ich armer, alter Mann!' (IV. 5) spricht auch der Herzog im 'Otto' (I. 7) und Constantin von Tarent (V. 6. 94.)

[2] Er liesse sich dies bis in Einzelheiten verfolgen. Alviero z. B. (in Klingers 'Günstling' II. 3. 48) wird 'Guter Alter' angeredet, wie Odoardo (IV. 7. 165.)

II. STILISTISCHE BEOBACHTUNGEN.

WIEDERHOLUNG, REFRAIN.

Ueber die Wiederholung bei den Stürmern und Drängern ist in der letzten Zeit viel gehandelt worden, ohne dass jedoch eine umfassendere Untersuchung angestellt, ein befriedigendes Resultat erzielt wäre. Ich kann, um für einiges Wesentlichere und bisher weniger Beachtete noch Raum zu behalten, nicht näher auf die Frage eingehen und möchte mir nur ein paar Andeutungen erlauben.

Vor Allem käme es natürlich darauf an, eine möglichst genaue Scheidung in Arten und Unterarten vorzunehmen; als Grundbuch wäre, für die Wiederholung im Drama zum Mindesten, 'Emilia Galotti' anzusehen. Als Eintheilungsgrund könnte man, mehr äusserlich, die Art der Anknüpfung wählen, oder, mehr innerlich, die Art der Affecte, denen die Wiederholung entspringt. Es würde sich, denke ich, herausstellen, dass gewisse Mittel stereotyp sind, um die Wiederholung eintreten zu lassen, dass sie gleichsam dem Dichter die Möglichkeit gewähren, wiederholen zu dürfen; so die Zwischensetzung der Anrede, die sich bei Lessing unzählige Male findet, 'Nur Geduld, Graf; nur Geduld! ('Emilia' II. 10. 139.) Was ist dir, meine Tochter? was ist dir? (II. 6. 130.) Kommen Sie, Rota, kommen Sie. (I. 8. 123) Machen Sie, St. Amand! machen Sie' (Lenz, 'die beiden Alten' I. 2. 295); die Wiederholung nach Zwischensätzen überhaupt, kleinen wie grossen, 'Ich war so ruhig, bild' ich mir ein, so ruhig' ('Emilia' I. 1. 112) 'man sollt' es voraus wissen, wenn man so thöricht bereit ist, sich für die Grossen aufzuopfern — man sollt' es voraus wissen' (III. 1. 141). Vgl. 'Ugolino' I.: 'Aber nun blies ihm Ruggieri, schon lange sein heimlicher Neider, nun blies ihm der Gesandte des Abgrundes, der, um sicherer zu verschlingen, im priesterlichen Mantel der Religion umherschleicht, der blies ihm den Gedanken ein'. Auch mehrere Zwischensätze werden in einander geschoben, so dass mehrmaliges Wiederholen nöthig, oder möglich, wird, z. B.: 'Und könnt' ich schon diesen Zufall, der mir nochmals, ehe alle meine Hoffnung auf ewig verschwindet, — mir nochmals das Glück Sie zu sehen und zu sprechen verschaft; **könnt' ich schon diesen Zufall**' (III. 5. 148). Ein sehr hübscher Effect wird auf diese Weise in der Tirade der Orsina 'welch eine himmlische Phantasie!' (IV. 7. 167) erzielt; zuerst erscheinen die Worte 'Wann wir .. alle', dann wird wiederholt 'wir', mit einer näheren Bestimmung, dann 'wir alle', endlich noch einmal 'wenn wir alle': '**Wann wir einmal alle, — wir**, das ganze Heer der Verlassenen, **wir alle**, in Bachantinnen, in Furien verwandelt, **wenn wir alle** ...'

Sehr häufig ferner ist die Wiederholung erweiternd, verschärfend, überbietend oder einschränkend: 'Schwachheit! verliebte Schwachheit!' (II. 6. 133) 'ich forderte Genugthuung, — und forderte sie gleich auf der Stelle.' (III. 1. 141.) 'Fraget, und fragt mit Schärfe.' ('Kaspar der Thorringer' I. 6.) 'Sie wollen Sie doch nicht so, Herr Graf, — so wie sie da ist zum Altare führen? ... Und warum nicht so, so wie sie da ist. Nein .. nicht so; nicht ganz so.' ('Emilia' II. 7. 134.) 'Wenn ich von dieser Liebe das geringste gewusst, das geringste vermuthet habe (I. 6. 121.) 'Ich bin nicht hier. Ich bin für sie nicht hier.' (IV. 2. 156.) 'Rechenschaft, Rechenschaft, blutige Rechenschaft.' (Lenz, 'der neue Menoza' II. 2. 99) 'Rache muss ich haben; Rache! blutige Rache!' ('Agnes Bernauerinn' V. 8) Vgl. noch 'Ugolino' I.: 'ich will den Namen Gherardesca rächen! rächen! rächen!' und Meissners 'Johann von Schwaben' IV. 12: 'Blutige, blutige, blutige Rache'. Hier, wie öfter, genügt sich der Affect mit der einmaligen Wiederholung nicht; weniger Lessing ist darin von Einfluss, (doch vgl. etwa 'Nathan' II. 9. 250) als Shakespeare, bei dem bis zur vier- und fünffachen Wiederholung der Affect sich steigert. 'Heult, heult, heult, heult! ('Lear' V. 3) dann schlagt sie todt, todt, todt, todt, todt! (IV. 6) O, du kommst nimmer wieder, nein niemals, niemals, niemals, niemals, niemals!' (V. 3.) Bei Lenz und Klinger, bei Goethe und Schiller begegnet ähnliches; häufig tritt noch das Ausrufungszeichen und der Gedankenstrich hinzu. Im 'Hofmeister' ruft Pätus: 'O Schicksal! Schicksal! Schicksal!' (II. 7. 34) und der Major: 'Verbrannt, verbrannt, verbrannt!' (III. 1. 37); der alte Guelfo (in den 'Zwillingen' V. 2. 232): 'Gezeugt zum Fluch — Fluch! Fluch!' König Karl (in 'Konradin' I. 7. 44): 'Sie weichen! weichen! weichen!' und Louis (im 'leidenden Weib' IV. 6. 199): 'ich will an ihrem Busen aufleben, aufleben, leben, leben, leben!' Vgl. noch Amalia: 'er ist tod! — tod! — (hin und her taumelnd, bis sie umsinkt) tod — Carl ist tod' ('Räuber' II. 2. 71) und Clavigos berühmtes: 'Marie! — Marie! — Marie! —' (III. 151).

Von Shakespeare konnten die Genies auch lernen durch Veränderung der Wortfolge, durch Umstellungen und genaues Entsprechenlassen der einzelnen Satztheile Wirkung zu erzielen; sie konnten es von Shakespeare lernen, aber auch von Klopstock und Lessing. Ich denke an Phrasen, wie Metzlers: 'Er stund, der Abscheu! wie ein eherner Teufel stund er' ('Götz' V, 11, 2, 109) Grimaldis: 'Er stund, drohte, und stund.' ('Zwillinge' I. 1. 136) Luziens: 'Sie ruht, von einem schweren Leiden ruht sie' ('Stella' V. 130) oder Millers: 'Die Strafe ist hart. Himmlischer Vater, hart! Ich will nicht murren, himmlischer Vater, aber die Strafe ist hart.' ('Kabale und Liebe' V. 1. 473.) Dann im Dialog; sehr effectvoll in der Scene des 'Fiesko', wo Zenturione, Zibo, Asserato ins Zimmer stürzen, um Gianettinos Gewaltthat zu berichten und der eine immer dem andern das Wort entreisst bis sie zu dem wichtigsten kommen; dieses berichten dann alle drei, indem jeder etwas anderes sagt und doch alle dasselbe: 'Zenturione. Doria .. rief in die Versammlung: Zibo. 'Senatoren! Es gilt nicht! Es ist durchlöchert! Lomellin ist Prokurator.' Zenturione. 'Lomellin ist Prokurator' und warf sein Schwerdt auf die Tafel. Asserato. Und rief 'es gilt nicht' und warf sein Schwerdt auf die Tafel.' (II. 5. 53.) Ferner: 'Fiesko. (leise zu Verrina) Fertig? Verrina. (ihm ins Ohr) Nach Wunsch. Fiesko. (leise zu Bourgognino) Und? Bourgognino. Alles richtig. Fiesko. (zu Sacco) Und? Sacco. Alles gut. Fiesko. Und Kalkagno? Bourgognino. Fehlt noch' (IV. 6. 113.) In Meissners 'Johann von Schwaben' heisst es: 'Palm. Sie? Eleonoren? Jetzt schon? Johann. Ich! Ihr! Jetzt erst!' (I. 1); im ‚Kaspar': 'Margarethe. Aber soll denn Krieg und Blut und Blut und Krieg allein der Gegenstand der Wünsche des edeln Kaspars sein? Kaspar. Ja Frau! Margarethe. Ja? — Fühlet ihr auch das Ja? ... Blut und Krieg! Einziger Gegenstand eurer Wünsche! Kaspar. Ja! Margarethe. Kann der Sinn gut sein? Kaspar. Ja! Margarethe. Gut? Kaspar. Ja!' (I. 2. Ueber die allmählige Steigerung in der 6. Scene des II. Aktes — Krieg, Rache, Freiheit — s. S. 26.)

Ich vergleiche damit etwa Klopstocks Ode 'Warnung' und Wechselreden aus 'Antonius und Cleopatra', 'Othello', 'Emilia Galotti. In Klopstocks Gedicht werden die Worte: Gott und Wage hin und hergeworfen, so zwar dass sie am Ende und am Anfang der Strophen auftauchen, bald ein-, bald mehrere male:

'Ihr rechtet ...
Mit dem, dess grossen schrecklichen Namen
Der hohe Engel
Staunend nennet
Mit Gott, mit Gott!

Ihr setzet euch, Gericht zu halten
Wegen des Lebens und wegen des Todes,
Wegen des Schicksals der Menschen,
Ueber Gott, Gericht über Gott!

Empörer!
Ihr verdammet Gott,
Dass ihr geboren seyd, und sterben müsset
Gott, Gott, Gott!
... Und stand vor Gott'. (am Schluss der Strophe.)

Am Anfang der folgenden Strophe dann heisst es: 'Die Wage klang', am Anfang der nächsten: 'Die Wage klang, klang' und am Beginn der letzten: 'Die Wage, die Wage, die furchtbare Wage klang.' Vgl. noch 'Messias' X., 1042—49; auch 'Wanderers Sturmlied', der junge Goethe II. 3 ff.

Bei Shakespeare berichtet Antonius: 'Fulvia ist todt. Enobarbus. Herr! — Antonius. Fulvia ist todt. Enobarbus. Fulvia? Antonius Todt.' (I. 2. vgl. oben 'Kaspar.') Im 'Othello' heisst es: 'Othello. Sie ging dem Laster nach und ward zur Metze. Emilia. Du sprichst ihr Lügen nach und bist ein Teufel. Othello. sie war so falsch wie Wasser. Emilia. Du wild wie Feuer..' (V. 2.) Bei Lessing erstreckt sich solches Nachspotten und Auffangen[1] dann auf ganze grosse Partien, z. B.: 'Claudia ... weniger als du besorgest. Odoardo. Besorgest! ich besorg' auch so was!.. Claudia. Er bezeigte sich gegen sie so gnädig — — Odoardo. So gnädig? Claudia. Er unterhielt sich mit ihr so lange — — Odoardo. Unterhielt sich mit ihr? Claudia. Schien von ihrer Munterkeit.. so bezaubert — — Odoardo. So bezaubert? — Claudia. Hat von ihrer Schönheit mit so vielen Lobeserhebungen gesprochen — — Odoardo. Lobeserhebungen?' (II. 4. 129.) Vgl. noch 'leidendes Weib' I 7. 171 f.: 'Gesandtin. Du musst gehen. v. Brand. Muss ich? muss ich? Gesandtin. Lieber Brand, du sagst, du liebst mich. v. Brand. Thu ich's?... Malchen! Gesandtin. Brand! v. Brand. Kannst du schlafen? Gesandtin. Kannst du schlafen?' Es bedarf nicht der Erinnerung, dass bei Lessing die Effecte dieser Art stets mehr an ihrem Orte stehen, mit grösserem Kunstverstand erfunden sind, als bei den Stürmern; eine so kunstvoll gebaute Phrase, wie etwa die folgende, wird man bei keinem von ihnen finden: 'Prinz. Also, Conti, rechnen Sie doch wirklich Emilia Galotti mit zu den vorzüglichsten Schönheiten unserer Stadt? Conti. Also? mit? mit zu den vorzüglichsten? und den vorzüglichsten unserer Stadt?' (I. 4. 116.)

Wieder ein anderes ist das retardirende Wiederholen; es wird Spannung erregt und durch immer neue Zwischensätze und negative Bestimmungen gesteigert, bis endlich die Lösung eintritt. Es berichtet z. B. Emilia, als sie vor dem Prinzen aus der Kirche entflohen ist: 'Aber es währte nicht lange, so hört' ich, (weitere Bestimmung) ganz nah' an meinem Ohre, — (noch eine Bestimmung) nach einem tiefen Seufzer, — (negative Bestimmung) nicht den Namen einer Heiligen, — (Wiederholung) den Namen, — (Zwischensatz) zürnen Sie nicht, meine Mutter — (indirecte Bestimmung) den Namen Ihrer Tochter! — (direct) Meinen Namen! —' (II. 6. 130 f.) Aehnlich 'Nathan' V.

---

[1] Den Ausdruck gebraucht schon Klinger im 'leidenden Weib' I. 6. 168: 'Sie haben Recht, dass Sie das Wort auffangen'; Lessing nennt es: 'nachbrauchen' ('Minna' V. 5. 623.)

6, nur dass hier Dialog eintritt: 'Recha. Und diesen Vater — Sittah. Was ist dir, Liebe? Recha. Diesen Vater — Sittah. Gott! Du weinst? Recha. Und diesen Vater — Ah! es muss heraus! Mein Herz will Luft, will Luft ... (Wirft sich von Thränen überwältigt, zu ihren Füssen.) Sittah. Kind, was geschieht dir? Recha? Recha. Diesen Vater soll — soll ich verlieren!' (342 f) Man sieht, wie Lessing einen Effect bis auf den Grund auszuschöpfen versteht, ähnlich wie in seiner spätern Periode Goethe. Vergleichen liesse sich noch 'Kabale und Liebe', V. 1. 475 f.; Miller liest den letzten Brief Louisens an Ferdinand vor: 'ich weiss einen dritten Ort. (Miller hält inne, und sieht ihr ernsthaft in's Gesicht.) Louise. Warum sieht Er mich so an? Les' Er doch ganz aus, Vater.' Miller liest das Billet zu Ende, legt es dann nieder und 'schaut lange mit einem schmerzlichen starren Blick vor sich hinaus, endlich kehrt er sich gegen sie, und sagt mit leiser gebrochener Stimme: Und dieser dritte Ort, meine Tochter? Louise. Der Ort ist zum Finden gemahlt. ... Ich weiss soeben kein liebliches Wort dafür. — Er muss nicht erschrecken Vater, wenn ich ihm ein hässliches nenne. Dieser Ort — O warum hat die Liebe nicht Namen erfunden! Den schönsten hätte sie diesem gegeben. Der dritte Ort, guter Vater — aber Er muss mich ausreden lassen — Der dritte Ort ist das Grab.'

Der Redende kann oft von einem Worte gleichsam nicht loskommen, er wendet es um und um, betrachtet es von allen Seiten und sucht ihm immer neue Gesichtspunkte abzugewinnen. Z. B.:
'Derwisch. Ich Geck! Ich eines Gecken Geck!
Nathan. Gemach, mein Derwisch,
   Gemach!
Derwisch.   Ey was! — Es wär' nicht Geckerey, ...
  Es wär' nicht Geckerey, ... es wär' nicht Geckerey ...
Nathan. Genug! hör' auf!
Derwisch.   Lasst meiner Geckerey
  Mich doch nur auch erwähnen! — Was? es wäre
  Nicht Geckerey, an solchen Geckereyen
  Die gute Seite dennoch auszuspüren,
  Um Antheil dieser guten Seite wegen,
  An dieser Geckerey zu nehmen?' (I. 3. 204 f.)

'Prinz. Ihr Bild! — mag! — Ihr Bild ist sie doch nicht selber. — Und vielleicht find' ich in dem Bilde wieder ... Wenn Ihr ein anderes Bild ... ('Emilia' I. 3. 113.) Emilia? Eine Emilia? — Aber eine Emilia Bruneschi — nicht Galotti. Nicht Emilia Galotti! — Was will sie, diese Emilia Bruneschi? ... sie heisst Emilia. Gewährt!' (I. 1. 111.) Werther schreibt: 'Wenn man mich nun gar fragt, wie sie mir gefällt? — Gefällt! Das Wort hasse ich auf den Tod! Was muss das für ein Mensch sein, dem Lotte gefällt, dem sie nicht alle Sinne .. ausfüllt. Gefällt! Neulich fragte mich

Einer, wie mir Ossian gefiele!' (45). 'Gesandtin. Ihr keuschen harmonischen Sterne! Keusch!.. warum sagen die Dichter: die keuschen Sterne? — Heiliger Ausdruck! ich konnte dich fühlen. Ihr keuschen Sterne .. leuchtet, leuchtet, ihr leuchtet einem unkeuschen Weibe Angst in die Seele.... was ist das Geräusch?.. wo rauschte es? rauschte es an der Laube?... wenn.. nur ein Blättchen rauscht .. da .. höre ich wie's Blättchen mir zuruft: wir rauschten da du sündigtest, und deine Ohren waren verstopft.' ('leidendes Weib' I. 7. 170 f.) 'Bischof. Willkommen edler Graf! bedrängter Graf! willkommen tausendmal. Dass ihr kommt, verachteter hartbeleidigter Graf ... Edler, sehr edler Graf!' ('Otto' I. 2.) 'Strephon. Prado, der alles das ist, was ich seyn könnte — zu seyn hoffe — nie seyn werde — — —' ('Freunde machen den Philosophen' II. 5. Lenz I. 235).

Diese Phrasen berühren sich bereits mit einer andern Form, welche ich Refrain nennen und von der Wiederholung unterscheiden möchte. Ganz streng wird sich diese Scheidung nicht durchführen lassen, wie es denn überhaupt in stilistischen Untersuchungen schwer ist, die Gesichtspunkte rein und unvermischt zu erhalten. Die Bezeichnung 'Refrain' entnehme ich aus Otto Ludwigs 'Shakespeare-Studien' (142 f.); ich kann mir auch seine Begriffsbestimmung aneignen: 'der Affekt .. malt aus, was geschah, was er thun will, und kommt von den Nebenvorstellungen auf die Sache zurück; die Rede bellt den Moment von allen Seiten an, rennt voraus, kommt zurück, bellt wieder an, bleibt zurück und eilt wieder nach.' Nur dass ich den Begriff etwas weiter fasse, wie sich sogleich ergeben wird. Ludwig denkt vorzugsweise an den Monolog, während ich auch den Dialog hinzunehme. Wenn man will, mag man Refrain im engeren und weiteren Sinne unterscheiden.

Die prägnantesten Beispiele finden wir im 'Nathan':

'Tempelherr.   Wer weiss!
Saladin. Wer weiss? — der diesen Nathan besser kennt.
Tempelherr. ...
Saladin. Sehr reif bemerkt! Doch Nathan wahrlich, Nathan...
Tempelherr. ...
Saladin.   Mag
          Wohl seyn! Doch Nathan ...
Tempelherr. ...
Saladin.   Gut! Aber Nathan! — Nathans Loos
Ist diese Schwachheit nicht. (IV. 4. 306 f.)
Daja.   Da schickt ...
Nathan.   Der Patriarch?
Daja.   Des Sultans Schwester,
        Prinzessin Sittah ...
Nathan.   Nicht der Patriarch?
Daja.   Nein, Sittah! ...
Nathan.   Nun; wenn sie Sittah hohlen lässt, und nicht

Der Patriarch ... Wenn nur
Vom Patriarchen nichts dahinter steckt.' (IV. 8. 322 f.)
Bekannt ist des Patriarchen 'Thut nichts! der Jude wird verbrannt.'
(IV. 2. 297 f.) und des Klosterbruders 11 mal wiederholtes: 'sagt (meynt)
der Patriarch' (I. 5. 211 ff.), mit dem er immer wieder darauf zurück-
kommt, dass nicht er es ist, der die und die Ansicht habe, den und den
Wunsch hege, sondern sein Oberer; bekannt sind auch Jagos: 'Thu
Geld in deinen Beutel' ('Othello' I. 3) und Hamlets: 'Geh in ein Kloster'
(III. 1.). Eine eigenthümliche Form, die man Doppel-Refrain nennen
könnte, findet sich im 'Kaufmann von Venedig' III. 1; eine Art After-
Refrain, die den Zweck hat eine lange Erzählung lebendiger zu machen,
im 'Sturm' I. 2. Der Refrain in der Weise Shakespeares und Lessings
tritt uns bei Gerstenberg, Klinger und Leisewitz, bei Lenz, Goethe und
Schiller entgegen, am schwächsten bei Goethe. Z. B.
'Karlos. Der Herzog soll
Ein Heer nach Flandern führen ... Mir, mein König,
Mir übergeben Sie das Heer ... Schicken Sie
Mich mit dem Heer nach Flandern ... Vater,
Vertrauen Sie mir Flandern ... Zum Pfande,
Dass Sie mich ehren wollen, schicken Sie
Mich mit dem Heer nach Flandern! ...
Vertrauen Sie mir Flandern,
... schicken Sie
Mich ungesäumt nach Flandern, ...
Philipp. der Herzog geht nach Flandern.' (II. 2. 203 ff.)
In 'Kabale und Liebe' hat Ferdinand eine ganze Reihe von Fragen zu
stellen, die er refrainmässig wiederholt. 'Schriebst du diesen Brief?' ruft
er der Louise zu (V. 2. 485.); Miller, Louise sprechen, darauf Ferdinand:
'Schriebst du diesen Brief?' Wieder reden Miller und Ferdinand, bis
dieser wiederholt: 'Schriebst du diesen Brief? Louise. Ich schrieb
ihn. ... Ferdinand. Nein sag ich! Nein! Nein! Du schriebst
nicht. ... (mit scheuem bebenden Ton.) Schriebst du diesen Brief?'
V. 7. 501 fragt Ferdinand dreimal, zuerst 'unter heftigen Bewegungen',
dann 'ernster' endlich 'in fürchterlicher Bewegung': 'Hast du den
Marschall geliebt?' und IV. 3. 453 f. den Kalb: 'Wie weit kamst
du mit dem Mädchen? Bekenne! ... (dem Marschall die Pistole auf's
Herz drückend.) Wie weit kamst du mit ihr? Ich drücke ab, oder
bekenne! ... Du bist des Todes, oder bekenne! ... Ich ermorde dich,
oder bekenne!' Vgl. 'leidendes Weib' II. 1. 176 f.; Louis fragt den
Blum: 'wie steht der Brand mit der Gesandtin? ... Wie steht der
Brand mit der Gesandtin ... heraus damit: wie stehn sie zusammen?'
Auch Louis schliesst die Thür und bedroht Blum mit der Pistole, wie
Ferdinand den Kalb. Bei Goethe heisst es, in Clavigos Monolog:
'Todt! Marie todt! ... Es ist wahr — Wahr? — Kannst Du's
fassen? — sie ist todt. — Es ergreift mich mit allem Schauer der
Nacht das Gefühl: Sie ist todt! ... Erbarm Dich meiner, Gott im

Himmel, ich habe sie nicht getödtet!' (V. 167); und am Schluss der 'Geschwister': 'Marianne. Sag mir, wie war's möglich? Fabriz.... Marianne. (ihn ansehend.) Nein, es ist nicht möglich! Wilhelm.... Marianne. (an seinem Hals.) Wilhelm, es ist nicht möglich!' Ähnliche Effecte sind im 'Julius von Tarent' Guidos viermaliges: 'Den Tod, Vater!' (V. 6. 93 f.) und Aspermontes viermaliges: 'Ziehen Sie hin!' (II. 5. 47), im 'Hofmeister' das sechsmal wiederholte 'just mir' des Pätus (II. 3. 26.) im 'Ugolino' das sechsmal wiederholte 'nur ihm' des 'Ugolino' (III.)

In Klingers 'Stilpo', I. 4. 254 f., hat jeder der Unterredner seinen Refrain für sich, und jeder bleibt bei seinem. 'Stilpo. Mir vorzureiten, mich auszuhöhnen! Mich! Mich! den Stilpo auszuhöhnen! Rinaldo. Dem edlen Rinaldo den Kopf abzuschlagen! Stilpo. So recht auszuhöhnen! zischend auszuhöhnen! Rinaldo. Dem alten Rinaldo .. unschuldig den Kopf abzuschlagen! ... Stilpo. Ich ritt im Walde herum — Rinaldo. Ich rede von meinem Vater! ... Stilpo. Mich auszuhöhnen! Rinaldo. Bist du schon wieder da Stilpo!... Stilpo. Ich ritt im Wald... Und sie höhnten mich, recht bitter höhnten sie mich.' Auch dies konnte man von Shakespeare lernen; vgl. 'Othello' III. 4. 'Desdemona. Ich bitt' dich, nimm den Cassio wieder auf. Othello. Hol mir das Schnupftuch her; mir ahnt nicht Gutes! Desdemona. .. Du find'st nie einen tüchtigeren Mann. Othello. Das Schnupftuch! Desdemona. Ich bitte, sprich von Cassio. Othello. Das Schnupftuch!' u. s. w. Bei Klinger wie bei Shakespeare hat jeder der Unterredner seine Phrase; bei Klinger sind beide im Affect, bei Shakespeare nur der eine, und der andere steigert den Affect jenes durch die Entgegensetzung seiner Phrase. In 'Kabale und Liebe', in der Scene des Höhenpunctes, III. 6, treffen wir wieder eine andere Combination; dort hat nicht der Affizirte, Louise, den Refrain, sondern Wurm, und er steigert durch ihn — die Antwort auf ihre Frage: 'An wen ist der Brief?', 'An den Henker ihres Vaters' — er steigert durch ihn ihren Affect auf das Höchste, da in jenen Worten prägnant zusammengefasst ist, was Louise zu dem Briefe zwingt. — Vgl. noch die immer wiederkehrende Frage des Grafen von Flandern (im 'Konradin' I. 6. 44 ff): 'was seht Ihr?'

In allen Beispielen, die ich bisher gegeben habe, tritt der Refrain nur in einer Scene und im Munde einer Person auf; ebenso häufig aber geht er von einer Scene in die andere über, und von einer Person auf die andere. Der bisher besprochenen Form am nächsten steht es, wenn die Worte einer Person in mehreren Scenen erscheinen; findet ein Uebergang statt von einer Person auf die andere, so mag man noch unterscheiden, ob die aufgefangenen Worte nur in einer Scene wiederholt werden, oder in mehreren; oder, um es noch genauer auszudrücken, ob die Worte gleich wiederholt werden oder später, oder gleich und später. Diese Kriterien sind ja ganz äusserliche; aber es kommt mir durchaus nicht darauf an, die Gattungen streng von einander zu sondern; im Gegentheil, ich möchte eher zeigen, dass die Uebergänge fliessend sind. Blankas Monolog z. B. an Julius von Tarents Leichnam gehörte in die vorige Kategorie, wegen des sechsfach wiederkehrenden Wortes: 'Deine Mörderin!', wenn nicht in der unmittelbar folgenden Scene diese Worte abermals erschienen. (V. 3., 4. 87 f.) Es ist klar, dass die Verschiedenheit zwischen dieser und der vorigen Form gering ist; sie wird aber bedeutender, wenn, wie z. B. in den 'Zwillingen' (V. 1. 225 f., V. 2. 232, 'ich stehe verwaist') im 'Konradin' (I. 4. 35, I. 5. 40, IV. 5. 116, V. 1. 123, 'Ein Schicksal! Ein Leben! Ein Herz! Ein Schwerdt! Ein Grab!') in der 'Medea' (V. 88, 95, 'durch uns') oder 'Stella' die Wiederholungen durch einen grösseren Zwischenraum von einander getrennt sind. Denn dieses, nicht die neue Scene, ist das eigentlich Charakterische; da indess diese Bestimmung auch nur eine relative ist, so bleibe ich lieber bei der ersten. Die ersten Worte, die wir von 'Stella' hören, nachdem sie den Geliebten wiedergefunden hat, heissen: 'Er ist wieder da! Seht ihr ihn? Er ist wieder da! .. Siehst du ihn, Göttin? Er ist wieder da! .. Er ist wieder da! Göttin, ich habe Dich so oft gesehen, und er war nicht da. — Nun bist Du da, und er ist da! — Lieber! Lieber! Du warst lange weg. — Aber Du bist da! .. Du bist da! Ich will nichts fühlen, nichts hören, nichts wissen, als dass Du da bist!' (III. 108.) In Beginn des vierten Aktes aber, kurz bevor Stellas neugewonnenes Glück wieder zerstört wird, tauchen die Worte abermals bedeutungsvoll auf: 'Es ist so licht, so offen um mich her, und ich freue mich dess. — Er ist wieder da! .. Käm' er nur! — Gleich verlassen. — Hab' ich ihn denn wieder? — Ist er da? —' (118.) Dass die Phrase prägnant ist, könnte, wenn es nöthig wäre, auch aus den 'falschen Spielern' bewiesen werden, dort sagt Juliette: 'Ach! ich hab' ihn gesehen! er ist da! da! kann ich mit Stella rufen! Siehst du ihn, Göttin, er ist da!' (III. 4. 284.)

Vgl. 'Minna von Barnhelm' II. 3. (575): 'Nun habe ich ihn wieder, Franziska! Sieht du, nun habe ich ihn wieder!' Ferner II. 7 (578): 'Ich habe ihn wieder! .. Ich hab ihn, ich hab ihn! Ich bin glücklich!' Im dritten Akt erzählt dann der Wirth: ''Franziska', rief sie ... 'bin ich nun glücklich?' .. und fragte mich wiederum: 'Franziska, bin ich nun glücklich?' —' (III. 3. 587.)

Wenn ein Uebergang der Worte von einer Person auf die andere stattfindet, so lässt sich unterscheiden, erstens, wie schon bemerkt, ob der Uebergang in einer Scene stattfindet, oder nicht; zweitens aber ob der Affizirte die Rede auffängt des nicht Affizirten oder der nicht Affizirte die des Affizirten. Ferner: auch beide Unterredner können im Affect sein; auch mehr als zwei Personen können theilnehmen. Die Beispiele werden dies sogleich zeigen.

Ich gehe wieder von der 'Emilia' aus. Marinelli nennt es, IV. 3, einen 'sonderbaren Zufall', dass die Orsina nach Dosalo gekommen sei; Orsina wiederholt: 'Zufall? — Sie hören ja, dass er verabredet worden. So gut, als verabredet,' u. s. w. Nach einer geraumen Zeit nimmt sie dann das Wort von Neuem auf: 'Nun, worüber lach' ich denn gleich, Marinelli? — Ach, ja wohl! Ueber den Zufall! dass ich dem Prinzen schreibe ... Wahrlich ein sonderbarer Zufall! ... Zufall? Ein Zufall wär' es ... Ein Zufall? ... das Wort Zufall ist Gotteslästerung, Nichts unter der Sonne ist Zufall ... allgütige Vorsicht, vergieb mir, dass ich mit diesem albernen Sünder einen Zufall genennet habe ... Ebenfalls von dem nicht Affizirten auf den Affizirten geht über Marinellis 'Eben die.' (I. 6. 120); hier aber hat der nicht Affizirte den Refrain und der Affizirte wiederholt ihn nur einmal, dort greift der Affizirte das Wort auf des nicht Affizirten und macht es erst zum Refrain. Das Wort 'Eben die' vergleicht sich also in der zweiten Rücksicht mit Wurms: 'An den Henker Ihres Vaters', noch genauer mit des Antonius Wendung: 'Brutus ist ein ehrenwerther Mann', die ebenfalls dazu beiträgt, die Aufregung der Bürger zu steigern und von ihnen einmal wiederholt wird: 'Verräther sind sie! Sie ehrenwerthe Männer?' ('Caesar' III. 2.) Nicht nur dem Worte, sondern der ganzen Situation endlich vergleicht sich 'Antonius und Cleopatra' II. 5; Cleopatra erfährt Antonius Verheirathung, die Worte des Boten: 'Er ist vermählt' werden von ihm und von Cleopatra oft und oft wiederholt.

In der 'Agnes', III. 5., wiederholt der Affizirte, Albrecht, refrainmässig die Worte: 'Agnes oder Krieg!', einmal gebraucht sie auch der nicht Affizirte, Gundelfingen: 'Albrecht. Agnes oder Krieg! das ist mein einziger Gedanke, all mein Wille .. Gundelfingen. Agnes oder Krieg? — das soll wohl heissen ... Albrecht. Gundelfingen! so kann's nicht sein! — Agnes oder Krieg! .. ich muss! leider! — Agnes oder Krieg!' Aehnlich IV. 6: 'Agnes. Er ist fort! — fort. Frauen. Fort! Agnes. Fort?' In der Stella heisst es: 'Fernando. Wir wollen fort! — Cäcilie. Fort? — Nur ein vernünftig Wort! Fernando. Fort! Lass sein! — Ja, meine Lieben, wir wollen fort! (Cäcilie und Lucie ab) Fernando. Fort? — —' (III. 117. Hier sind natürlich beide Unterredner im Affect.) Vgl. noch 'Ugolino' III.: 'Ugolino. Hier liegt ein Brief an ihrem keuschen Busen. Nie ist ein Liebesbrief geschrieben worden, wie dieser .. Der letzte Brief .. Francesco. Du musst den Brief nicht sehn, mein Vater — Ugolino. Den Brief? Francesco. Er ist furchtbar, wie der Tod! .. Ugolino. Mein Brief? Francesco. Tod ist sein Hauch. Ugolino. Mein Brief? ... O ich erliege! Mein Brief! ... Mein Brief sagst du?

Aus Shakespeare wäre weiter noch herbeizuziehen Hamlets und des Geistes: 'Schwört auf mein Schwert! — Schwört!' (I. 5) und Othello — Emilias: 'Dein Mann — Mein Mann?' (V. 2); ferner aus 'Julius von Tarent': 'Rosen und Thränen' (Blanka — Aebtissin III. 7. 70), 'Askanius oder Anchises' (Fürst — Erzbischof IV. 4. 78 ff.), aus 'Nathan': 'das Briefchen' (Klosterbruder — Tempelherr I. 5. 210 f), aus 'Karlos': 'der Brief' (Prinzessin — Karlos II. 8. 240 ff. Hier besteht wohl eine directe Beziehung, vgl. II. 7. 223) aus 'Kabale und Liebe': 'Unglücklich' (Louise — Ferdinand V. 7. 497), aus dem 'Konradin': 'den letzten

Segen und Kuss' (Hurneis — Elisabeth I. 1. 14) aus der 'Elfride': 'Zufall' (Ethelwold — Elfride III. 3. 328 f.), aus dem 'Kaspar': 'er lebt!' (Ebran-Margarethe IV. 6).

Ziemlich bestimmt lässt sich Auffangen und Wiederholen innerhalb einer Scene und in mehreren scheiden. Wenn ich freilich Camillo Rotas kleinen Monolog, in welchem des Prinzen: 'Recht gern' fünfmal wiederkehrt, in die zweite Kategorie rechne, so kann man mir einwerfen, dass Rota gar keine Scene für sich hat, und dass also gleich hier die Definition nicht zutrifft; das Charakteristische aber dieser Form liegt nicht nur in der Mehrzahl der Scenen, es kommt besonders darauf an, dass eine Phrase noch nachklingt, wenn der, welcher sie sprach, nicht mehr zugegen ist. In der 'Agnes' sagt z. B. Albrecht beim Abschied von Agnes: 'Noch oft. Morgen wieder', (IV. 5) und Agnes im Kerker: "Morgen wieder! morgen wieder!" Ach! für mich ist kein Morgen mehr'. (V. 2.) In der 'Minna' heisst es: 'Franciska. (Tellheim) muss unglücklich seyn. Das jammert mich. Das Fräulein. Jammert dich? (II. 5. 576) ... Er jammert dich? Mich jammert er nicht.' (II. 7. 578). 'Wirth. 'So komm doch, Franciska; wer jammert dich nun?'' (III. 3. 587) 'Das Fräulein. Jammer er dich nicht schon wieder?' (III. 12. 601.) Die Worte der Emilia: 'Perlen bedeuten Thränen' wiederholt Appiani zuerst in ihrer Gegenwart, dann nachdem sie fort ist (II. 7, 8, 135);[1] und Orsina, da er sie nicht empfangen hat, die Worte des Prinzen: 'Ich bin beschäftigt, ich bin nicht allein' (IV. 4, 5, 160). Ebenso phantasirt Blanka von den asiatischen Palmen und den nordischen Tannen, weil Julius gesagt hatte: 'diese Tage sollen wiederkommen — entweder unter .. den Palmen Asiens oder den nordischen Tannen' — (II 2, 3, 37, 40); ebenso wiederholen Amalia und Lady Milford die Worte Karls und Louisens: 'du weinst, Amalia?' ('Räuber' IV. 2. 132, IV. 4 148 f.) 'Nehmen Sie ihn hin!' ('Kabale' IV. 7. 466 f. IV. 8. 467 f.) Die Alte im 'Otto' ruft dem Otto zu: 'Siehst blutig aus, guter Mann; blutig, wirst bluten ... Siehst blutig aus! ... Blutst, Mann, blutst. Die Sonne zieht Regen, wird bald Blut saugen ... (ab.) Otto. Blutst! Blutst! rast die Hexe? Blutst! ... Blutst, blutst! sagte die alte Hexe'. (II. 3.) Und ein anderes ihrer Worte taucht im weiteren Verlaufe noch mehrmals wieder auf: 'Otto. Trau Freunden nicht honigsüss, behäng dich nicht mit Weibern! — Alte Hexe, das sagt dir der Teufel — verzeih, ich that dir Unrecht, du bist eine Prophetin .. Trau Freunden nicht honigsüss, behäng dich nicht mit Weibern! Oh Worte Gottes — — das wütet in mir! (II. 8.) Was halt't ihr von einer Weissagung, die so lautet: trau Freunden nicht honigsüss, behäng dich nicht mit Weibern! Was halt't ihr davon?' (II. 12). Im dritten Akt des 'Ugolino' berichtet Francesco: 'der Thurm (sprach Rugieri) ist von dieser Stund' an verflucht! ein Gebeinhaus!'; im vierten Akt ruft Ugolino: 'Ein Gebeinhaus der Ver-

---

[1] Vgl. auch Erich Schmidt, 'Anzeiger f. dt. Alterth. u. dt. Litt.' II. 52.

hungernden! Ein Gebeinhaus der Verhungernden! Denn der Thurm ist von dieser Stund an verflucht! ein Gebeinhaus der Verhungernden! Ha! wie er wütet, der Gedanke! wie er sich in mir umkehrt!'

In allen diesen Fällen ist der Sprechende aufs tiefste ergriffen von den Worten des Andern; nicht so Marinelli, als er, V. 5, auf die Reden der Claudia, III. 8, zurückkommt. Claudia hatte gesagt: 'Marinelli war — der Name Marinelli war .. das letzte Wort des sterbenden Grafen. ... Ich verstand es erst .. nicht: ob schon mit einem Tone gesprochen — mit einem Tone! ich höre ihn noch! Wo waren meine Sinne, dass sie diesen Ton nicht sogleich verstanden? ... Mit einem Tone! Marinelli. Mit einem Tone? — Ist es erhört, auf einen Ton .. die Anklage eines rechtschaffenen Mannes zu gründen? Claudia. Ha, könnt' ich ihn nur vor Gericht stellen, diesen Ton! —' (150 f.) V. 5 sagt dann Marinelli zum Odoardo: 'Marinelli, der Name Marinelli war das letze Wort des sterbenden Grafen: und in einem Tone! in einem Tone! — Dass er mir nie aus dem Gehöre komme dieser schreckliche Ton. ...' (173)

In den 'Räubern', II. 2, nehmen vier Personen an dem Refrain theil, Hermann, Amalia, der alte Moor, Franz: 'Hermann. Sag ihm sein Fluch hätte mich gejagt in Kampf und Tod, ich sey gefallen in Verzweiflung! Sein letzter Seufzer war Amalia. Amalia. .. Sein letzter Seufzer, Amalia! Moor. Mein Fluch ihn gejagt in den Tod! gefallen in Verzweiflung! ... Wehe! Wehe! mein Fluch ihn gejagt in den Tod! gefallen in Verzweiflung! ... Mein Fluch ihn gejagt, in den Tod, gefallen mein Sohn in Verzweiflung! — .. Amalia. Was waren seine letzten Worte? Hermann. Sein letzter Seufzer war Amalia. Amalia. Sein letzter Seufzer war Amalia! ... Franz. 'Wer wars, der ihm den Fluch gab? Wer wars, der seinen Sohn jagte in Kampf und Tod und Verzweiflung? ... Moor. Mich liebt' er bis in den Tod! mich zu rächen rannte er in Kampf und Tod! ... Amalia. Sein letzter Seufzer war ja, Amalia! wird nicht sein erster Jubel, Amalia! seyn?' (70 ff.) Und noch im vierten Akt, als der alte Moor aus dem Thurm befreit wird, klingt sein Refrain wieder: (man führte) 'einen Mann zu mir, der vorgab .. dass ihn mein Fluch gejagt hätte in Kampf und Tod und Verzweiflung.' (IV. 5. 168.)

Es ist von Interesse mit diesen Scenen die zweite und dritte des dritten Aktes von 'Romeo und Julia' zu vergleichen. In der einen Scene erfährt Julia von der Amme, in der andern Romeo von Lorenzo, dass er verbannt sei und beide Liebenden wiederholen refrainmässig das Wort 'verbannt'. Bei Shakespeare wie bei Schiller nehmen vier Personen an dem Refrain theil, hier wie dort werden nur zwei in Affect gesetzt; im Uebrigen ist alles verschieden. In den 'Räubern' ist Hermann der Bote, Franz sucht den Affect des Vaters zu steigern; in 'Romeo' sind die Amme und Lorenzo Boten, der zweite sucht Romeos Affect zu mildern. In den 'Räubern' erklingt der Refrain wesentlich in einer Scene, und tönt nur leise wieder in einer späteren, in 'Romeo' erklingt er gleich stark in beiden Scenen; in den 'Räubern' greift jeder aus dem Bericht eines Erzählers sich seinen Satz heraus, in 'Romeo' — und dieser Parallelismus symbolisirt schön das Einssein der Liebenden — jeder aus dem Bericht zweier denselben.

Auch bei Klinger nehmen zuweilen mehrere Personen an dem Refrain theil, so der alte Guelfo, Guelfo, Amalia (in den 'Zwillingen' V. 1. 222 f.; V. 2. 230 f. 'Decke die Decke des Todes'), Sara, Elfride, Ethelwold (in der 'Elfride' I. 2. 286 f., 291 II. 4. 304, 307 'eingebauert') Mermeros, Tisiphone, Jason (in der 'Medea' IV. 86, V. 93, 95. 'Milchweisse Brust'. In der Bearbeitung der Gesammtausgabe, welche die Klagen Jasons, Kreusas und Kreons um die Hälfte kürzt, ist auch das 'Milchweiss' des Jason gefallen.)

Bei Klinger, im 'Stilpo' und bei Schiller, in den 'Räubern' endlich begegnet es, dass der Affect, welcher erregt wird, so stark ist, dass der Affizirte für alles andere unempfindlich wird und während man von ganz anderen Dingen mit ihm spricht, immer noch die Worte, welche den Affect hervorriefen, wiederholt. In der Liebesscene zwischen Seraphine und Horazio heisst es: 'Seraphine. Unglücklicher! wer bist du? Es sind Töne der Liebe, und du spielst falsch. Horazio. Falsch! falsch! Seraphine. Das süsse Instrument hat seine Harmonie verloren, und der Missklang zerriss hier (auf die Brust deutend). Was bedeutet das? Hermann. Falsch, Seraphine, falsch!' (II. 2. 293.) Pomponius und Piedro treten hinzu, Pomponius fragt: 'Wer seyd Ihr? Horazio. Ein Glücklicher wenn ihr wollt, und wenn Ihr auch nicht wollt. — Falsch, Seraphine! ... Pomponius. Alles muss Zweck und Ende haben, junger Mensch. Horazio. Falsch Seraphine! (II. 3. 294 f.) Wieder in einer neuen Scene kommt Anselmo; er ruft: 'Horazio, Freund Horazio! Horazio. Falsch! falsch Anselmo?' (II. 4. 295 f.). In den 'Räubern' berichtet Hermann: 'Karl lebt noch! Amalia. Unglücklicher! Hermann. Nicht anders. — Nun noch ein Wort — euer Oheim — Amalia. Du lügst. — Hermann. Euer Oheim — Amalia. Karl lebt noch! Hermann. Und euer Oheim. — Amalia. Karl lebt noch? Hermann. Auch euer Oheim. Verrathet mich nicht. Amalia. (steht lang wie versteinert. Dann fährt sie wild auf, eilt ihm nach.) Karl lebt noch!' (III. 1. 114. Vgl. auch I. 2. 46 f.). Hermann müht sich hier vergeblich, Amalia von dem abzulenken, was doch ihre ganze Seele erfüllt; Aehnliches findet sich auch sonst bei Schiller, die Absicht, aus der es geschieht, ist jedesmal eine andere. In den 'Räubern' fragt Karl: 'wess ist das Bild rechter Hand dort? .. 'Amalia. Dies Bild linker Hand ist der Sohn des Grafen .. kommen Sie, kommen Sie! Karl. Aber dies Bild rechter Hand? Amalia. Sie wollen nicht in den Garten gehn! Karl. Aber dies Bild rechter Hand?' (IV. 2. 131 f.) Ferner: 'Fiesko. Wer warf das Feuer ein? Zibo. Die Burg ist erobert. Fiesko. Wer warf das Feuer ein?' (V. 9. 145.) 'Fiesko. Merkt Verrina keine Veränderung an seinem Freunde? Verrina. Ich wünsche keine. Fiesko. Aber siehst du auch keine. Verrina. Ich hoffe. Nein. Fiesko. Ich frage, findest du keine. Verrina. Ich finde keine'. (V. 16. 156). 'Fiesko. Was willst du? .. Mohr.... Fiesko. ... Was suchst du? Mohr. Herr, ich bin ein ehrlicher Mann. Fiesko.... Aber was suchst du? Mohr... Herr, ich bin kein Spitzbube. Fiesko.... Aber was suchst du?' (I. 9. 26 f.) 'Ferdinand. War kein Marschall da? Kammerdiener. Herr Major, der Herr Präsident fragen nach Ihnen. Ferdinand. Alle Donner! Ich frag, war kein Marschall da?' ('Kabale' IV. 1. 448.) 'Karlos. Sie haben nie geliebt? Königin. Seltsame Frage. Karlos. Sie haben nie geliebt? Königin. — Ich liebe nicht mehr. Karlos. Weil es Ihr Herz, weil es Ihr Eid verbietet? Königin. Verlassen Sie mich, Prinz, und kommen Sie zu keiner solchen Unterredung wieder. Karlos. Weil es Ihr Eid, weil es Ihr Herz verbietet?' (I. 5 178 f.) Aeusserlich gleich, aber innerlich ganz entgegengesetzt, ist die folgende Stelle des 'Götz': 'Weislingen. Sie will mich nicht sehn? Franz. Es wird Nacht. Soll ich die Pferde satteln? Weislingen. Sie will mich nicht sehn? Franz. Wann befehlen Ihro Gnaden die Pferde?' (II. 55.)[1]. Lessing wendet diese Form nur zu komischen Effecten an; so im 'Schatz' (I. 1.), wo Staleno immer wieder auf seine Frage zurückkommt: 'Was kriegt sie mit?'; ferner im 'Nathan' I. 1. Daja sagt: 'Mein Gewissen ... Nathan. Daja, lass vor allen Dingen dir erzählen. ... Daja. Mein Gewissen, sag ich. ... Nathan. ... Daja. Was hilfts? Denn mein Gewissen....' (185.)

Auf die refrainmässige Wiederholung im Lustspiel kann ich nicht eingehen.[2]

---

[1] Vgl. 'Räuber' IV. 3. 147 f. — Franz scheint diese indirecte Methode von Adelheid gelernt zu haben, die sie so oft anwendet, dass sie als ein Characterzug erscheint. Vgl. das siebenmalige 'Geht!' in der Scene mit Weislingen II. 55, dann IV. 92; in der Bühnenbearbeitung ist noch ein Beispiel hinzugekommen, 11, 2, V, 13. 337. Adelheid ihrerseits dürfte hierin die Schülerin Cleopatras sein, vgl. 'Antonius und Cleopatra' I. 3.

[2] Vgl. Erich Schmidt, Anzeiger f. dt. Alterth. u. dt. Lit. II. 49 f.; Klingers 'Spieler' IV. 1. 299 f. ('Nein'. Die Art, wie hier Braun seine Forderungen mehr und mehr ermässigt, erinnert an die citirte Scene des 'Schatz' I. 1.); 'Schwur' II. 348 f. ('Vortrefflich!'); Spriekmanns 'Schmuck' III. 6, 7, V. 6 ('Ich Venus!'); Grossmanns 'Nicht mehr als sechs Schüsseln' I. 7 ('Sehr wohl Ihr Gnaden.') Auch 'Kabale und Liebe' I. 2. 361 f. ('Weib!') Bei Molière vgl. z. B. 'Tartufe' I. 5 ('le pauvre homme.')

CORRIGIREN.

Bestimmter noch als die Wiederholung möchte das Corrigiren auf Lessing zurückgeführt werden. Auch hier wird man nach innern oder äussern Unterschieden eintheilen können. Man wird im ersten Falle fragen, ob ein wirkliches Schwanken des Willens, der Empfindung, des Denkens u. s. w. stattfindet, oder ob die Verbesserung, mehr rhetorisch, auf schärfere Hervorhebung des Begriffes zielt; das zweite ist jedenfalls das für Lessing charakteristichere.[1] Im andern Falle wird man fragen nach den äussern Unterschieden, den Unterschieden der Form; ich werde bald dem einen, bald dem andern Gesichtspunkt folgen, je nachdem ich annehme, dass er dazu beiträgt, das Zusammengehörige aufzuzeigen.

Das Corrigiren ist dem Wiederholen verwandt, so dass einige Formen beiden Kategorien zugerechnet werden können, z. B. die Worte Marinellis, I. 6. 121: 'Wenn ich von dieser Liebe das geringste gewusst, das geringste vermuthet habe', Worte, die ich desshalb mit Absicht schon im vorigen Abschnitt anzog.

Das mehr rhetorische Corrigiren kann, wie die Wiederholung, einschränkend sein, oder verschärfend, oder überbietend, z. B.: 'Orsina. Sie hören ja, dass es verabredet worden. So gut als verabredet. (IV. 3. 157.) Amme. Der erste Mann ist todt, so gut als todt ('Romeo und Julia' III. 5.) Recha. Die arme Recha, die indess verbrannte! — Fast, fast verbrannte! Fast nur. (I. 2. 191. Bei Lessing tritt fast immer der Gedankenstrich vor der Verbesserung ein.) Minna. Ich liebe Sie noch ..; aber dem ohngeachtet — ... Dem ohngeachtet, — um so viel mehr werde ich dieses nimmermehr geschehen lassen (V. 5. 624.) Emilia. in welchem Zustande werde ich die eine, oder den andern, vielleicht treffen! Ganz gewiss treffen! (III. 5. 147). Klärchen. Er sieht vielleicht — gewiss, er sieht das Morgenroth am freien Himmel wieder. ('Egmont' V. 76.) Tempelherr. so weiss der Patriarch, was er zu wissen braucht; mehr als er braucht. (I. 5. 209.) Kaspar. Blut (ist) die Scheide des Baums, der gefällt wird — werden muss! (I. 2.) Diego. Die Erfahrung lehrt mich, dass Fallen auf das Steigen folgt — folgt muss! ('Günstling' I. 1. 9.) Maria. der muss nicht büssen, welcher bloss das Opfer war, das Opfer werden musste. ('Günstling' III. 4. 66.) v. Gröningseck. in diesem Ton — Evchen. Spricht beleidigte Tugend: — muss so sprechen. ('Kindermörderinn' I.) Saladin. mein Bruder! Das ist er, ist er! — War er! war er! (IV. 3. 300) Er ists! Er war es! (V. 8. 357). Tempelherr. Wie Ihr mich empfingt — wie kalt — wie lau — denn lau ist schlimmer noch als kalt' (V. 5. 334.) Im Dialog: 'Prinz. Heute, sagen Sie? schon heute? Marinelli. Erst heute — soll es geschehen. Und nur geschehenen Dingen

---

[1] Schon Anton von Klein nennt die 'Korrektion' die Lieblingsfigur Lessings, Rheinische Beiträge IV. 1. 1781. S. 181.

ist nicht zu rathen. (I. 6. 122.) Tempelherr. Wir müssen, müssen Freunde werden. Nathan. Sind es schon. (II. 5. 244.) Julius von Tarent. Ich weiss ..., dass du damals den Himmel belogst, — unschuldig belogst. (II. 2. 36.) Ein wachender Traum, also noch weniger als ein Traum (I. 1. 11.) Egmont. Und sollen sich Viele nicht lieber Vielen vertrauen als Einem? Und nicht einmal dem Einen, sondern den Wenigen des Einen ..' (IV. 71.) Das überbietende Corrigiren greift zuweilen einfach zum Comparativ: 'Egmont. Und ebenso verstellt, verstellter als er .. (V. 87.) dass schon Alles genug beruhigt ist, ja, noch mehr beruhigt war .. (IV. 69.). Evchen. ich bin so verächtlich als du, verächtlicher noch!' ('Kindermörderinn' I.).

Das verschärfende und beschränkende Corrigiren knüpft an mit den Worten: vielmehr, oder, höchstens, aber, zwar, doch, wenn, wenn anders: 'Prinz. dem Ideal hier, (Mit dem Finger auf die Stirne) — oder vielmehr hier, (Mit dem Finger auf das Herz) .. (I. 4. 115) die sprachlose Bestürzung, mit der Sie es anhörten, oder vielmehr nicht anhörten .. (III. 5. 148). Franz. (ich) hatte nicht mehr Sinne als ein Trunkener. Oder vielmehr, kann ich sagen .. ('Götz' I. 45). Blanka. mich selbst oder vielmehr meine Liebe'. ('Julius' II. 2. 35). Agathon: 'Bachidion schien .. ihres Herzens — oder, richtiger zu reden, ihrer glücklichen Organisazion wegen ...' (Bd. 11. 93.) 'Wirth. schon so früh auf? Oder soll ich sagen: noch so spät auf? ('Minna'. I. 2. 551.) Marinelli. um ein grosses ruhiger ist er, — oder scheint er. Für uns gleich viel! (V. 1. 169). Blanka. hätt' ich mich ohne diese (Liebe) dem Himmel geopfert, so hätt ich ihm nichts, höchstens Spott dargebracht. (II. 2. 35 f.) Prinz. Mein Betragen ist nicht zu rechtfertigen: — zu entschuldigen höchstens. (III. 5. 148.) Marinelli. Gut das! — Aber doch nicht so recht gut. (III. 2. 144.) Faust. Vernunft fängt wieder an zu sprechen und Hoffnung wieder an zu blühn ... Aber ach! schon fühl ich ..... Welch Schauspiel! Aber, ach, ein Schauspiel nur! (20.) Louise. und doch — doch ist er glücklicher. Er hat keinen Vater zu verlieren. Zwar keinen haben ist Verdammniss genug!' ('Kabale'. III. 6. 440.) Dramaturgie (7. 101): (das) 'heisst verkennen (oder) chicaniren. Zwar bey dem Herrn von Voltaire könnte es leicht weder Verkennung noch Chicane seyn.' 'Louise. Ferdinand! dich zu verlieren! — Doch! Man verliert ja nur, was man besessen hat ..' (III. 4. 436.). Werther: 'Die arme Leonore! Und doch war ich unschuldig! .. Und doch — bin ich ganz unschuldig?' (17.). Eine Kette von Verbesserungen findet sich 'Wie es euch gefällt' III. 5: ''s ist nur ein kecker Bursch, — doch spricht er gut; Frag ich nach Worten? — doch thun Worte gut,' u. s. w. 'Franziska. Kommen Sie lieber wieder, wenn Sie wieder kommen wollen. ('Minna'. IV. 7. 618.). Daja. wie theuer lasst Ihr eure Güte .. mich bezahlen! Wenn Güt', in solcher Absicht ausgeübt, noch Güte heissen kann! (I. 1. 185.) Lucie. Lieber, bester Vater, wenn Sie mein Vater wieder sind! ('Stella' III. 116.). Claudia. O, der rauhen Tugend! — wenn anders sie diesen Namen verdient. (II. 5. 129.). Emilia. Wo ist meine Mutter? .. Odoardo. Voraus; — wann wir anders ihr nachkommen. (V. 7. 177.) Odoardo. Nicht wahr, das heisst überraschen? Claudia. Und auf die angenehmste Art! — Wenn es anders nur eine Ueberraschung seyn soll. (II. 2. 125.) Mameluk. Es wird wohl noch ein Dritter kommen, — wenn er anders kommen kann.' ('Nathan'. V. 1. 326.). Die höchste Steigerung dieser tüftelnden Weise Lessings ist es, wenn er die Einschränkung gleich auf den Titel setzt: 'Axiomata, wenn es deren in dergleichen Dingen giebt.'

Beliebter noch als diese Art der Anknüpfung ist es, das Wort, das hervorgehoben werden soll, zuerst fragend oder ausrufend zu wiederholen, und dann erst die Verbesserung folgen zu lassen: 'Sara Sampson. O! dass ihm Gott die Hälfte meiner Jahre zulegen wolle! Die Hälfte? — Ich Undankbare, wenn ich ihm nicht mit allen .. auch nur einige Augenblicke zu erkaufen bereit bin. (III. 3. 37.) er wird über die Liebe meines Vaters erstaunen. Meines Vaters? Ach! er ist nun auch der seinige. (III. 5. 45.)[1] Philotas. Nun habe ich Zeit genug gewonnen! — Zeit genug, mich in meinem Vorsatze zu bestärken. — Zeit genug, die sichersten Mittel zu wählen. — Mich in meinem Vorsatze zu bestärken? — Wehe mir, wenn ich dessen bedarf! (6. Scene, 101). Marinelli. wie zuträglich ihm dieser Tod ist. — Dieser Tod! — Was gäb' ich um die Gewissheit! — (III. 2. 145.) Odoardo. Wenn sie es nicht werth wäre, was ich für sie thun will? — (Pause.) Für sie thun will? Was will ich denn für sie thun? (V. 6. 176.). Marinelli. Freylich, sie wird Augen machen .. Augen? Das möchte noch seyn. Aber dem Himmel sey unsern Ohren gnädig! (III. 6. 149.) Nathan. Als Ihr kamt, hatt' ich drey Tag und Nächt' in Asch' und Staub vor Gott gelegen, und geweint. — Geweint? Beyher mit Gott auch wohl gerechtet, gezürnt, getobt .. (IV. 7. 319.). Tempelherr. Sie sehen, und der Entschluss, sie wieder aus den Augen nie zu lassen — Was Entschluss? Entschluss ist Vorsatz, That: und ich, ich litte blos. (III. 7. 278 f. Vgl. 279 'Mährchen'.) Adelheid. Schicksal, Schicksal, warum hast Du mich an einen Elenden geschmiedet? — Schicksal? — Sind wir's nicht selbst?' ('Götz' V. 11. 2. 116.) Werther: 'Was soll der gütige Blick, mit dem sie mich so oft — oft? — nein, nicht oft, aber doch manchmal ansieht .. (92.). O, wenn ich Fürst wäre! Ich wollte die Pfarrerin, den Schulzen und die Kammer — Fürst! - Ja, wenn ich Fürst wäre, was kümmerten mich die Bäume in meinem Lande?' (87.) 'Klärchen. Er hat mir Nachricht versprochen. Nachricht? Entsetzliche Gewissheit! (V. 80.). Stella. Ich brauche viel, viel, um dies Herz auszufüllen! — Viel? Arme Stella! Viel? — (II. 101.) Hier will ich liegen, flehn, jammern, zu Gott und Euch:

---

[1] Vgl. 'Minna' V. 7. 626: 'Tellheim. Es kann mich nicht unglücklicher machen, als ich bin; nein, liebste Minna, es kann uns nicht unglücklicher machen.'

'Vergebung! Vergebung!' — (Sie springt auf.) — Vergebung! - **Trost gebt mir! Trost! Ich bin nicht schuldig!** — (IV. 123.) Otto. Karl wills; für den lässt sich leicht was thun. Das leicht? leicht oder nicht! ('Otto' II. 8.) Fiesko. Ich allein habe den Streich — (rascher, wilder.) Ich? Warum ich? Warum nicht mit mir auch diese? (V. 13. 151.) Lady Milford. Er hat mich aus dem Elend gezogen. — Aus dem Elend? — Abscheulicher Tausch!' (IV. 9. 470). Klinger schreibt in den 'Betrachtungen': '... um es uns einander zum Zeitvertreib zu erzählen. Zeitvertreib! — als wenn .. noch die Rede davon seyn könnte!' (Nr. 399.) Im Dialog: 'Saladin. das Mädchen muss ihm Nathan geben. Meynst du nicht? Sittah. Ihm geben? Ihm lassen! (IV. 5. 310.) Madame Sommer. Ersatz für unglückliche liebende Herzen. Stella. Ersatz? Entschädigung wohl, nicht Ersatz — Etwas anstatt des Verlorenen, nicht das Verlorene selbst mehr — Verlorene Liebe, wo ist da Ersatz für? — (II. 105.) Heinrich. Ihr habt sie .. gemordet. Kaspar. Gemordet? - Hingerichtet hat sie Gottes Schwerd'. ('Kaspar' V. 8.). Werther schreibt: "Thun sie es nicht!' sagte sie, denken Sie an Lotten!' — 'Denken!' sagte ich, 'brauchen Sie mir das zu heissen? Ich denke! — Ich denke nicht! Sie sind immer vor meiner Seele...." (91.). Zu vergleichen wäre noch bei Shakespeare etwa 'Othello' V. 2: 'Othello. Kommt sie herein, so will sie ganz gewiss mit meinem Weibe reden — meinem Weib! Mit meinem Weib! was Weib! ich hab' kein Weib!' S. auch 'Richardson, Rousseau und Goethe'. 248.

Die bisher gegebenen Beispiele gehören alle in die Kategorie der mehr formellen Verbesserungen; ein wirkliches Schwanken des Empfindens oder Wollens findet nicht statt. Ich sage: in die Kategorie der mehr formellen, denn eine ganz bestimmte Scheidung lässt sich auch hier nicht vornehmen. Dennoch glaube ich in den nun folgenden Formen ein mehr materielles Schwanken wahrzunehmen: 'Herzog. Dein Sohn, Vater! dein Sohn sucht dich zu tödten. Dein Sohn! — Feind! Feind! Feind! nicht mehr Sohn, tilg ihn aus! ('Otto' II. 11) Marie. Aber bedauern, bedauern sollt' er mich! Dass die Arme, der er sich so nothwendig gemacht hatte, nun ohne ihn ihr Leben hinschleichen, hinjammern soll! — Bedauern! Ich mag nicht von dem Menschen bedauert sein'. ('Clavigo' I. 132.)[1] Orsina. Wahrlich ein sonderbarer Zufall! Sehr lustig, sehr närrisch! .... Zufall? Ein Zufall wär' es ... das Wort Zufall ist Gotteslästerung ... Allmächtige, allgütige Vorsicht, vergieb mir, dass ich .. einen Zufall genennet habe, was so offenbar dein Werk .. ist!' (IV. 3. 159). Dieses Wort hat Schiller an drei Stellen vorgeschwebt: 'Posa. Eigensinn des launenhaften Zufall wär' es nur ... Ein Zufall nur?

---

[1] Ich habe die Worte unverkürzt wiedergegeben, um zu zeigen, wie die Verbesserung oft erst nach einer geraumen Zeit eintritt. Aus Rücksicht auf den Raum muss ich in vielen andern Fällen davon abstehen; so gleich im nächsten Beispiel.

Vielleicht auch mehr. — Und was ist Zufall anders, als der rohe Stein, der Leben annimmt unter Bildners Hand? Den Zufall giebt die **Vorsehung**' (III. 9. 300 f. Vgl. Zeitschrift f. dt. Alt. u. dt. Litt. 21, 296 f.) 'Karlos. Wem dank' ich diese Ueberraschung? wem? **Ich frage noch?** Verzeih dem Freundetrunkenen, erhabne **Vorsicht**, diese **Lästerung!**' (I. 2. 149 f.) 'Ferdinand. Gepriesen sei mir der Zufall ... — Zufall **sage ich?** — O die **Vorsehung** ist dabei, wenn Sperlinge fallen, warum nicht, wo ein Teufel entlarvt werden soll?' ('Kabale' V. 2. 484).[1] Hiermit wiederum vergleicht sich, in Rücksicht auf die **Form der Anknüpfung**: 'Eboli. Wer mag ihm wohl verrathen haben? — Wer? **Ich frage noch** — (II. 7. 223.) Marinelli. Gesetzt auch, ich wollte noch das Unmögliche versuchen — Das Unmögliche, **sag' ich?** — So unmöglich wär' es nun wohl nicht; aber kühn! (III. 1. 142) Marwood. (Meine Tugend) ist nichts kostbarer, als (mein guter Name).. Was sage ich? kostbarer? Sie ist ohne ihn ein albernes Hirngespinst... (II. 7. 29.) Ugolino. dass ich der Vertilger seines Vertilgers werde! — (Nach einer langen Pause.) — Der Vertilger, sagte ich? (2. Fassung. V.) Lady Milford. Wag es, ihn .. noch zu lieben, oder von ihm geliebt zu werden. — Was sage ich? — Wag es an ihn zu denken ..' (V. 7. 465. Vgl. 'Fiesko' III. 3. 88.) 'Betrachtungen', No. 576: 'welch ein Stoff zum .. Nachsinnen über das Menschengeschlecht und das ihm aufgetragene Schattenspiel .. Sagt' ich Schattenspiel? — Ja, wär' es das — aber es sind Schatten, die einen Leib haben ...' 'Michael Kohlhaas': '.. dass deine Obrigkeit (davon) nichts weiss — was sag ich? dass der Landesherr .. auch deinen Namen nicht kennt' (Luthers Schreiben an Kohlhaas.)

Auch mit: 'wollt' ich sagen' wird angeknüpft: 'Herr von Biederling. Es ist nur .. eine kleine Bedenklichkeit, wollt' ich sagen, eine gar zu grosse Bedenklichkeit von meiner Frau ('neuer Menoza' II. 7. 110.) Kammerdiener. Ein Brief von der Gräfin Orsina ... Sie ist gestern in die Stadt gekommen. Prinz. Desto schlimmer — besser; wollt' ich sagen. (I. 1. 111 f.) Miller. Ich zwinge meine Tochter nicht. Stehen Sie ihr an — wol und gut ... Schüttelt sie den Kopf — noch besser — — in Gottes Namen wolt ich sagen —' (I. 2. 364.) Hier sagt man also erst seine wahre Meinung heraus und verbessert sich dann der Schicklichkeit halber; in dem folgenden Beispiel tritt die Verbesserung ein, damit ein Geheimniss bewahrt bleibe: 'Gröningseck (zu Evchen). Wenn ich etwas zu ihrer Beruhigung — Zerstreuung wollt. ich sagen! beytragen kann...' (II. Akt.) Im Dialog: 'Moor. Ich würd ihn beneidet haben. Amalia. Angebetet,

---

[1] Vgl. noch 'Agathon' 10, 195: 'Ein glücklicher Zufall — Doch, warum wollen wir dem **Zufall** zuschreiben, was uns beweisen sollte, dass eine **unsichtbare Macht** ist...'

wollen Sie sagen. (IV. 4. 150.) Amalia. Ihr habt einen herrlichen Sohn verloren. Der alte Moor. Ermordet willst du sagen' (II. 2. 74.)

Naheliegend ist endlich die Anknüpfung mit: 'nicht' oder 'nein'. Ich beginne wieder mit dem mehr rhetorischen Corrigiren: 'Adam. Eu'r Bruder — nein, kein Bruder, doch der Sohn — Nein, nicht der Sohn (Shakespeares 'Wie es euch gefällt' II. 3.) Sara. Ein Stich! nicht ein Stich, tausend feurige Stiche in einem! (V. 1. 72.) Philotas. Woran erinnerst du mich, König? — An mein Unglück; nein, an meine Schande!' (8. Scene, 106) Agathon: 'Kleonissa .. hörte in diesem Augenblick auf Kleonissa zu sein! — Doch nein! diess ist nicht der rechte Ausdruck ... Richtiger zu sprechen. ... (11, 81) Wir überlassen es dem Leser .., sich die Scene ... vorzustellen. ... Doch nein! ich irre mich; die Scene ist ... niemals gleichgültig'. (11, 231.) Schleswigsche Litteraturbriefe: 'Ich will Ihnen — doch nein! nein! ich will nichts'. (I. 306.) Werther: 'Wie oft muss sie Ihnen huldigen! muss nicht, thut es freiwillig...' (72.) In einer Rezension der 'Frankfurter gelehrten Anzeigen' schreibt Goethe: 'Nun travestirten sie also — nicht travestirten! dann bleibt wenigstens Gestalt des Originals — parodirten — auch nicht! da lässt sich wenigstens aus dem Gegensatz ahnden — also denn? — welches Wort drückt die Armuth hier gegen Shakespeares Reichthum aus!' ('Der junge Goethe' II. 453.) 'Elmire. Und doch hatte ich Leichtsinn genug, nicht Leichtsinn, Bosheit — auch das drückt's nicht aus ...' ('Erwin und Elmire' 11, 2, 145). 'Julius von Tarent. Und alle diese Bande .. zerreiss' ich um eines Weibes willen, — um eines sterblichen Weibes willen! Nein, nicht für ein sterblich Weib, für Dich, Blanka! (IV. 1. 71 f.) Karl. Sag meinem Vater, nein, nicht meinem Vater, das merk dir wohl! Sag dem Heuchler Konrad .. ('Otto' II. 8.) Otto. Komm mein Schwerd — nicht Schwerd — nicht, nicht. Leiche von einem Schwerd .. (II. 10.) Heinrich. Sieger? — Nein — Mordbrenner! ('Kaspar' V. 8.) Albrecht. Mädchen! — nein; Weib! mein Weib! ('Agnes' I. 1.) Agnes. Grässlich erschrecklich! — Nein, nicht grässlich, mein Albrecht! (V. 2) Moor. Der Sohn hat seinen Vater erschlagen... Nein! nicht erschlagen! das Wort ist Beschönigung! — der Sohn hat den Vater tausendmal gerädert, gespiesst, gefoltert, geschunden! (IV. 5. 169 f) Louise. Zu .. dem Herzog, der meinen Vater .. will richten lassen. — Nein! Nicht will — muss richten lassen, weil einige Böswichter wollen (III. 6. 442.) Karlos. Hier steh' ich in der Allmacht Hand und schwöre und schwöre Ihnen, schwöre ewiges — O Himmel, nein! nur ewiges Verstummen, doch ewiges Vergessen nicht.' (I. 5. 182) Die letzten Verse sind eine hübsche Variirung der üblichen Phrase; die Verbesserung tritt ein, ehe noch das zu verbessernde ausgesprochen ist. Ebenso in der 'Agnes' I. 5: 'Albrecht. Sagt ihm, es thäte mir leid, dass seiner Tochter heimliche Verbindung so sehr ihn kränke; dass ich vielmehr — doch nein! dass ich ihm aber nie in seiner Verfolgung beystehen werde'. Bei Shakespeare vergleiche etwa 'Hamlet' I. 2: 'Hamlet. Zwei Mond' erst todt! — nein, nicht so viel, nicht zwei.'

Mehr materielle Verbesserungen sind die folgenden — die Formen, welche den vorhergehenden näher sind, stehen wieder voran —: 'Minna. Spotte nur; ich verdiene es. (Nach einem kleinen Nachdenken, und gelassener.) Spotte nicht, Franziska; ich verdiene es nicht. (IV. 3. 607.) Claudia. Der Name Marinelli war — begleitet mit einer Verwünschung — Nein, dass ich den edeln Mann nicht verleumde! begleitet mit keiner Verwünschung — Die Verwünschung denk' ich hinzu. (III. 8. 150.) Orsina. Sieh da, Marinelli! — Recht gut, dass der Prinz Sie mitgenommen. — Nein, nicht gut! Was ich mit ihm auszumachen hätte, hätte ich nur mit ihm auszumachen. (IV. 3. 156.) Orsina. So lachen Sie doch! .. Nein, nein, lachen Sie nur nicht. — (IV. 3. 159.) Tempelherr. Ihr nehmt und gebt mir, Nathan! mit vollen Händen beydes! — Nein! Ihr gebt mir mehr, als Ihr mir nehmt! unendlich mehr!' (V. 8. 355 f.) Eboli. Da steh' ich in fürchterlicher Einsamkeit — verstossen, verworfen. — (Sie sinkt auf einen Sessel. Nach einer Pause.) Nein! Verdrungen nur.' (II. 9. 242.) Werther: 'Ein ander Mal — nein, nicht ein ander Mal, jetzt gleich will ich Dir's erzählen. (29.) Ich fühle zu wahr, dass an mir allein alle Schuld liegt, — nicht Schuld!' (90.) Für Rousseau vgl. 'Richardson, Rousseau und Goethe' 248. Im dritten Akt der 'Stella' wird durch die Verbesserung: 'Mein! .. Nicht mein! —' (115.) haarscharf die Peripetie des Dramas bezeichnet. (Vgl. Scherer, Deutsche Rundschau 1876 S. 86.) Ferner: 'Adelheide. Verzeiht mir, wenn ihr mich traurig seht, es kann nicht anders seyn. Otto. Nein, nein; weinet nur immer! weint nicht — nein! ('Otto' II. 12.) Francesco. Weine nicht, Liebster. Doch weine nur. Ich verstehe den ganzen Sinn dieser Zähre. ('Ugolino' V.)[1] Luz Schotten. Blast Sturm ab! — (man bläst.) Nein, nicht ab! ('Sturm von Boxberg' III. 13.) Mellefont. Du störest mich, Norton! (Norton will gehen.) Nein, nein bleib da. Es ist eben so gut, dass du mich störest. ('Sara' IV. 3. 53. Cäcilia. Rufen Sie doch um Hülfe! — Nein, rufen Sie nicht! (Diderots 'Hausvater' III. 2. Lessing, Hempel, 11, 2, 193.) Gehen Sie! — Bleiben Sie! — Nein, gehen Sie! — Himmel, in welchem Zustande befinde ich mich! (III. 3. 195.) Lady Milford. (Als Ferdinand ihr gemeldet wird.) Du verlässest mich Sophie? — Bleib — Doch nein! Gehe! — So bleib doch. (II. 2. 396.) Rosenberg. Er wird stürmen! Nein, stürmen wird er nicht; als ritterlicher Held muss er da stürmen, auch über sie hinausstürmen; nein, er muss nicht, Blut muss er schonen. Stürmen oder nicht stürmen, ihr sollt sie nicht abstürzen...' ('Sturm von Boxberg' III. 8.)

---

[1] Vgl. auch Paul Heyses 'Elfride' I. 2: 'Elfride — weine nicht! Nein, weine! Diese zornigen Thränen kühlen mein wund Gewissen'. Auch sonst sind Verbesserungen in dem Drama häufig.

Ein derartiges Hin und Her von ja zu nein, und wieder von nein zu ja findet sich bei Lessing selten, häufiger dagegen bei Schiller: 'Minna. Freue dich doch mit, liebe Franciska. Aber freylich, warum du? Doch du sollst dich, du musst dich mit mir freuen. (II. 3. 575.) Orsina. Schwören Sie! — Nein, schwören Sie nicht. Sie möchten eine Sünde mehr begehen. — Oder ja; schwören Sie nur. Eine Sünde mehr oder weniger für einen, der doch verdammt ist! (IV. 5. 162.) Moor. Eine Thräne auf diesem Gemälde? .. darf auch ich diesen Verherrlichten — (er will das Gemälde betrachten.) Amalia. Nein, ja, nein! (IV. 4. 749.) Franz. Rächet denn droben über den Sternen einer? — Nein, nein! Ja, ja! .. Nein! sag ich — .. öd, einsam, taub ists droben über den Sternen — wenns aber doch etwas mehr wäre? Nein, nein, es ist nicht! Ich befehle, es ist nicht! wenns aber doch wäre? ...' (V. 1. 180 f.)

Jäher Stimmungswechsel, ohne irgend einen Uebergang, lässt sich in Schillers Jugenddramen mehrfach beobachten, besonders in Monologen. Z. B.: 'Moor. Geh voran, und melde mich. .... (Er fährt auf.) Warum bin ich hierher gekommen? .. nein ich gehe in mein Elend zurück! .. Lebt wol, ihr Vaterlandsthäler! .. (Er dreht sich schnell nach dem äussersten Ende [sic] der Gegend, allwo er plötzlich stille steht ..) Sie nicht sehen, nicht einen Blick? .. Nein! sehen mus ich sie — mus ich ihn .. (IV. 1. 128 f.) Moor. Sei wie du wilt namenloses Jenseits .. Ich bin mein Himmel und meine Hölle. ... Diese Freyheit kannst du mir nicht nehmen. (Er lädt die Pistole. Plötzlich hält er inn.) Und soll ich für Furcht eines qualvollen Lebens sterben? — Soll ich dem Elend den Sieg über mich einräumen? — Nein! ich wills dulden. (Er wirft die Pistole weg.) ... (IV. 5. 163.) Ferdinand. Das einzige Kind! ... Du willst's ihm rauben? Rauben? — Rauben den letzten Nothpfennig einem Bettler? .. Hab ich auch Brust für das? — — ... Gott! Gott! aber auch mein Vater hat diesen einzigen Sohn — den einzigen Sohn, doch nicht den einzigen Reichthum — (nach einer Pause.) Doch wie? was verliert er denn? .. Ich verdiene noch Dank, dass ich die Natter zertrete, ehe sie auch noch den Vater verwundet.' ('Kabale' V. 4. 488 f.) In der Bühnenbearbeitung des 'Götz', an der bekanntlich Schiller Antheil nahm, findet sich diese Stelle: 'Götz. Lasst sie niederknien in einen Kreis, wie arme Sünder, deren Haupt vom Schwerte fallen soll. .. An ihrer Todesangst will ich mich weiden, ihre Furcht will ich verspotten. ... — Und wie, Götz, bist du auf einmal so verändert. .. Mögen Die hinziehen, die nicht mehr schaden können. .. Geh und binde sie los!' (II. 14, 11. 2, 289 f.) Aehnlich etwa der König in Sodens 'Ignez', II. 2: 'Nein! Nein! — Sie soll nicht sterben! Nein! (er ruft) Alvaro! — Doch wie? Wird das nicht unmännliche Schwachheit scheinen? ... Nein, beym Himmel, nein! Sie sterbe! .. Alvaro! Coelho!'

Das Corrigiren ist verwandt dem Oxymoron; und öfter entsteht ein Oxymoron durch Corrigiren, z. B.: 'Prinz. was die Kunst aus den grossen .. Medusenaugen der Gräfin Gutes machen kann, das haben Sie, Conti, redlich daraus gemacht. — Redlich, sag' ich? — Nicht so redlich, wäre redlicher. (I. 4. 114.) Conti. Gleichwohl hat mich dieses noch sehr unzufrieden mit mir gelassen. — Und doch bin ich wiederum sehr zufrieden mit meiner Unzufriedenheit. (I. 4. 115.) Marinelli. Was für ein Unglück, oder vielmehr, was für ein Glück, — was für ein glückliches Unglück verschafft uns die Ehre —' (III. 4. 146.)

Das Oxymoron ist bei den Stürmern beliebt; Shakespeare und Lessing sind von Einfluss. Oxymoron und Corrigiren streng auseinander zu halten, ist wiederum nicht ganz leicht. Im Allgemeinen ist es ja zweifellos, dass beim Corrigiren ein Schwanken besteht, dass der Gegensatz erst allmählig sich herausbildet, — daher er häufig durch ein 'doch' oder 'wie mans nimmt' gemildert wird —, während er im Oxymoron so zu sagen fertig auf den Tisch gebracht wird; im einzelnen aber könnte man doch schwanken und das Kriterium könnte nur Aeusserliches, ein Gedankenstrich etwa oder ein Fragezeichen, sein.

Eher Verbesserungen als Oxymora würde ich die folgenden Formen nennen: 'Klärchen. Ich kann's (das goldene Vliess) Deiner Liebe vergleichen. — Ich trage sie ebenso am Herzen — und hernach — .. Hernach vergleicht sich's auch wieder nicht.' ('Egmont' III. 56.) Goethe an Kestner ('Goethe und Werther', Stuttgart 1854. S. 52): 'ich binn ein Narr .. und mein Genius ein böser Genius der mich nach Wolpertshausen kutschirte. Und doch ein guter Genius.' 'Normann. Lass mich nicht so sterben, und doch so. ('Otto' I. 4.) Hungen. Der Tag ist traurig und doch nicht traurig. ('Otto' I. 5.) Fiesko. Es ist gut, dass du das beifügst, und — doch wieder nicht gut (I. 9. 27.) Hermann. Die Sach' ist zehn Mal schlimmer, als ich's machte, und doch auch, wieder so betrachtet, bei weitem nicht so schlimm. (Kleists 'Hermannsschlacht' III. 3.) v. Hasenpoth. Der beste und der tollste Kopf im ganzen Regiment; wie sie wollen. ('Kindermörderinn' III.) Magister. Hat er nicht als ein braver Mann gehandelt? Major. Brav und nicht brav? das verstehn sie nicht. ('Kindermörderinn' III.) Lilla. Mir ists wohl, und mir ists nicht wohl, nachdem Ihrs nehmen wollt. ('Simsone' II. 5. 166.) Adelheid. Was macht Euer Bruder? Reinhard. Wohl und auch nicht, wie Ihr es nehmt'. ('Karl von Berneck' III. 66.) Wagner. Mir ists wohl und nicht wohl und doch wohl'. (Müller, 'Fausts Leben', II. 49.)[1] Im Dialog: 'Fürst. Ist das gut gethan .. Pandolfo. Nein! und doch wieder gut gethan —' ('Stilpo' I. 10. 273.) Besonders beliebt ist die Entgegenstellung von nichts und alles, viel und wenig, nirgends und überall: 'Karl. Ich fürchte viel von ihm, und doch nichts; viel, und doch nichts. ('Otto' I. 3.) Moor. Was willst du? Daniel. Nicht viel

---

[1] Vgl. 'Deutscher Hausvater' III. 9: 'Wohl und wehe, wehe und wohl!'

und alles, so wenig und doch so viel — lasst mich eure Hand küssen! ('Räuber' IV. 3. 141.) Hermione. So ist noch nicht alles verloren? Aristodemos. *Alles und Nichts; denn in deinen Händen liegt das Schicksal des Vaterlands.* ('Aristodemos' II. 103.) Pandora. Dies Herze sehnt sich oft, ach, nirgend hin und überall doch hin!' ('Prometheus' II. 296.) Werther: 'Ich habe so viel, und die Empfindung an ihr verschlingt Alles; ich habe so viel, und ohne sie wird mir Alles zu Nichts'. (90. Die Zeilen sind erst 1787 hinzugekommen.) 'ich bin nirgend wohl und überall wohl'. (105.) Blasius. Ich hab's so weit gebracht, nichts zu lieben, und im Augenblick alles zu lieben und im Augenblick alles zu vergessen. ('Sturm und Drang' I. 1. 269.) Mathilde. Du bist mir nichts schuldig, Golo, du bist mir alles schuldig!' (Müllers 'Genovefa' II. 1. 87.) Wahlverwandtschaften: 'Es bleibt zuletzt meist Alles und nichts, wie es war'. Die letzten Formen sind zweifellos Oxymora, ich habe sie nur wegen des Gegensatzes von alles und nichts u. s. w. hierhergestellt. Zu vergleichen wäre etwa noch: 'Moor. Sie verloren schon etwas? Amalia. Nichts. Alles. Nichts. — (IV. 2. 131.) Grossinquisitor. Was beschliessen Sie? König Philipp. Nichts — oder alles (V. 10. 446.) Claudia. Nichts klingt in dieser Sprache (der Galanterie) wie Alles: und Alles ist in ihr so viel als Nichts. (II. 6. 133.) Odoardo. Und du so ruhig ..? Emilia... Entweder ist nichts verloren: oder alles. (IV. 7. 177.) Adelbert. Wie? Berta oder alles, was ich habe? Mehr als alles und weniger als nichts. ('Robert von Hohenecken' I. 6.) Conrad. Ich will Ihr alles oder nichts seyn. ('Mathilde von Giessbach' III. 4.) Sara. Und wie viel fehlte, — wie wenig, wie nichts fehlte — so wäre ich auch eine Vatermörderinn geworden! (IV. 1. 51 'viel' steht hier nur im uneigentlichen Sinne.) Julius von Tarent. Freilich fehlte unendlich wenig daran, aber unendlich wenig ist hier genug!' (III 5. 65.) Sprickmann hatte die Absicht, ein Lustspiel zu schreiben unter dem Titel: 'Zu viel und zu wenig' (s. Zs. f. Kulturgesch. Neue Folge. I. 264.)

Ich führe noch einige Oxymora an: 'Tellheim. In meinen Augen haben Sie unendlich durch diesen Verlust gewonnen. (V. 5. 623.) Sittah. gewann ich immer nicht am meisten mit dir, wenn ich verlor?' (II. 1. 220.) Goethe, 'Gatte der Gattin':

'Du versuchst, o Sonne, vergebens,
Durch die düstren Wolken zu scheinen!
Der ganze Gewinn meines Lebens
Ist ihren Verlust zu beweinen.' (II. 429.)

(Vgl. 'Johann von Schwaben' IV. 3: 'Mecheln... als wir nichts mehr zu verlieren, und doch noch alles zu gewinnen hatten.') 'Claudia. Sie ist die Furchtsamste und Entschlossenste unsers Geschlechts. (V. 8. 168.) Julio. Sie kommt! Und wie mir's leichter wird, und wie mir's dumpfer und schwerer wird. ('neue Arria' I. 3. 142.) Stella. Gott verzeih' Dirs, dass Du so ein Bösewicht und so gut bist — so flatterhaft und so treu (III. 109.). Recha. Meine gute böse Daja .. diese gute böse Daja .. Nun, Gott vergeb' es ihr! — belohn' es ihr! Sie hat mir so viel Gutes, — so viel Böses erwiesen! Sittah. Böses dir? — So muss sie Gutes doch wahrlich wenig haben. (V. 6. 343 f.) Fiesko. Wo besser .. kannst du diesen Schaz niederlegen? Julia. Gewiss nirgends besser, und nirgends schlimmer —' (IV. 12. 125.) Wahlverwandtschaften: 'Desto schlimmer, versetzte Eduard, und desto besser.' (XV. 93.) 'Odoardo. Wer will das? Wer darf das? — Der hier alles darf, was er will? Gut, gut; so soll er sehen, wie viel auch ich darf, ob ich es schon nicht dürfte. (V. 4. 171.) Appiani. Ich sehe Sie so, auch wenn ich Sie nicht so sehe. (II. 7. 135.) Ferdinand. Ich stehe und sehe Dich an, und sehe dich nicht und fühle mich nicht. ('Egmont'. V. 87.) Klare. Wenn ich so nachdenke, wie es gegangen ist, weiss ich's wol und weiss es nicht. ('Egmont' I. 30.) Curio. ja Curio! du bists, und bists nicht. ('Simsone' I. 4. 138.) Graf Karl. Wo ist die Barone ..? Nicht zu Haus? .. Lisette. Zu Haus und nicht zu Haus. Ich geh' zu fragen, wo sie seyn will.' ('Schwur' I. 2. 17.) Wilhelm Meister: 'Ich .. war nach dieser Entdeckung ruhiger und unruhiger, als vorher'. (Buch I. Kap. 4.) 'Derwisch. So unmild mild wird Saladin im Hafi nicht erscheinen!' ('Nathan' I. 3. 204.) Werther: 'der glückliche Unglückliche'. (96. vgl. S. 226.) 'Faust. Und webt in ewigem Geheimniss, unsichtbar, sichtbar, neben Dir? (111.) Mephistopheles. Du übersinnlicher, sinnlicher Freier. (113.) Saladin. Schon wieder so stolz bescheiden?' (III. 7. 271.) Dramaturgie: 'es lässt sich nur sehen, nicht hören, dass es eine stolze Bescheidenheit ist.' (7. 106.) 'Prinz. Wie manchem andern wollte ich diese stolze Bescheidenheit wünschen! --' (V. 5. 172.)

Dem Corrigiren verwandt ist endlich noch eine Art des Einschränkens und Erweiterns von Begriffen oder des Abwägens und Gleichsetzens verwandter. Bindewörter sind: aber (zwar — aber — doch), doch, auch; die Formen, in denen das letzte Wort erscheint, sind die charakteristischsten: 'Marwood. Eine kurze Verschwindung mit einem Liebhaber ist zwar ein Fleck; aber doch ein Fleck, den die Zeit ausbleichet. (IV. 8. 67.) Sara. welche Schmerzen werde ich fühlen. Waitwell. Schmerzen, Miss, aber angenehme Schmerzen'. (III. 342.) Agathon: 'Es war nur ein Augenblick, aber ein Augenblick, den ich um eines von den Jahren des Königs von Persien nicht vertauschen wollte.' (9. 75). Werther: 'Der Minister gab mir einen zwar sanften Verweis, aber es war doch ein Verweis..' (73.) 'Julius v. Tarent. Es war Phantasie, aber Phantasie, die mir alle Wirklichkeit verdächtig machen könnte. (1. 1. 11 f.) König. es sind blosse Träume, aber Träume, die gleich peinigenden Gesichtern vor mir schweben .. ('Günstling'. IV. 3. 92.) Julius v. Tarent. Freilich fehlte unendlich wenig daran, aber unendlich wenig ist hier genug! (III. 5. 65.) Amalia. Ich bin ein Weib, aber ein rasendes Weib. ('Räuber' III. 1. 112.) Robert. Freilich hört mit dem Tode alles auf, aber im höchsten Genuss aufhören, heisst tausendfach geniessen. ('Engländer' von Lenz, II. 1. 322.) Amme. Dies Herz war gut .. So gross nicht wie das eure, aber doch gut und freundlich. ('Stilpo'. II. 5. 299.) Amme. bedauern ist Liebe, zwar schmerzende, quälende Liebe; aber ein guter Blick von ihnen, wischt alle diese herben Empfindungen weg .. (II. 5. 299.) Elmire. Ich hab eine Mutter, zwar eine liebevolle Mutter; doch wird sie in unser Glück willigen?' ('Erwin und Elmire', 11. 2. 159.)

'Claudia. wisse, mein Kind, dass ein Gift, welches nicht gleich wirkt, darum kein minder gefährliches Gift ist. (11. 6. 132.) Waitwell. ein Vater, dächte ich, ist doch immer ein Vater; und ein Kind kann wohl einmal fehlen, es bleibt deswegen doch ein gutes Kind'. (III. 3. 41.) Agathon: 'Die Abweichungen waren klein; aber es waren doch immer Abweichungen ..' (11. 303.) 'Julius von Tarent. Allein ein schwaches Bild ist doch noch immer ein Bild. (II. 2. 37.) Kaspar. Ihr seid mein Weib, ein braves Weib, aber doch immer ein Weib. (I. 2.) Tuchsenhauser. Liebe mag nun eine Thorheit seyn .. so ist sie doch auch eine Leidenschaft.' ('Agnes' I. 7.) Im Dialog: 'Aristodemos. Furchtbar ist die Rettungsart .. Hermione. Rede, mein Vater. Aristodemos. Ich sage dir, Kind, furchtbar ist die Rettungsart. Hermione. Doch ist's Rettung! Aristodemos. Die ich wünsche, vor der ich zittre. Hermione. Doch ist's Rettung!' ('Aristodemos' II. 103).

'Minna. ein Vergnügen erwarten, ist auch ein Vergnügen. (IV. 6. 610.) Just. meint Er, dass ein abgedankter Officier nicht auch ein Officier ist ... (I. 2. 554.) Emilia. Ein unbekannter Freund ist auch ein Freund. (V. 7. 179.) Claudia. Dem Himmel ist beten wollen, auch beten. Emilia. Und sündigen wollen, auch sündigen. (II. 6. 130.) Thorringer. Wille des Verbrechens ist auch Verbrechen. ('Agnes'. III. 6.) Louise. Eine vollkommene Büberei ist auch eine Vollkommenheit — ('Kabale'. III. 6. 440.) Lady Milford. Seligkeit zerstören ist auch Seligkeit. (IV. 7. 465.) Graf von Flandern. Später Sieg ist auch Sieg. ('Konradin' I. 6. 44.) Marquis. ein lahmer Greck ist auch ein Greck' ('falsche Spieler'. V. 15. 350 zweimal.) 'Wildgau. Der Segen eines Verworfenen ist auch Segen.' ('Rache für Weiberraub'. IV. 6.) Im Dialog: 'Minna. Ich wüsste nicht, was mir an einem Soldaten, nach dem Prahlen, weniger gefiele, als das Klagen. Aber es giebt eine gewisse kalte, nachlässige Art ... Tellheim. Die im Grunde doch auch geprahlt und geklagt ist. (II. 9. 581.) Nathan. sie schwärmt. Daja. Allein so fromm, so liebenswürdig — Nathan. Ist doch auch geschwärmt!' (I. 1. 189.) 'Minna. Unglück ist auch gut. (?? II. 7. 578.) Guido. Doch das Erworbene erhalten ist auch Gewinn! ('Julius v. Tarent'. I. 5. 25.) Oranien. Einen Verlornen zu beweinen, ist auch männlich. ('Egmont'. II. 50.) Medea. des Menschen freundlicher Blick ist auch Licht!' ('Medea auf dem Kaukasos'. I. 242.)

REGISTER.

Abbt 9.
Abschatz 13.
Aeschylos 11.
Albrecht, Sophie 63.
Anton: Reinhold von Schenk 70.
Ariost: Rasender Roland 122.
Aventin 107.

Babo 1. 14. 63. 65. 99. 108; Otto von Wittelsbach 5. 36. 59. 62. 64 f. 72. 77. 86. 89. 103. 107. 109 ff. 121. 126 f 151. 153. 163. 165 f. 169. 182 ff. 189.
Beethoven: Fidelio 147.
Beil 60.
Biester 64.
Blaimhofer: Die Schweden in Baiern. 72. 107. 120 f. 149. 153.
Blumauer: Erwine von Steinheim 35. 72. 139. 149. 156. 161. 163 f.
Boeck 60.
Bösenberg: Ritterschwur und Rittertreue 72. 131 f. 145. 147. 149. 151. 153. 155 ff. 160 f. 164 ff.
Böttger 37.
Brachvogel 62. 135.
Brandes 2 f.
Brandl 169.
Braun 8.
Brockes 169
Brömel 133.
Brühl: Harfner 72. 138 f. 156 ff. 161. 163 f.
Bürger, Elise: Adelheit von Teck 72. 95. 133. 137 f. 148 ff. 164 f.
Bürger, G. A. 21 f.
Byron: Manfred 177.

Chladenius: Mathilde die Magdeburgerin oder die zweimalige Rückkehr aus der Todtengruft 165.
Corneille 10 f.

Dalberg, K. Th. A. M. v. 9. 16 f.
Dalberg, W. H. v. 2. 7. 9. 15. 17. 36. 65 ff. 108.
Danzel-Guhrauer 3. 66.
Destouches 37.
Devrient 3 f.
Diderot 127; Hausvater 177. 224.
Duarte Nunez de Liam 124.

Ehrimfeld 37.
Einzing: Ludmillens Brauttags 107. 121. 153.
Engel 59 f. 66. 114; Mimik 55.
Eschenburg 64.
Euripides 11.

Falkenstein: Baierische Geschichte 39.
Fleck 61. 126. 135.
Friedel 66.

Gemmingen: Hausvater 61. 177. 179. 189. 191. 198.
Gersike, Madame 63.
Gerstenberg: Ugolino 83. 87. 147. 153. 177. 201. 204 f. 210 f. 213 f. 222. 224.
Gervinus 5. 63. 90.
Gleim 17.
Goedeke 6. 9. 59. 63. 70. 94. 109. 112. 117. 123. 126. 128 f. 131. 136. 138 f. 141.
Goethe 2 f. 11 f. 13. 30. 43. 55 f.

64 f. 68. 83. 93 f. 107. 123.
166 ff. 173 f. 179. 184. 187. 191.
194. 197. 205. 208. 210. 223.
226. Werke:
   Clavigo 42. 176. 190 f. 205.
   210. 221.
   Dichtung und Wahrheit
   187.
   Egmont 169. 176. 178. 184.
   191. 197. 218 ff. 226.
   228 f.
   Erwin und Elmire 176. 223.
   229.
   Faust 148. 160. 170. 174.
   183. 187. 219. 228.
   Gedichte 207. 227.
   Geschwister 211.
   Götter, Helden und Wieland 170. 194.
   Götz von Berlichingen 1.
   3 ff. 29 ff. 32 ff. 37. 41 ff.
   55 ff. 58. 61. 64 f. 69. 71 ff.
   82. 87 ff. 97 ff. 101 ff.
   106. 108. 114. 118. 120.
   128. 133 ff. 140. 142 ff.
   159. 164 f. 170. 174. 176 f.
   181. 184 f. 189. 191 f. 194.
   197. 199. 205. 217. 219 f.
   225.
   Iphigenie auf Tauris 160.
   Jahrmarktsfest zu Plundersweilern 78. 196.
   Klaudine von Villa Bella
   176. 191.
   Pater Brey 173. 195.
   Prometheus 173. 227.
   Satyros 183.
   Stella 169. 173 f. 176 f.
   206. 212 f. 219 ff. 224.
   227.
   Tasso 141. 195 f.
   Wahlverwandtschaften
   174. 176. 179. 227 f.
   Werther 65. 83. 170. 172 ff.
   176. 180. 208. 219 ff.
   223 f. 227 f.
   Wilhelm Meister 141. 165.
   228.
Gotter: Mariane 95. 170 f.
Gottsched 7.
Grandaur 38. 62. 142.
Grossmann: Henriette 171. 180.
195. 197; Nicht mehr als sechs
Schüsseln 217.
Gryphius, Andreas 5.
Guttenberg: Jakobine von Baiern
72. 132. 146 ff. 153 f. 157 ff. 161 ff.

Hagemann: Ludwig der Springer
72. 91. 117 f. 146 ff. 151 ff. 164 f.
Otto der Schütz 72. 126 f. 147.
155. 159. 161. 166.
Hagemeister: Waldemar 70.
Hahn, L P. 1. 12 ff. 123. 166;
Aufruhr zu Pisa 87; Karl von
Adelsberg 87; Robert von
Hohenecken 1. 23. 30. 72. 99 ff.
127. 134. 136. 147 f. 151. 153.
156 ff. 165. 182. 198. 227.
Hebbel 37. 48. 50. 66 f.
Heinzel 60.
Herder: Ideen zur Philosophie
der Gesch. d. Menschheit 17.
Hettner 3. 5. 48.
Heyse: Elfride 224.
Hoffmann, E. T. A.: Meister
Martin 137.
Hoffmann von Hoffmannswaldau
13; Heldenbriefe 38.
Hölderlin 193.
Honcamp 37.
Horaz 119.
Huber: Das heimliche Gericht 72.
139 ff. 145 ff. 150. 155 f. 163 ff.
Hübner: Camma 72. 107. 121 f.
146. 149. 151. 153. 155 f. 159;
Hainz Stain 72. 78. 92. 107. 122.
132 ff. 147. 151. 156 f.
Hugo, Victor: Marion Delorme
133.

Iffland 60. 171. 186. 198; Erinnerung 171.
Jacobi: Allwill 172. 174. 176 f.
Jahn 38.

Klein 11. 14. 58. 61. 65. 103. 218.
Kleist: Hermannsschlacht 226;
Käthchen von Heilbronn 72. 78.
128. 134. 142 f. 145 ff. 151.
153 f. 157 f. 160 f. 164. 166;
Michael Kohlhaas 112. 222;
Zerbrochener Krug 133.
Klingemann: Vehmgericht 72.
78. 142. 145 ff. 154. 156. 163 ff.
Klinger 1. 12. 56 f. 79 f. 83. 102.
105. 168. 174. 185. 187. 191.
193. 198 f. 201 f. 205. 210 f.
216. Werke:
   Aristodemos 178. 185. 227.
   229.
   Betrachtungen 173. 187.
   191. 194. 221 f.
   Damokles 76 f. 178 f. 185.
   Derwisch 188.

Elfride 193. 214. 216.
Falsche Spieler 174. 191.
193 f. 196. 212. 217. 229.
Günstling 185 f. 200. 203.
218. 228.
Konradin 57 f. 151. 183.
185. 192. 197. 205. 211 ff.
229.
Leidendes Weib 170. 174 ff.
187. 190. 194. 196. 199.
205. 207. 209 f.
Medea 200 f. 212. 216.
Medea auf dem Kaukasos
201. 229.
Neue Arria 174 ff. 190 f.
199. 201. 227.
Otto 1. 3. 34. 56 f. 72 ff.
97. 102. 106. 110. 145.
147 ff. 164 ff. 174. 177.
183. 185 f. 192. 199. 201 ff.
209. 214. 221. 223 f. 226.
Schwur 217. 228.
Simsone Grisaldo 80. 185 f.
190. 194. 226. 228.
Stilpo 76. 175. 191. 201.
211. 216. 226. 229.
Sturm und Drang 76. 182.
201 f. 227.
Zwillinge 77. 80. 179. 183.
192. 197. 199 ff. 205 f.
212. 216.
Klopstock 23. 175. 180. 184. 187.
202. 205; Gelehrtenrepublik
193; Messias 207; Oden 175.
180. 184. 194. 206.
Klühe 38.
Koberstein 37.
Koch 180.
Köhler 62. 109.
Koller: Conrad von Zähringen 70.
Komareck: Ida 72. 141. 145 ff.
149 f. 165.
Körner 37. 66.
Kotzebue 127. 171; Adelheid von
Wulfingen 72. 91. 139. 149 f.
152 f. 163 f.; Johanna von
Montfaucon 72. 77. 133. 138.
147 ff. 153. 155 ff. 164 ff.
Kratter: Das Mädchen von Marienburg 70.
Krebs 38.
Kuh 48. 67.

Langenau: Ludwig der Strenge
114.
Leffmann, Gustav 109.
Leisewitz 12 f. 168. 181. 184. 191.
198. 201 f. 210. 212; Julius von
Tarent. 80. 95. 135. 141. 171 f.
174. 177. 181 ff 192. 196. 200.
202 f. 211. 213 f. 219 223. 227 ff.
Lengenfeld: Ludwig der Bajer
72. 107 ff. 120 f. 150 ff.
Lenz 168. 187. 205. 210. Werke:
Anmerkungen 170. 193 195.
Beiden Alten 201. 204.
Engländer 176. 189. 228.
Fragment aus einer Farce
etc. 175.
Freunde machen den Philosophen 190 209.
Hofmeister 78. 177. 194 ff.
198. 205. 211.
Neuer Menoza 30. 139. 190.
195 f. 205. 222.
Soldaten 187.
Lessing 2 f. 10 ff. 56. 60. 64. 178.
188 f. 195. 198. 203 205. 207 f.
217. 220. 225 f. Werke:
Axiomata, wenn es deren
in dergleichen Dingen
giebt 220.
Emilia Galotti 73. 105 f.
134. 171. 175. 178. 182 f.
186 ff 195. 203 ff. 212 ff.
218 ff. 224 ff.
Hamburgische Dramaturgie
36. 50. 219. 228.
Minna von Barnhelm 171.
182. 207. 212. 214. 218 ff.
224 f. 227. 229.
Miss Sara Sampson 178.
203. 220. 222 ff. 227 ff.
Nathan der Weise 65. 169.
171. 178. 188 f. 205. 207 ff.
213. 217 ff. 224. 227 ff.
Philotas 220. 223.
Schatz 217.
Witzlinge 87.
Liliencron 39.
Lillo 87.
Lipowsky 42.
Löwen 176.
Ludwig, Otto 37. 42. 50. 66 f.;
Shakespeare-Studien 209.
Ludwig der Strenge 72. 78. 107.
114 ff. 121. 135. 140. 147 f.
153. 165.

Maier, Jakob 3. 14. 89. 123. 166;
Fust von Stromberg 72. 94. 102.
127 ff. 132. 136. 147 ff. 151 ff.
156 ff. 160 ff. 190; Sturm von
Boxberg 1. 23. 72. 76 f. 93 ff.

128 f. 134. 151. 153. 155 ff.
164. 189. 196. 224.
Martini: Rhynsolt und Sapphira 133
Meissner: Johann von Schwaben 36. 72 74. 76. 78. 85. 87. 103. ff. 111. 149 f. 153 ff. 157 f. 165. 190. 205 f. 227.
Menzel 63. 66.
Meyer, F. L. W. 36. 61.
Meyerbeer 38; Prophet 133.
Meyr, Melchior 37. 67.
Mierre, le: Veuve du Malabar 61.
Milcent 66.
Miller: Siegwart 65.
Molière: Tartufe 217.
Möller 4. 186; Wikinson und Wandrop 170. 202; Zigeuner 174.
Monvel: Mathilde von Ortheim 165.
Moritz, K. Ph.: Blunt 87.
Moser: Moralische und politische Schriften 169 f. 172. 183. 185 ff.
Möser 185 193. 196.
Mozart: Zauberflöte 62.
Müller, Fr. 198. Werke:
Faust's Leben 226.
Golo und Genovefa 72. 78. 87. 133. 147. f. 154 ff. 161. 165. 170. 180. 190 196. 227.
Kreuznach 184.
Ludwig der Strenge 114.
Pfälzische Idyllen 127. 191. 196 f.

Nagel 89; Bürgeraufruhr 72. 107. 118 ff. 145. 147. 151.
Nicolai 7 ff. 10. 16.
Nissl: Kunigunde von Rabenswalde 72. 130 f. 146 f. 149 ff. 156 f. 160 ff.

Oefele 8; scriptores rerum boicarum 38 f. 51. 55.
Osterwald 7.

Pelzel: Die Belagerung Wien's 70.
Petrarca 80.
Plümicke 59. 103; Lanassa 61. 63.
Plutarch 193.
Primisser: Martin Sterzinger 70.
Prölss 62 f. 103. 138.

Racine 10 f.
Rambach: Otto mit dem Pfeil 70.

Ramond: Hugo der Siebente 72. 78. 106. 147. 151 ff. 158 ff. 165.
Repthin, Mamsell 63.
Rousseau 180 ff. 187 ff. 224; Emile 189; Neue Heloise 172. 180.

Sachs, Hans 5.
Sauer 77. 95. 130.
Savioli-Corbelli 9.
Scherer 172. 178 f. 224.
Schiff 38.
Schikaneder 62. 64; Philippine Welser 153; Theatralische Werke 70.
Schiller 3. 5. 56 f. 79. 168. 173. 181. 183. 188. 193. 195. 198 f. 201 f. 205 210. 216. 225. Werke:
Fiesko 31. 34. 62 f. 79. 147. 151. 174 ff. 178. 182. 195. 198 ff. 206. 216 f. 221. 226. 228.
Gedichte 169.
Geisterseher 141.
Jungfrau 72. 143. 147 f. 151 ff. 157 ff. 160.
Kabale und Liebe 42. 62. 77. 91. 169. 173. 175. 177 ff. 182. 195. 199 ff. 206. 208. 210 f. 213 f. 217. 219. 221 ff. 225. 229.
Don Karlos 77. 141. 170 f. 173 ff 180 f. 183. 191. 202. 210. 213. 217. 221. 223 f. 227.
Maria Stuart 77. 86.
Menschenfeind 201 f.
Piccolomini 173.
Räuber 61 f. 75. 78. 82 f. 85. 88. 93. 157. 160. 169. 193 f. 197 ff. 201 ff. 205. 214 ff. 222 f, 225 ff.
Tell 72. 78. 86. 106. 143 f. 147 ff. 151. 154. 157. 164 ff 201 f.
Wallensteins Tod 78.
Was wirkt die Bühne? 170.
Schleswigsche Literaturbriefe 223.
Schlosser: Politische Fragmente 168.
Schmidt, Erich 23. 65. 75. 83 106. 129. 169. 172. 174 f. 176. 180. 196 f. 214. 217. 221. 224.
Schmidt, Julian 5.
Schmieder: Adelheit von Teck 70.
Schröder 36. 61; Frau Schröder 36. 61.

*

Schütze 61. 65.
Schuwärt, Madame 63.
Sennefelder: Mathilde von Altenstein 72. 129. 132. 145. 148. 152 ff. 158 f. 163 ff.
Seuffert 114. 133. 196.
Shakespeare 10 ff. 31. 53. 56. 60. 83 ff. 97. 106. 114. 120. 154. 159. 177. 197. 202 f. 205. 211. 226. Werke:
    Antonius und Cleopatra 83. 202 f. 206 f. 213. 217.
    Julius Cäsar 36. 151. 177. 202. 213.
    Hamlet 36. 62 f. 84. 87 f. 141. 149. 203. 210. 213. 224.
    Heinrich IV. 87.
    Heinrich VI. 87.
    Kaufmann von Venedig 210.
    König Lear 73. 83 ff. 197. 203. 205.
    Maass für Maass 133.
    Macbeth 87.
    Othello 73 f. 83. 85 ff. 151. 154. 206 ff. 210 f. 213. 221.
    Richard II. 151.
    Richard III. 87.
    Romeo und Julia 76. 141. 155. 203. 215 f. 218.
    Sturm 210.
    Viel Lärm um Nichts 53.
    Wie es euch gefällt 219. 223.
Soden 1. 99 119: Franz von Sickingen 147 ff. 166; Ignez de Castro 5. 36. 72. 78. 86. 103. 123 ff. 148. 154. 159 f. 166. 182. 200. 225.
Sophokles 11.
Spiess: Klara von Hoheneichen 69. 72. 74. 92. 105. 133 ff. 147. 150 f. 156 f. 159 f. 164 ff.; Oswald und Mathilde 165; Reise durch die Höhlen des Unglücks und Gemächer des Jammers 112.
Sprickmann 227; Eulalia 133. 171; Klosterscenen 95; Schmuck 174 f. 195 217.
Stetten: Siegfried und Agnes 38.
Stolberg, Chr. 21 f.
Stolberg, Fritz 21 ff. 174.
Stolberg, Grafen von 14. 16.
Strehlke 197.
Strobl 107
Strodtmann 38.
Sturz 180.

Tasso 193.
Teichmann 59. 103. 133. 142.
Tieck 4. 135. 142; Karl vor Berneck 72. 74. 141 f. 154. 156. 159. 163 ff. 226; Phantasus 126.
Törring, Anton von 9.
Törring, Joseph August von:
    Leben 6—20.
    Familie 6.
    Heirath, Kinder 7.
    Tod 8.
    Mitglied der Akademie der Wissenschaften 8 f.
    Briefwechsel mit W. H. v. Dalberg 10 ff.
    Rede von der Ehrsucht 17 ff.
    Gedichte 21 ff. 49.
    Kaspar der Thorringer 1 f. 10. 13. 16. 21. 23 ff. 41 43. 45. 47. 51 f. 55. 58 f. 72. 74. 94. 105. 108 f. 111 ff. 115 ff. 121. 134 f. 145. 147. 149. 151. 153. 158 f. 178. 186. 202. 205 ff. 214. 218. 221. 223. 229.
    Agnes Bernauerinn 1 ff. 5. 8 f. 10 ff. 13 ff. 16. 21. 23. 30. 36 ff. 72. 78. 89. 103. 107. 112 ff. 115 ff. 124 ff. 128 f. 130 f. 137. 140. 147 f. 160 ff. 168. 203. 205. 213 f. 223. 229.
Toskani, Frau 60.
Traiteur: Albert der Dritte 37. 173 f. 180.

Verdi: Troubadour 133.
Vilmar 4.
Vogler 37 f.
Voigt: Radegund von Thüringen 85. 159.
Voltaire 10 f
Voss, J. H. 14.

Wagner: Kindermörderinn 42. 172. 174. 195 f. 218 f. 222. 226; Reue nach der That 42. 197.
Weber 38.
Weiss: Rose oder die Nonne wider ihren Willen 95.
Weisse 10 ff.; Richard III. 133.
Werner 13. 75. 83. 101 f. 127. 147. 153.
Westenrieder 7. 9. 14 f. 65.
Wetzel 63.

Wieland 5 f. 9. 84; Agathon 172. 174. 176 ff. 219. 222 f. 228 f.

Zaupser 8.

Ziegler: Liebhaber im Harnisch 137. 148 f. 159: Liebhaber und Nebenbuhler 127. 137. 153: Mathilde von Giessbach 72. 136. 147 f. 151. 156. 165 f. 227; Die Pilger 72. 133. 136 f. 147. 150 f. 156 ff. 161 ff.; Rache für Weiberraub 72. 129. 147. 149 ff. 154. 156 f. 161 f. 165. 229; Weiberehre 72. 117 f. 147. 161.

Zimmermann: Dramaturgie 112.

Ebenfalls im SEVERUS Verlag erschienen:

Achelis. Th. Die Entwicklung der Ehe * **Andreas-Salomé, Lou** Rainer Maria Rilke * **Arenz, Karl** Die Entdeckungsreisen in Nord- und Mittelafrika von Richardson, Overweg, Barth und Vogel * **Aretz, Gertrude (Hrsg)** Napoleon I - Briefe an Frauen * **Ashburn, P.M** The ranks of death. A Medical History of the Conquest of America * **Avenarius, Richard** Kritik der reinen Erfahrung * **Bernstorff, Graf Johann Heinrich** Erinnerungen und Briefe * **Binder, Julius** Grundlegung zur Rechtsphilosophie. Mit einem Extratext zur Rechtsphilosophie Hegels * **Bliedner, Arno** Schiller. Eine pädagogische Studie * **Braun, Lily** Lebenssucher * **Braun, Ferdinand** Drahtlose Telegraphie durch Wasser und Luft * **Burkamp, Wilhelm** Wirklichkeit und Sinn. Die objektive Gewordenheit des Sinns in der sinnfreien Wirklichkeit * **Caemmerer, Rudolf Karl Fritz** Die Entwicklung der strategischen Wissenschaft im 19. Jahrhundert * **Cronau, Rudolf** Drei Jahrhunderte deutschen Lebens in Amerika. Eine Geschichte der Deutschen in den Vereinigten Staaten * **Cushing, Harvey** The life of Sir William Osler, Volume 1 * The life of Sir William Osler, Volume 2 * **Eckstein, Friedrich** Alte, unnennbare Tage. Erinnerungen aus siebzig Lehr- und Wanderjahren * **Eiselsberg, Anton Freiherr von** Lebensweg eines Chirurgen. * **Elsenhans, Theodor** Fries und Kant. Ein Beitrag zur Geschichte und zur systematischen Grundlegung der Erkenntnistheorie. * **Ferenczi, Sandor** Hysterie und Pathoneurosen * **Fourier, Jean Baptiste Joseph Baron** Die Auflösung der bestimmten Gleichungen * **Frimmel, Theodor von** Beethoven Studien I. Beethovens äußere Erscheinung * Beethoven Studien II. Bausteine zu einer Lebensgeschichte des Meisters * **Fülleborn, Friedrich** Über eine medizinische Studienreise nach Panama, Westindien und den Vereinigten Staaten * **Goldstein, Eugen** Canalstrahlen * **Heller, August** Geschichte der Physik von Aristoteles bis auf die neueste Zeit. Bd. 1: Von Aristoteles bis Galilei * **Helmholtz, Hermann von** Reden und Vorträge, Bd. 1 * Reden und Vorträge, Bd. 2 * **Kalkoff, Paul** Ulrich von Hutten und die Reformation. Eine kritische Geschichte seiner wichtigsten Lebenszeit und der Entscheidungsjahre der Reformation (1517 - 1523), Reihe ReligioSus Band I * **Kerschensteiner, Georg** Theorie der Bildung * **Külz, Ludwig** Tropenarzt im afrikanischen Busch * **Leimbach, Karl Alexander** Untersuchungen über die verschiedenen Moralsysteme * **Liliencron, Rochus von / Müllenhoff, Karl** Zur Runenlehre. Zwei Abhandlungen * **Mach, Ernst** Die Principien der Wärmelehre * **Mausbach, Joseph** Die Ethik des heiligen Augustinus. Erster Band: Die sittliche Ordnung und ihre Grundlagen * Die Ethik des heiligen Augustinus. Zweiter Band: Die sittliche Befähigung des Menschen und ihre Verwirklichung * **Müller, Conrad** Alexander von Humboldt und das Preußische Königshaus. Briefe aus den Jahren 1835-1857 * **Oettingen, Arthur von** Die Schule der Physik * **Peters, Carl** Die deutsche Emin-Pascha-Expedition * **Poetter, Friedrich Christoph** Logik * **Popken, Minna** Im Kampf um die Welt des Lichts. Lebenserinnerungen und Bekenntnisse einer Ärztin * **Rank, Otto** Psychoanalytische Beiträge zur Mythenforschung. Gesammelte Studien aus den Jahren 1912 bis 1914. * **Rubinstein, Susanna** Ein individualistischer Pessimist: Beitrag zur Würdigung Philipp Mainländers * Eine Trias von Willensmetaphysikern: Populär-philosophische Essays * **Scheidemann, Philipp** Memoiren eines Sozialdemokraten, Erster Band * Memoiren eines Sozialdemokraten, Zweiter Band * **Schultze, Victor** Die Katakomben. Die Altchristlichen Grabstätten. Ihre Geschichte und ihre Monumente * **Schweitzer, Christoph** Reise nach Java und Ceylon (1675-1682). Reisebeschreibungen von deutschen Beamten und Kriegsleuten im Dienst der niederländischen West- und Ostindischen Kompagnien 1602 - 1797. * **Stein, Heinrich von** Giordano Bruno. Gedanken über seine Lehre und sein Leben * **Thiersch, Hermann** Ludwig I von Bayern und die Georgia Augusta * **Tyndall, John** Die Wärme betrachtet als eine Art der Bewegung, Bd. 1 * Die Wärme betrachtet als eine Art der Bewegung, Bd. 2 * **Virchow, Rudolf** Vier Reden über Leben und Kranksein * **Wernher, Adolf** Die Bestattung der Toten in Bezug auf Hygiene, geschichtliche Entwicklung und gesetzliche Bestimmungen * **Weygandt, Wilhelm** Abnorme Charaktere in der dramatischen Literatur. Shakespeare - Goethe - Ibsen - Gerhart Hauptmann * **Wlassak, Moriz** Zum römischen Provinzialprozeß

www.severus-verlag.de